Guido König · Saarländischer Sagenschatz

Alle Rechte vorbehalten
© 1983 Queißer Verlagsgesellschaft Dillingen und Lebach
Satz: Joachim Wetzstein GmbH, Völklingen
Repro u. Druck: Offsetdruck Klinke & Co, Scheidt

ISBN 3-921815-44-4

SAARLÄNDISCHER SAGENSCHATZ

Schöne Geschichten, Gedichte und Lieder aus alter Zeit

Sagennovellen, Legendengedichte, Anekdotensagen, Bänkellieder, Märchenerzählungen und andere Mischgeschichten, geschöpft aus dem Motivschatz des Lohmeyerschen Sagenbuchs von der Saar, teils anempfunden, teils ausgesponnen, teils neuerfunden, phantasievoll erzählt und zum guten Genuß und verständigen Gebrauch freigegeben von

Guido König

Mit vielen feinen Bildern wohl versehen von

Lu Helga Maxeiner

Dichtung und Geschichte

Es gab zu allen Zeiten eine Heimlichkeit der Welt, die mehr wert ist in Höhe und Tiefe der Weisheit und Lust, als alles, was in der Geschichte laut geworden. Sie liegt der Eigenheit des Menschen zu nahe, als daß sie den Zeitgenossen deutlich würde, aber die Geschichte in ihrer höchsten Wahrheit gibt den Nachkommen ahnungsreiche Bilder, und wie die Eindrücke der Finger an harten Felsen im Volke die Ahnung einer seltsamen Urzeit erwecken, so tritt aus jenen Zeichnungen in der Geschichte das vergessene Wirken der Geister, die der Erde einst menschlich angehörten, in einzelnen, erleuchteten Betrachtungen, nie in der vollständigen Übersicht eines ganzen Horizonts vor unsre innere Anschauung.

Achim von Arnim (1781 - 1831)
Die Kronenwächter

Aus der Mythologie

Am anfang war der gott der nacht und des sturms, der schwarze götze ohne augen, vor dem die nackten und die mit blut beschmierten hüpften. Danach, zur zeit der republik, gab es viele götter mit frauen, kindern, knarrenden betten und sicher explodierendem donner. Zum schluß trugen nur noch abergläubische neurastheniker eine salzstatuette, den kleinen gott der ironie, in der tasche. Es gab damals keinen größeren gott.

Dann kamen die barbaren. Auch sie schätzten den götzen der ironie. Sie zertraten ihn mit den absätzen und schütteten ihn in die speisen.

Zbigniew Herbert (1924 in Lemberg)*
Inschrift (Gedichte)

INHALT SEITE

Sagenhaftes ABC
Eine altsaarländische Stoffgeschichte, nach Motiven wirr geordnet 7

Der linke Schuh des Riesen Sargowio Argo 10

Der Riese Kreuzmann am Großen Stiefel 14

Der Druidenstein bei Wörschweiler 17

Die Geister-Eibe am Schloß La Motte bei Lebach 20

Das Pilatusgrab von Pachten 25

Die goldene Kutsche im Schaumberg 29

Brudermord am Spiemont 33

Die Sühnetat des Herzogs *Legendengebet zum hl. Arnulf* 37

Sincfal *Eine austrasische Sagenphantasie* 38

Räuberführer Lips Tullian von Ludweiler 53

Das Ohr des Bellus Ramus *Legendengebet zur hl. Oranna I* 61

Liebeslist und Liebeslust *Legendengebet zur hl. Oranna II* 62

Die Fiedler des Hunnenkönigs 63

Der Heilbrunnen am Kapellenberg *Legendengebet zum hl. Ingobert* 67

Teufelslärm im Dachgebälk 68

Der Aar von Mettlach *Legendengebet zum hl. Lutwin* 75

Raubritter Reppert Heim von Schnapphahn 76

Der Zisterzienserpapst von der Blies 80

Raubritter Franz von Grimburg 86

Der erblindete Anführer *Legendengebet zum hl. Wendalinus I* 90

Die gebannten Kirchendiebe *Legendengebet zum hl. Wendalinus II* 91

Maldix der Jäger 92

Einer treuen Burgfrau Liebeslist 95

Die Kornfrau von Brotdorf *Ein Flehruf gegen den Bannfluch* 100

Der verwunsche Ritter Hans von Kerpen zu Illingen 101

Scharfrichter Hans Freimann Carnifex *Eine Schauerballade aus Altsaarbrücken* .. 104

Der Adventsspuk im Vogteiwald von Hüttersdorf 110

| INHALT | SEITE |

Der Vogt von Hunolstein *Alter Bänkelsang aus Hüttersdorf im Tal* 114

Ritter Baumolt von Mehlenbach zum Numborn an der Köller 119

General Gallas und die weiße Dame vom Homburger Schloßberg 123

Das Irrlicht von Gisingen *Ein Flehruf gegen den bösen Blick* 127

Die goldenen Knöpfe des Grafen d'Aubry 128

Hartheu am Höchsten bei Aschbach 131

Der Teufelsborn bei Einöd *Ein Liebeszauber aus dem Jahre 1664* 136

Die Ermordung des Pfarrers von Wiebelskirchen
Eine Moritat aus dem mittleren Bliestal 137

Der versunkene Schloßschatz von Eppelborn 144

Der Bauernrebell von Lockweiler 147

Die Katze der Galhau 152

Der ungestorbene Erbprinz 158

Der Leibkoch des Kaisers 163

Lob der Pfanne *Ein Schenkenlied aus St. Johann* 167

Die Feuerkutsche von Nennig 169

Sauschüsseln auf der Saar 171

Jagdstück *Eine historische Sagenerzählung* 177

Nachwort 191

Sagenhaftes ABC

Eine altsaarländische Stoffgeschichte, nach Motiven
wirr geordnet und in eine Form gebracht.

In **A**schbach geht bei einer Mühle
der Hase Dreibein nächtlich um;
in **B**ildstock zeigt um Mitternacht
im Wald die weiße Edelfrau
ihr totes Kind der Eichenmuhme;
bei **C**almesweiler tränkt ein Jäger
den Höllenhund St. Cerberus
am Heiligenborn zur Geisterstunde;
in **D**agstuhl treibt die Rittersleiche
im Schloßteich unter Trauerweiden;
bei **E**nsdorf spukt im Teufelsmoor
die Totendrossel als Gerippe
vom Föhrenhut am Hag herab;
auf **F**alscheids bleicher Pferdekoppel
ziehn Geisterrösser durch die Schlucht
dem Schwefeldampf im Holz entgegen;
in **G**riesborn auf der Himmelswiese
blüht mondbeglänzt im Sauerampfer
die dreigeteilte Schlüsselblume;
nach **H**austadt treibt der Drudensatan
die sauermilchge Ziegenmutter
ins Grab am fahlen Geißenstein;
bei **I**hn vergräbt im Tannendickicht
der Edelmann das Mördermesser;
in **J**abach tanzt den Totenreigen
das Irrlicht mit den Fledermäusen;
der Artusritter kämpft in **K**ohlhof
mit abgestorbnen Engelszungen
um einen Wetzstein aus Walhall;
Herr Rumpelstiez sucht seinen Namen
im Nirgendwo der Fadensonne
vor **L**isdorfs lichterhellem Dunkel;
in **M**ettlach geht bei einer Kirche
die Schlange Tausendfuß im Kreis
um einen irren Bürgermeister;
zu **N**amborn wohnt im kahlen Schädel
die Spitzmaus mit dem Rübenschwanz;

durch **O**rscholz huscht zur Hexenstunde
der Gnom vom Hoxberg durch den Sauforst;
der König Drosselbart von **P**achten
saust auf der Schnecke in die Hölle;
daß ihn die Zauberhexe Milva
am Schwanz in ihren Himmel ziehe,
wünscht sich der Hans im Glück von **Q**uierschied;
in **R**oden tauft der Heidenpriester
am Tag nach Christi Himmelfahrt
Frau Lilofee mit Himbeerwasser;
bei **S**iersburg schwört ein Geißelbruder
auf Stein und Bein der Teufelsmutter;
die Tigerkatze freit die Schlange
in **T**holeys Paradiesesgärtlein;
bei **U**chtelfangen zeigt der Uhu
den hohlen Weg ins Mauerfenster;
aus **V**ölklingen im Morgengrauen
fliehn hinterrücks neun Geisterreiter,
die ihren Leib des nachts entseelten;
es tappt durch **W**ahlen eine Stange
von purem Gold zur Treppenstiege
im Burgverlies zu Henkershausen;
nach **X**anten fliegt der Feuerdrachen
mit einer totgeküßten Jungfrau;
St. **Y**psilon ist nicht verzeichnet
im Zauberreich von Sarragossa;
in **Z**abern fand ich einen Zettel
mit Runenschrift vom Zauberkönig,
der mir das sagenhafte ABC
bei Rotwein in die Ohren träufte,
bis mir die Augen übergingen.

Von A bis Z ist aufgeschrieben,
was traumgesichtig mir geschah;
nach Strich und Faden, bildverwoben,
sind Märchen, Sagen und Legenden
motivgetreu zu Blatt gebracht:
Wer sie nicht liest, wird umgebracht!

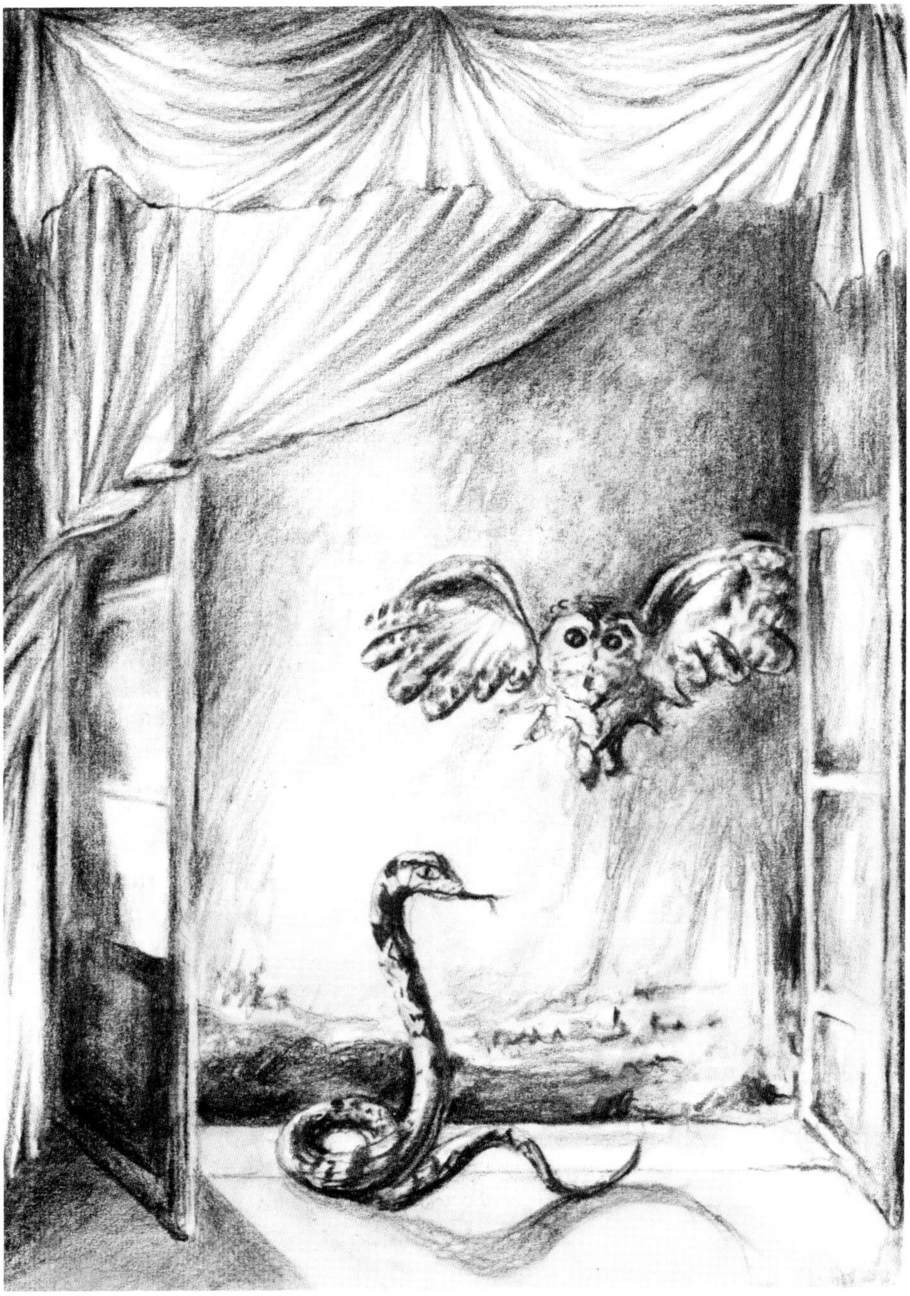

Der linke Schuh des Riesen Sargowio Argo

Vor langer, langer Zeit, als die Menschen noch voller Angst und Furcht vor Urtieren und Unwesen wie Ameisen, winzig und schwach, in Erdspalten und Berghöhlen wohnten, hauste in den Saarlanden das Hünengeschlecht der Sargower.
Ihr Fürst aber trug den dunkelschönen Namen Sargowio Argo.
Er herrschte auf dem mächtigen Bergschloß Saratana, das auf einem steilen Felsenvorsprung des Hunsrücks, unweit der Menschensiedlung Meda Lacha, dem heutigen Mettlach an der Saarschleife, hoch in den Himmel aufragte und regierte das Riesenvolk des Sargowerlandes mit gewaltiger Kraft und unumschränkter Macht.
In ihrer stolzen Felsenburg Orscholz, jenseits des Flusses auf den Höhen des Saargaues, lebte zu jener Zeit die Bergfee Cloëfa, eine wunderschöne, großmächtige Zauberin.
Sie war den Höhlenmenschen aus dem Hügelland an der Saar, Nied und Prims wohl gesonnen, half ihnen in allen Dingen, die sie vermochte, und schützte sie, wo immer sie konnte, gegen die grausamen Sargowerriesen vom Hunsrück. Als Königin der Feen, Nixen und Elfen und Herrin der Gnome, Wichte und Feuermännchen hatte sie Macht über alle Erdkräfte und Luftgewalten. Cloëfa, die Bergfee, stellte sie, so bald sie es für nötig hielt und so oft sie darum gebeten wurde, als gute Geister in den Dienst der Menschenkinder.
Ihre Waldzwerge verrieten den Höhlenbewohnern allerlei Listen, wie sie sich der Tücken des Hünenvolkes erwehren könnten, die Wassergeister von der Nied brachten die Erdleute auf den Gedanken, leichte schnelle Schiffe zu bauen, mit denen sie, in emsigem Handel und Wandel, den Sargowefluß hinab bis an die Moselgestade ruderten, und die Irrlichter vom Orscholzer Riegel unterstützten die Menschen bei der Erzsuche, Eisenschmelze und beim Schmieden von Waffen und Geräten.
So mächtig der Sargowerfürst auch war und wie sehr er, in Liebesrede wohlerfahren und mit Geschenken keineswegs geizend, um sie warb, er konnte doch das Herz der schönen Zauberfee, die er zur Frau begehrte, nicht erringen.
Eines Nachts rückte der abgewiesene Freier mit einem gewaltigen Heer von Waldriesen und Berghünen, die baumlange Knüttel und zentnerschwere Keulen mit sich trugen, gegen das Felsenschloß Orscholz vor, um die Bergfee Cloëfa gewaltsam als seine Gemahlin heimzuführen.
Die Höhlenbewohner am Fuß der hohen Bergfeste Saratana, von dem fürchterlichen Getöse des Kriegszugs aus dem Schlaf gerissen, entdeckten alsbald den Plan des Riesenkönigs und stellten eilig einen Reitertrupp zusammen, der in einem wilden Galopp zu guten Fee von Orscholz sprengte. Von Fährschiffern von Meda Lacha auf ihren schmalen Nachen über den breiten Sargowefluß gesetzt, zeigten die Boten der hehren Frau die Bedrohung durch den Hünenherrscher an.

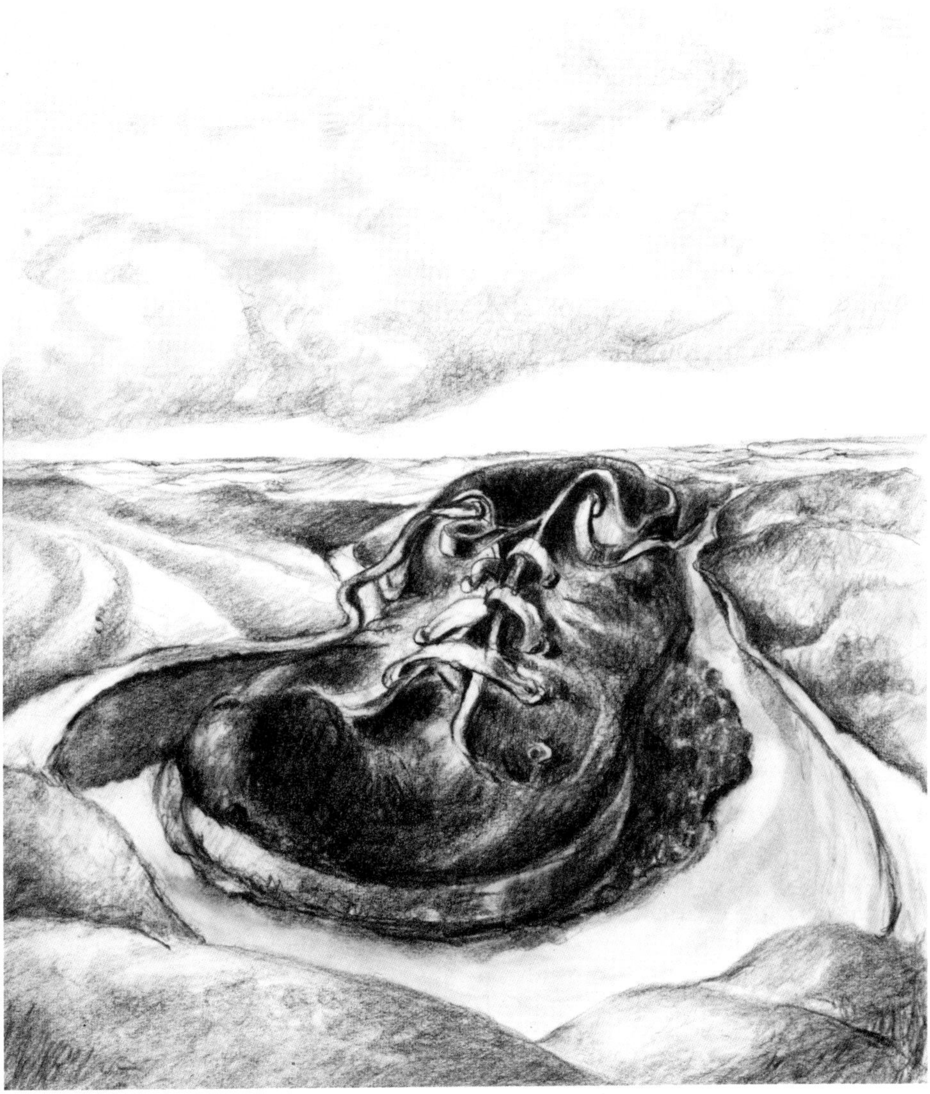

Als die Riesen mit dem Morgenlicht das Stromland erreichten und vom Hunsrück herab auf die gegenüberliegenden Gauhügel schauten, waren Berg und Burg der Cloëfa wie vom Erdboden verschwunden. Wie eine unsichtbare Wand stand der Tarnvorhang des Gnomenfürsten Alberoch, einem silbergrauen Nebelschleier gleich, vor den Waldhöhen und machte das Bergschloß Orscholz unangreifbar.

In unbändiger Wut über die List des Zwergenkönigs, die sein Vorhaben mit einem Schlag zunichte machte, riß sich der jähzornige Riese Sargowio Argo den linken Schuh vom Fuß und schleuderte ihn unter gräßlichen Fluchworten, vom heiseren Gebrüll seines Gefolges begleitet, gegen die Schutzmauer jenseits des Tals. Das mächtige Schuhwerk schwirrte, lautes Gezisch wie einen bedrohlichen Schweif hinter sich herziehend, durch die Lüfte, schlug mit dumpfem Knall an die Tarnwand und fiel wie ein schwerer Felsstein in das Flußbett.

Die entsetzten Höhlenmenschen an den Talhängen, die ängstlichen Blicks und bangen Herzens das schreckliche Schauspiel aus ihren Erdspalten heraus verfolgten, mußten sogleich mitansehen, wie die Wasser der Saar, durch den riesigen Schuh in ihrem Lauf gehemmt und gestaut, in einem Nu zu einem mächtigen See anschwollen und höher und höher stiegen.

Jedoch die guten Flußgeister der Cloëfa, die Niednixen und Saarzwerge, waren schon zur Stelle, lenkten den Wasserstrom in einem weiten Bogen um den gewaltigen Hemmschuh aus Schiefergestein und Wurzelwerk herum und zwangen die Fluten, sich ihren Weg nach Norden zu suchen.

Der Sargowerfürst aber mußte, wohl oder übel, einsehen, daß er die Feenkönigin Cloëfa nicht in seine Gewalt bringen konnte, zog unter wildem Toben und durchdringendem Geschrei auf sein Waldschloß Saratana zurück, unterließ fortan das vergebliche Liebeswerben um die schöne Zauberfee vom Saargau und hauste, umgeben von seinen Hünenvasallen, in den dunklen Buchenforsten auf dem Hunsrück, wo er bald darauf einsam und verbittert starb.

Die Elfenkönigin Cloëfa führte weiterhin ein mildes Regiment über Land und Leute am Sargowefluß und stellte die hilfreichen Taten der Feen und Gnome ganz in den Dienst des Menschengeschlechts.

Die Menschen, klug und fleißig, verloren immer mehr ihre Furcht vor den bedrohlichen Kräften der Natur, kamen nach und nach aus den Höhlen hervor und gründeten, durch Entdeckungen ermutigt, durch Erfindungen beflügelt, Dörfer und Städte im Saartal und an den Hängen des Hunsrücks. Mit der Zeit tapfer und stark geworden, lösten sie die Herrschaft der Bergriesen ab und regierten sich, nachdem die gute Bergfee von Orscholz den Zepter in ihre Hände gelegt hatte, in Frieden und Eintracht selbst.

Der linke Schuh des Riesen Sargowio aber liegt bis auf den heutigen Tag, riesiges Felsgestein mit mächtigen Wäldern bewachsen, zwischen Dreisbach und Saarhölzbach in seiner langgezogenen Fußform im Talgrund.

Von den Saarländern als schönes Wahrzeichen ihrer Heimat angesehen und bewundert, lockt der prächtige Bergrücken, der sich von Osten nach Westen an der Nordgrenze des Saarlandes erstreckt und dessen Spitze von der Ruine der ehemals stolzen Ritterburg Montclair gekrönt ist, viele augentrunkene Wanderer und schaulustige Reisende aus aller Herren Länder an. Vom steilen Felsvorsprung der Cloef herab, hoch über dem Fluß bei Orscholz im Saargau gelegen, ist die Aussicht auf die Saarschleife bei Mettlach am schönsten, und wer sich den unverstellten Blick aus Kindertagen bewahrt hat, kann den linken Schuh des Riesen aus den Urzeiten der Erde klar und deutlich erkennen.

Der Riese Kreuzmann am Großen Stiefel

In grauer Vorzeit hauste am Großen Stiefel, einem steil aufragenden Sandsteinhügel zwischen Ensheim und St. Ingbert der gefürchtete Riese Kreuzmann. Die gewaltige Steinplatte auf der kegelförmigen Anhöhe in Gestalt eines felsigen Zweispitzes diente dem Berggeist als Thron, Tisch und Altar zugleich.
Bevor der Riese mit seinen wilden Gesellen auf Raub auszog, hockte er sich, die Beine weit in die tiefe Stiefelschlucht ausstreckend, auf den mächtigen Felssteinsitz und hielt Ausschau nach Menschenkindern, die sich unachtsam oder keck dem Riesengebirge näherten. Er fing die Zwerge mit seinen struppigen Armen ein, indem er sie zwischen Daumen und Zeigefinger packte und setzte die zappelnden Wesen in einen dreißig Meter langen schmalen und niedrigen Felsengang, den er bei seinen grausigen Späßen „Heidenloch" zu nennen pflegte, als Gefangene fest. Den Eingang verschloß er mit einem mächtigen Felsblock, um das begehrte Menschenfleisch, seine Lieblingsspeise, für seine nächtlichen Opferfeiern und Festgelage aufzubewahren.
Er besaß aber auch einen riesigen Holzkäfig aus Eichenstämmen, in den er ergatterten Menschenvorrat, vor allem Jungfrauen und unschuldige Knaben, für besondere Gelegenheiten einsperrte. Über die Schreie der Unglücklichen, die weit ins Flußtal hinabschallten, scherzte er, mit spitzem Mund und runder Zunge unheimliche Laute hervorbringend, im Verein mit seinen Gesellen: Weija hui, hört ihr wie die Vögel pfeifen!
Ehe er aber seine Gefangenen in fahlen Vollmondnächten, mit Hanfstricken an Händen und Füßen gefesselt, von seinen Helfershelfern aus den Berghöhlen heraustragen und auf den Opfertisch legen ließ, um sie den Göttern darzubringen, zog er den Riesenwetzstein, ein langes spitzes Felsstück, aus der Erdspalte neben der Schlachtbank und schliff und schärfte seine Hackbeile und Schneidmesser.
Das schaurige Reiben und Ritzen bohrte sich dann in durchdringenden Tönen in die Ohren der Talbewohner. In panischer Angst drängten sie sich in ihren Lehmhütten und Baumhäusern zusammen und gedachten zitternd der armen Opfer, die auf dem Gipfel des Berges in grausigen Opferfesten von dem fürcherlichen Ungeheuer geschlachtet, verbrannt und verspeist wurden.
Lange Zeit trieb der Riese Kreuzmann auf dem Großen Stiefel so sein gräßliches Unwesen. Endlich ermannte sich das geschändete Menschengeschlecht und beschloß, den bösen Berggeist umzubringen. Dieser pflegte nämlich nach den gewaltigen Gottesfeiern und Opfermahlen mit seinen Gesellen mehrere Tage in seiner Felsenhöhle in einen tiefen Schlaf zu versinken.
Die Männer des Tales schleppten Gehölz, Reisig und Stroh herbei, füllten damit das Innere der Höhle an und entzündeten es, um den Unhold zu ersticken. Beißende Rauchschwaden drangen denn auch dem ahnungslo-

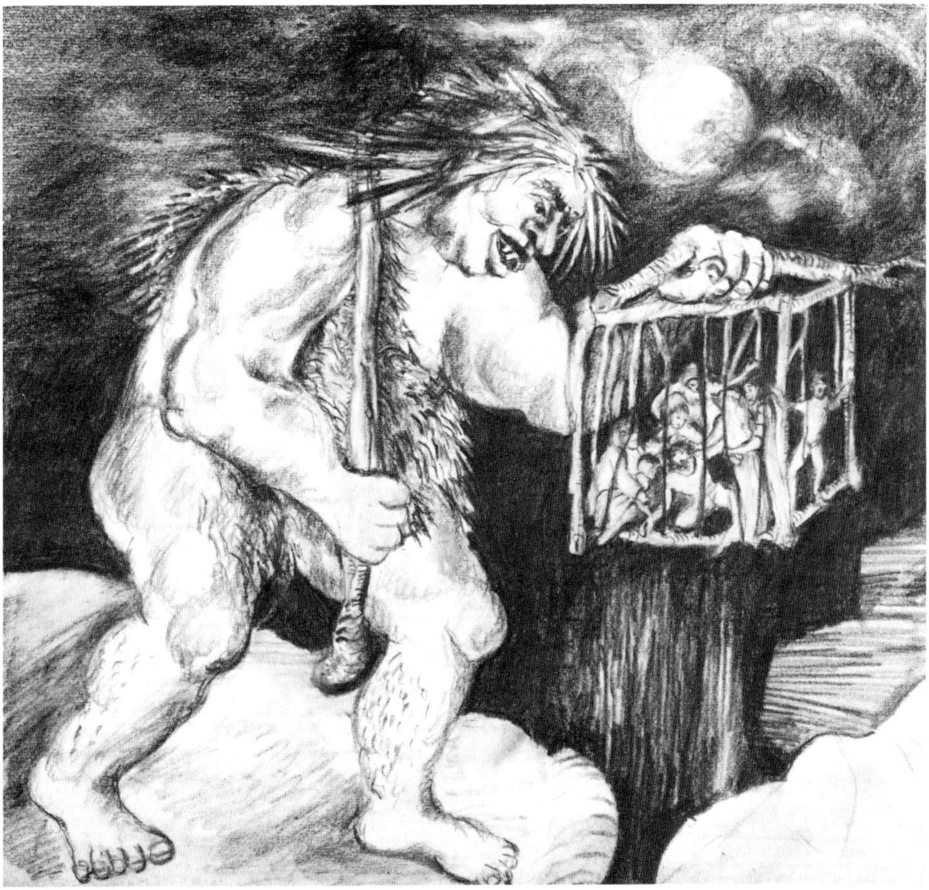

sen Schläfer in Mund und Nase und ließen ihn in dumpfem Erwachen gewaltig prusten und niesen. Der Berg wankte durch starke Erschütterungen, der Erdboden erzitterte so, daß die ältesten Waldbäume wie Hanf von ihren Wurzeln rissen und Felsstücke nach allen Seiten flogen. Die wagemutigen Angreifer aber stoben erschrocken den Berghang hinab und suchten das sichere Tal zu erreichen. Der Riese erhob sich unter Ächzen und Stöhnen, taumelte zum Ausgang und trat vor die Höhle, um Luft zu schöpfen. Da sah er, was die Menschen ihm anzutun gewagt hatten, griff nach dem großen Wetzstein, auf den zuerst sein Blick fiel, und schleuderte ihn seinen fliehenden Feinden nach. Sausend fuhr er, indem er Baumkronen zerfetzte und Buschwerk niedermähte, über die winzigen Wesen hinweg zu Tal und bohrte sich dort mit der Spitze tief in den Bachgrund.
Kreuzmann, in rasender Zorneswut und Mordgier, eilte in gewaltigen Sprüngen durch die Stiefelschluchten hinter den Fliehenden her, um seine Gegner mit ausgerissenen Baumstämmen zu erschlagen, stolperte jedoch über einen mächtigen Felsbrocken und schlug betäubt zur Erde. Die Verfolgten krochen alsbald aus ihren sicheren Schlupfwinkeln hervor, stürzten beherzt auf den kraftlosen und erschöpften Berggeist zu und versetzten ihm mit ihren Schwertern und Keulen tödliche Hiebe. Sie schleppten ihn in eine tiefe Bergmulde, wälzten Stein auf Stein über den riesigen Leichnam, so daß sich ein kleiner Berg über dem toten Ungeheuer erhob.
Das Riesengrab des Kreuzmann aber können Waldwanderer heute noch sehen, und wenn sie Lust verspüren, mit wenig Mühe ersteigen. Nach Südwesten, in Richtung des Lothringischen Stufenlandes, fällt ihnen dann unversehens der mächtige „Riesentisch" auf dem Großen Stiefel in die Augen, und im Nordwesten können sie, mit scharfem Blick oder besser noch, mit einem guten Feldstecher bewaffnet, den geheimnisvollen „Spillenstein" zwischen Scheidt und Rentrisch erspähen, eben jenen Riesenwetzstein, den der unheimliche Berggeist vor undenklichen Zeiten ins Tal der Menschen schleuderte.
Gelehrte Männer und Frauen aber haben mit scharfem Verstand und feinsten Zollstöcken errechnet, daß die viereckige Spitzsäule aus keltischer Zeit genau fünf Meter über die Erde ragt und genau so tief in den Boden hinabreicht und daß das Alter dieses heidnischen Kultsteines, auch Menhir genannt, auf 4000 Jahre zu schätzen ist.

Der Druidenstein bei Wörschweiler

Der keltische Oberpriester Hunold von Drudenstein, altersgrau und weltentrückt, in altehrwürdiger Geschlechterfolge der letzte Inhaber des heiligen Amtes im waldigen Gauland, hatte sich, lange bevor die Römer das Gebiet besetzten, in den Opferhain der keltischen Druiden auf der Blieshöhe bei Vernis villare, dem heutigen Wörschweiler, zurückgezogen. Hier hütete die hehre Priestergestalt in strenger Abgeschiedenheit und Würde das Geheimnis des wundervollen Gnadenbilds, Geschenk der keltischen Bärengöttin Artio, einst von frommen Pilgern aus nah und fern bewundert und angebetet.
Aber die Zeiten gläubiger Götterverehrung hatten sich gewandelt. Durch die frevlerische Hand kühner Prediger eines neuen Gottes, schmählichen Todes am Kreuz gestorben, lag manch alte Kultstätte im Land der Treverer und Mediomatriker verwüstet, stürzten viele heilige Eichen vor den Augen der entsetzten Gläubigen. Nachdem die Christenreligion immer mehr Bewohner zwischen Saar und Blies in ihren Bann zog und selbst angesehene Keltenfürsten dem Götterglauben ihrer Väter abschworen, kamen nur noch selten betende Wallfahrer, fluchbeladen und segenheischend zur Opferstätte am Druidenstein, Rat und Hilfe des weisen Gottesmannes zu erbitten und sein heiliges Wissen um Leben und Tod, um Schuld und Sühne zu erlernen.
Schließlich lag nur noch ein großer Wolfshund mit feurigen Augen, am ganzen Leib von zottigem Fell bedeckt, vor der Klause des Einsiedlers und hütete wild und wachsam die uralte Heilquelle am Brunnenhaus unter der Artio-Eiche. Das unheimliche Tier wich auch nicht von der Seite seines Herrn, wenn dieser den täglichen Rundgang durch den stillen Opferhain machte. In der Nacht jedoch, so schien es, wenn geheimnisvolles Dunkel sich vom Himmel herabsenkte und die Götter die Erde betraten, teilten sich die Himmelsfürsten Mensch und Tier in heiliger Zwiesprache mit und segneten ihren Umgang mit der frommen Kreatur mit den Gaben des Geistes, Vergangenes und Kommendes zu schauen und Leben und Tod zu verstehen.
Da aber niemand mehr die Schätze lebensspendender Weisheit begehrte, vergrub sie der greise Priester unter beschwörenden Formeln in heiligem Zorn und grimmiger Trauer an der tiefsten Stelle des Brunnenschachtes und hieß, nachdem er selbst in geweihter Nacht zu den Göttern hinübergegangen war, seinen getreuen Hund, den Schatz bis ans Ende der Tage zu bewachen.
Unterdessen wurde die keltische Fliehburg der Mediomatriker am Wörschweiler Ring von römischen Legionären eingenommen, die ein stark bewehrtes Kastell innerhalb der Steinwälle errichteten. Glaubenseifrige Zisterziensermönche bauten in früher Zeit eine Klosterabtei, die lange und segensreich in die Lande ringsum wirkte. Aus ihrer Ruine erwuchs die stolze Ritterburg der Grafen d'Aubry, die verfiel, und die prächtige Schloß-

anlage der Herzöge von Zweibrücken sank in den Wirren der französischen Revolutionskriege in Schutt und Asche. Sommer und Winter wechselten im Lauf der Jahreszeiten ab, Buschwerk und Gräser wucherten über Mauerreste und Treppenstufen zu unterirdischen Kellergewölben, und unter rauschenden Baumkronen weiter Wälder am kühlen Quellgrund luden Stille und Einsamkeit den müden Wanderer allzeit zu Labsal und Rast ein.
In der alten Wörschweiler Dorfchronik aber steht zu lesen: Lange vor der Zeit der großen Kriege soll der junge Royan, Sohn eines Landedelmannes, dessen Gutshof unweit der romanischen Portalruine der Zisterzienserabtei Wörschweiler lag, in das Kellergewölbe des verfallenen Klosters geraten sein. Eigenbrötlerischen Wesens und, in der Meinung der Dorfbewohner, sinnesgestört, von Mädchen angstscheu gemieden und den Gassenjungen frech gefoppt, sei dieser, so berichtete später der nachforschende Pfarrherr der Bliesgemeinde, bei Glockenschlag Zwölf aus wilden Träumen aufgeschreckt und von einem unbändigen Durst geplagt, zu dem unterirdischen Ziehbrunnen hinabgestiegen.
Lichtig wie er war, alles auch bei Nacht wie am Tag sehend, fand er Weg und Wasser zu stockfinsterer Nachtzeit.
Der uralte Brunnen aber sei im schwärzesten Dunkel seltsam golden rundum aufgeleuchtet, als läge die volle Sonne darauf, und ihm habe geschienen, als sei das Mauerwerk von Gold und keineswegs von graubemoostem Gaustein. Von dem strahlenden Wunder der Nacht umgeben, habe er die Brunnentür geöffnet und einen großen, güldenen Hund zu seinen Füßen gewahrt, der ihn mit funkelnden Augen anschaute. Angsterschrocken und stockenden Atems habe er das Tier von Gold lang und starr angeblickt und sei langsam Schritt um Schritt zurückgewichen. Sein Durst jedoch sei über dem seltsam-schönen Erlebnis ganz und gar vergessen gewesen. Plötzlich aber, so erzählte der Befragte weiter, habe sich der Wolfshund bewegt und seinen Platz mitten vor der Brunnentür knurrend und zähnefletschend eingenommen und er, Royan, schwörend bei Gott und allen Heiligen, habe gewußt, daß der treue Wächter die unschätzbaren Kostbarkeiten des Druidenpriesters Hunold behütet für ewige Zeiten.
Nachzutragen bleibt der Bericht, den der alte Gutsherr Royan dem ehrwürdigen Dorfpfarrer ebenfalls zu Protokoll gegeben hat. Als dieser, so heißt es, am anderen Morgen zu dem Brunnen schritt, um seinen Durst zu löschen, zog er, wie gewohnt, den Schöpfkübel hoch. Beim Abheben von der Brunnenkette schepperte der Eimer über, und es war ihm, als tröffen lauter blanke Goldstücke hinunter in die Tiefe. Den jungen Royan jedoch ließen die Leute, als sie von den merkwürdigen Vorkommnissen hörten, fortan in Ruhe, und die Eltern und Lehrer prägten ihren Kindern die schönen Worte ein, die Royan mit stammelnder Rede in Bildern und Reimen sprach.

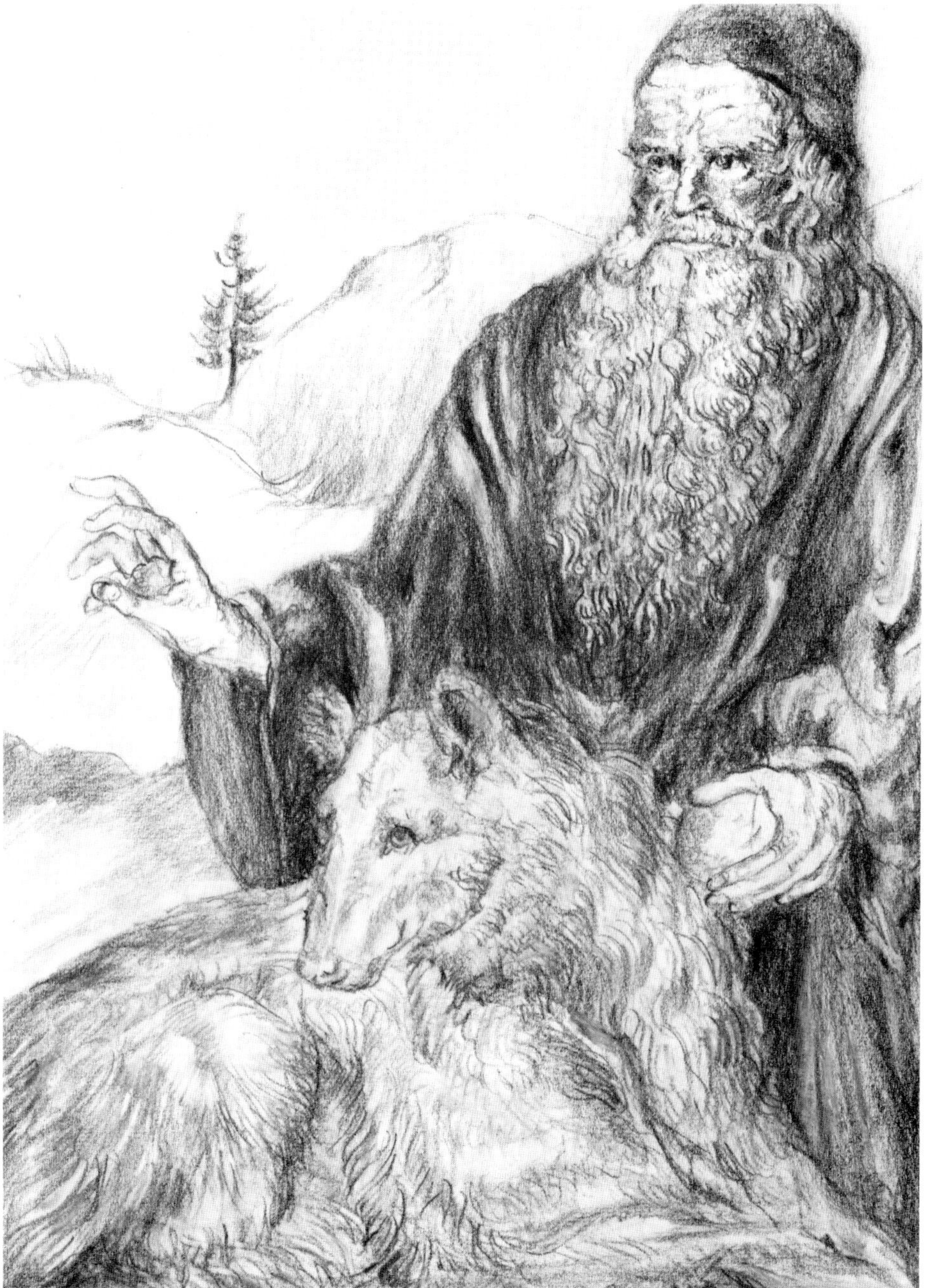

Die Geister-Eibe
am Schloß „La Motte" bei Lebach

Als die Himmelsfürsten Teutates, Esus und Taranis, das uralte keltische Göttergeschlecht, noch von ihren Wolkenthronen herabstiegen und vertrauten Umgang mit den Menschen der Vorzeit pflegten, hauste im Lebacher Hügelland auf einem langgestreckten Bergriesen, der von großen dunklen Wäldern bedeckt war, die wunderschöne Bergfee Dasolita, die Tochter des Flußgottes Theelios und der Waldfrau Hoxia.
Als Priesterin der keltischen Bärengöttin Artio hütete sie den Großen Drudenfuß des Orakels am Kaltenstein und genoß wegen ihrer geheimnisvollen Weissagungen und Heilkünste hohes Ansehen bei den Leuten des Maßes und der Mitte im Land der Treverer und Mediomatriker.
Eines Tages kam der germanische Fürst Hagen von Tronje mit burgundischen Reisigen auf seinem weißen Hengst, einem Geschenk des Donnergottes Wotan, in das Land, vertrieb die keltischen Herren und ihre Mannen von der Fliehburg auf dem Hohen Hahn, einer Erhebung gegenüber dem Hoxberg nach Norden gelegen, und errichtete aus den Felsen der Steinwälle eine mächtige Burgfeste.
Der gewaltige, aber ruchlose Herrscher, vor dessen starkem Arm selbst Könige zitterten, begehrte die schöne Priesterin der Göttin Artio zur Frau. Das frevlerische Ansinnen stolz von sich weisend, ließ die heilige Jungfrau, als der ergrimmte Herzog anrückte, um sie mit Gewalt von der Opferstätte unter den Mistelzweigen auf seine Burg zu führen, die reichen Schätze des Heiligtums samt dem goldenen Dreifuß des Orakels in eine Höhle unter zwei riesige Steinblöcke bringen und den Eingang zur unterirdischen Welt von unsichtbaren Zwergen bewachen. Der unbeugsame Sinn des Germanenfürsten brach den Widerstand der Bergfee und zwang sie zur Ehe mit ihm. Aus der Verbindung dieser unseligen Liebe ging jedoch ein anmutiger Knabe hervor, schön anzuschauen in seiner Leibesgestalt und voll herrlicher Gaben des Geistes und der Seele.
Aber seit der erzwungenen Heirat mit der Druidenpriesterin Dasolita lag Schmach und Schuld wie ein schwerer Schatten auf dem Hause der Tronjer. Der Vater des kleinen Volker Ludewig von Hagen, schon als Kind an den Artushof nach England zur Erziehung in den Rittertugenden, Künsten und Wissenschaften gegeben, verwickelte sich in die Ehe- und Erbstreitigkeiten des Burgunderkönigs Gunther zu Worms am Rheine. Er kam schmählich durch die Hand der rachsüchtigen Kriemhild, der Gemahlin des Siegfried von Xanten, den Hagen heimtückisch ermordete, ums Leben. Die Schloßherrin auf dem Hohen Hahn, Freifrau von Hagen und Thanneck, durch die Vernichtung der heiligen Mistel ihrer Wahrsagekraft verlustig, früh des einzigen Sohnes, der in der Fremde weilte, beraubt und vom Gatten durch dessen häufige Kreuzzüge alleingelassen, lebte in der herben Zurückgezogenheit einer entehrten Priesterin und starb einsam und stolz am sechsten Tag nach dem Neuen Mond im Sommer des Jahres 666, als christliche Glaubens-

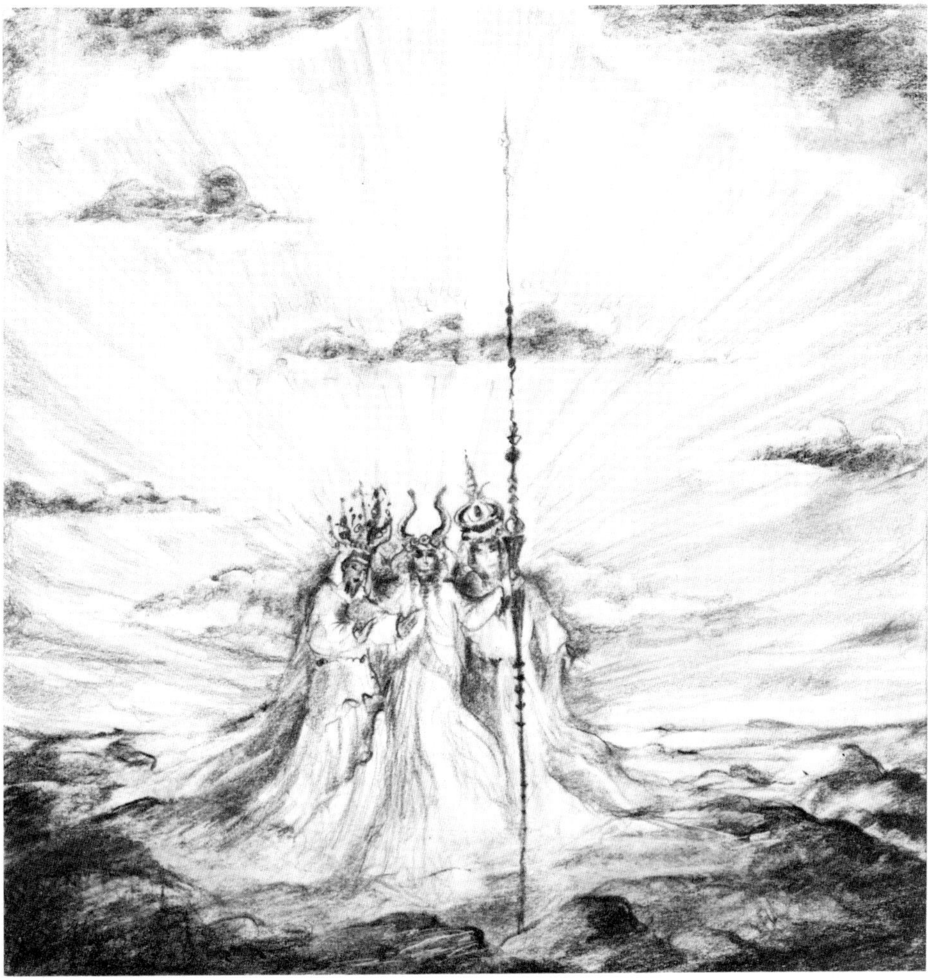

missionare aus Irland die mächtigen Eichen im Opferhain am Kaltenstein mit frevlerischer Hand fällten. In der Nacht ihres Sterbens aber kamen die Gnome des Hoxberges aus ihrem unterirdischen Reich hervor, zogen in einem langen Trauerzug den Berghang hinab, ein kostbares, seltenes Samenkorn mit sich tragend, und senkten es in den Theelgrund hinein. Am anderen Morgen erhob sich ein kleiner Eibenbaum, lateinisch Taxus baccata genannt, weithin sichtbar aus dem Wiesental.
Im Frühlicht eines Sommermorgens des Jahres 1193 sprengte in vollem Harnisch und waffenstarrend ein Trupp von Ritterknappen, Wimpel und Wappen der Herren von Hagen mit sich führend, vor das Burgtor der Hahnburg und zogen, nachdem die Burgmannen rasselnd die Zugbrücke herabgelassen hatten, in das Innere der Stammfeste ein. Wenige Stunden später langte unter Heroldrufen, Flaggenschwenken und Böllerschüssen ein Zug von vornehmen Reitern an, in deren Mitte Reichsritter Johann von Hagen, der siebte Erbfürst in der Geschlechterfolge der alten Adelssippe, ritt, weithin erkennbar am wallenden Mantel mit dem roten Malteserkreuz. An seiner Seite schritt ein weißer Zelter, auf dessen prächtigem Sattelwerk eine tief verschleierte Dame saß. Der Ritter hatte, durch die eifernden Aufrufe des Bernhard von Clairvaux begeistert, am dritten Kreuzzug ins Heilige Land teilgenommen, Kaiser Friedrich Barbarossa in den Fluten des Saleph in Kleinasien ertrinken sehen, war selbst in die Gefangenschaft des Sultan Saladin geraten, aber durch die Fürsprache seiner schönen Tochter Sulamith aus Kerkerbanden erlöst worden, und nun führte er die arabische Prinzessin, denn niemand anderes war die vornehme Reiterin, als seine Frau und neue Herrin auf den Hagenschen Besitz heim.
Das Glück der Liebenden aber war nur von kurzer Dauer. Sei es, daß das rauhe Klima in unwirtlichen Landen ihren zarten Leib schwächte, sei es, daß das Heimweh nach der fernen Heimat an ihrem Herzen zehrte, wenige Monate nach der Geburt einer liebreizenden Tochter starb die hohe Frau. Die milde Herrin wurde, in stummer Trauer und Anwesenheit der Bischöfe von Metz, Trier und Mainz, fürstlicher Verwandten der reichsritterlichen Familie, unter feierlichen Gebeten und Gesängen, teils in arabischer, teils in lateinischer Sprache, in der Fürstengruft der Burgkapelle beigesetzt. Ritter Johann von Hagen zu Lebach aber führte seit dem frühen Tod seiner Gemahlin ein stilles Leben und sorgte sich mit rührender Hingabe um die Erziehung seiner über alles geliebten Tochter.
In der Todesnacht der Sultanstochter Sulamith von Hagen-Allassio zogen die Zwerge des Drudensteins wieder den Hoxberg herab, ein Gefäß voll kostbaren heiligen Wassers mit sich führend, und gossen es ins Erdreich um die Große Eibe, die am anderen Tag ihre Krone höher und weiter und mächtiger ins Tal und gegen die Hügel streckte.
Das alte Schloß am Hagen, im Laufe der Jahrhunderte in seinen weitläufigen Anlagen und Gebäuden durch Kriege und Fehden stark in Mitleidenschaft gezogen und durch merkwürdige Erdstöße und Bodenbewegungen teilweise im Hahnengraben versunken, jedoch im Burgkern erhalten geblieben, wurde schließlich in den Wirren des Dreißigjährigen Krieges, teils

durch schwedische Kriegsknechte zerstört, teils durch die aufständischen Bauern geschleift. Pflugschare und Eggenkeile bringen noch heute kleine Statuen, Waffenteile und Geschirrscherben als glückliche Funde zum Vorschein und zcugen von Reichtum, Macht und Schicksal der ehemaligen stolzen Reichsritterschaft in hohen Zeiten.
In den Tagen des Sonnenkönigs Ludwigs XIV. entstand, im Auftrag der Adelsfamilie derer von Hagen, nach dem Vorbild der Versailler Schloßanlage und ausgeführt durch den Saarlouiser Festungs- und Schloßbaumeister J. C. Motte, genannt La Bonté, ein neues schönes Schloß im Stile des lothringischen Barock, unweit der Kelten-Eibe in den Theelwiesen. Aber wie das französische Königshaus, so geriet auch das Hagensche Fürstengeschlecht nach dem Sturm der Bastille am 14. Juli des Jahres 1792 in Unglück und Not. Der Schloßherr, Johann Hugo von Hagen, Ritter des Goldenen Vlieses, kurz vor Ausbruch der französischen Revolution nach Wien gerufen, wo er das Amt eines kaiserlichen Konferenzministers und Hofgerichtspräsidenten innehatte und Dienstgeschäfte an der Wiener Hofburg führen mußte, starb eines tragischen Todes, als er erfuhr, daß seine Gemahlin Anna Maria von Hagen, genannt de la Haye, eine lothringische Gräfin von Eltz und Rodendorf, bei einem Überfall durch Revolutionssöldner und Bauernrebellen ums Leben gekommen sei. Nach der Flucht der marodierenden Soldateska wurde die tote Freifrau von Hagen und Thanneck in aller Eile und Schlichtheit in der Pfarrkirche zur Heiligen Dreifaltigkeit zu Lebach begraben, wo noch heute ein eigenartiges Relief mit der knieenden Schloßherrin von der reichsgräflichen Herrschaft an der Theel stummes Zeugnis ablegt.
In der Mordnacht, in stürmischen Herbsttagen, sollen die Hoxberggnome mit irrlichternden Fackeln aus dem Druidenschatz in den Theelgrund gezogen sein und heiliges Licht über Krone und Stamm der Eibe gegossen haben. Angsterfüllte Bewohner, durch das Kriegsgeschrei der Revolutionäre aus dem Schlaf geschreckt, hätten, so wird im Lebacher Kirchenbuch berichtet, den gespenstischen Lichterschein gesehen und auch die feurigen Räder beobachtet, die von der La-Motte-Eibe ausgehend, in rasender Geschwindigkeit den Hasenberg im Westen hinaufgelaufen seien.
In der Pfarrchronik des Kirchenspiels Lebach aber steht ein merkwürdiger Eintrag zu lesen: Am 11. November 1866, dem Tag des ewigen Gebetes, hätten sich der Geistliche Rat Hieronymus Federkeil und drei Nonnen aus dem Schwesternhaus der Pastorei von Thanneck aus über den Hahnengraben im Hag nach Schloß La Motte begeben, um auf eine Einladung des damaligen Gutsbesitzers Richard Bauernfeind an einem Umtrunk des neuen Apfelweins, Viez genannt, teilzunehmen. Auf dem Nachhauseweg, kurz vor Mitternacht, sei eine fahle Frauengestalt, grau und durchsichtig, aus der Eibe kommend, an ihnen vorbeigeschwebt und nach Süden im Dunkel der Hoxbergwälder verschwunden. Gleich darauf sei eine strahlend weiße Frau von demselben Ort in Richtung Osten durch die Luft geflogen und am fernen Himmel entschwunden, und schließlich sei noch, so berichteten die Zeugen übereinstimmend, eine dritte, ganz schwarze Frauengestalt an

ihnen vorübergezogen nach Westen gegen die Lothringer Berge. Was die Erscheinung an der Geister-Eibe, von einem gelehrten Weltgeistlichen und drei frommen Klosterfrauen bezeugt und von redlichen Kirchenmännern beglaubigt, bedeuten möge, steht nicht in der Pfarrchronik von Lebach zu lesen. Vielleicht hat der geneigte Leser, an hohen Schulen gebildet und bewandert in den vielen Wissenschaften, eine Ahnung davon?!

Das Pilatusgrab in Pachten

Am Palmsonntag des Jahres 41, dem Gedenktag des feierlichen Einzugs des Jesus von Nazareth in die Tempelstadt Jerusalem, langte zur hohen Mittagszeit, abgezehrt, erschöpft und verstaubt, ein alter Mann in abgetragenem römischen Senatorenmantel vor den Toren von Hanno Villare an, einem festen Römerkastell an den Wildwassern des Sargoweflusses, dem heutigen Hanweiler bei Rilchingen an der Saar.

Der Ankömmling, nach Ansehen und Ausweis vornehmen stadtrömischen Geschlechts, nur von dem Gallierknaben Hesus, der das karge Reisegepäck auf einem Maultier mit sich führte, begleitet, verlangte unverzüglich den Lagerführer zu sprechen und wurde, ehrerbietig und diensteifrig, von dem wachhabenden Offizier in das Haus des Hauptmann Gajus Sabellicus geleitet.

Der Prätorianer empfing den hohen Gast, niemand anderer als der ehemalige Landpfleger von Judäa Pontius Pilatus, kaiserlicher Legat ohne Mission, mit der gebührenden Hochachtung, bat ihn in sein Atriumhaus und bot ihm den Willkommenstrunk und einen stärkenden Imbiß an.

Der Prokurator war, nachdem er Jesus, den mächtigen jüdischen Propheten trotz beschwörender Warnungen und inständiger Bitten seiner Frau Sidonia Roma, mehr aus Wankelmut und Weichheit als aus richterlicher Überzeugung, den Juden zum Tod am Kreuz überliefert hatte, von seinen Widersachern im Hohen Rat in Rom verklagt, vom Kaiser Tiberius von seinen Ämtern in Palästina abberufen und nach Gallien versetzt worden.

Hier lebte er, gleichsam verbannt, mit geringeren Aufgaben betraut und vom Argwohn seiner politischen Gegner begleitet, für kurze Zeiten in den Provinzhauptstätten und Heeresstützpunkten Galliens und eilte in ruheloser Flucht, von Schlaflosigkeit geplagt und Gewissensgebissen getrieben, durch die weiten gallischen Lande, um bei Verwandten und Freunden auf abgelegenen Landhäusern oder in der Einsamkeit keltischer Wälder für die Mitschuld am Prophetenmord zu sühnen und die Ruhe seiner Seele wiederzufinden.

Von der südgallischen Metropole Lugdunum, dem burgundischen Lyon kommend, befinde er sich, erklärte der Legat seinem Gastgeber, auf dem Weg nach dem Mediomatrikerdorf Vicus Crutisium, wo Hauptmann Quintus Valerius Saravus, wie er wisse, sein Neffe, Festungskommandant von Kastell und Lager Pachten und Befehlshaber der Indianischen Reiterschwadron zu Trier, der Augusta Treverorum, sei.

Zuvor aber wolle er, fuhr Pontius Pilatus fort, indem er von dem Offizier Wegweisung und Geleitschutz erbat, einige Tage den keltischen Druidenhain Rilcholingas aufsuchen, in Gebet und Opfer vor den gallischen Gnadenbildern des Wandergottes Mercur Alaunus und der Wassergöttin Sirona, der Beherrscherin der Quellen und Bäche, verharren und Heilung für seinen kranken Leib und seine wunden Füße in den wohltätigen Heilbädern finden.

Von Rilchingen aus, wo der unstete Flüchtling in der Tat für kurze Zeit einige Linderung seiner Leiden und Qualen verspürte, gelangten Pilatus und sein junger Begleiter Hesus in der Nacht von Gründonnerstag auf Karfreitag zu später Stunde in Pachten an.
Die Freude über die Ankunft des Oheims im Hause Quintus Valerius Saravus, erste Stunden des Wiedersehens, in denen Glückwünsche und Erkundigungen in Gesprächen hinüber und herüber gingen zwischen der Familie des Kastellhauptmanns und den Angekommenen, war indessen von kurzer Dauer.
Die Kartage, von den christlichen Mediomatrikern ehrfurchtsvoll Heilige Woche genannt, wurde von allen Talbewohnern, die den gekreuzigten Christengott anbeteten, in frommen Bräuchen und feierlichen Gottesdiensten festlich begangen.
Am Nachmittag des Karfreitag begab sich die Familie des Lagerführers, mit Eifer und Ehrfurcht dem neuen Glauben anhängend, zum Festgottesdienst in die Maximinuskirche von Pachten, wo die ganze Christengemeinde, mediomatrische Bauern, treverische Kaufleute und römische Legionäre, des schimpflichen Todes Jesu Christi auf Golgatha gedachten.
Das Entsetzen und die Bestürzung des Quintus Valerius Saravus war groß, als er, mit seiner Familie zurückgekehrt, den Oheim mitten im Garten seines Landhauses vor der großen Jupitersäule in seinem Blute liegend fand, vom eigenen Schwert durchbohrt. Der Knabe Hesus hatte sich über den Toten geworfen und weinte bittere Tränen über das traurige Geschick seines Herrn. Von ihm erfuhren die bestürzten Verwandten des Pontius Pilatus, wie sehr der Landpfleger von Judäa und Richter im Prozeß Jesu von Nazareth, durch Falschheit und Ränkesucht ins Verhängnis geraten, sich mitschuldig fühlte am Tode eines guten und gerechten Menschen.
Der Kastellhauptmann und Vicusverweser Quintus Valerius begrub den unglücklichen Römer, der das Beste gewollt und doch das Falsche getan hatte, nach altem römischen Ritus, indem er die Leiche mit militärischen Ehren in Anwesenheit der ganzen Lagerbesatzung den Flammen übergab und die Urne mit der Asche des unseligen Prokurators und Legaten von Reims und Lyon in einer Grabnische der Jupitersäule im Garten der Villa Sarava von Vicus Crutisium, dem heutigen Pachten, beisetzte.
Quintus Valerius Saravus aber wollte nicht länger mehr in dem Haus, das so Schreckliches gesehen und die Erinnerung an eine unselige Bluttat in Schreckensbildern und Angstgefühlen wachhalten mußte, wohnen bleiben und ließ sich in die Trevererhauptstadt Trier versetzen, wo er die Reiterkohorte an der Porta Nigra, die berühmte Indianische Schwadron, befehligte.
Er soll, einer frommen Legende nach, standhaft und treu, in der ersten Christenverfolgung unter Kaiser Nero mit seiner ganzen Familie den Märtyrertod gefunden haben und in der Valeriusbasilika der alten Bischofstadt an der Mosel begraben liegen.
Als während der Trevereraufstände unter dem gallischen Statthalter Julius Vindex, der mit dem spanischen Heerführer Galba gegen die Tyrannei des Nero im Jahre 68 nach Christi Geburt kämpfte, Bataver, Lingonen, Turonen

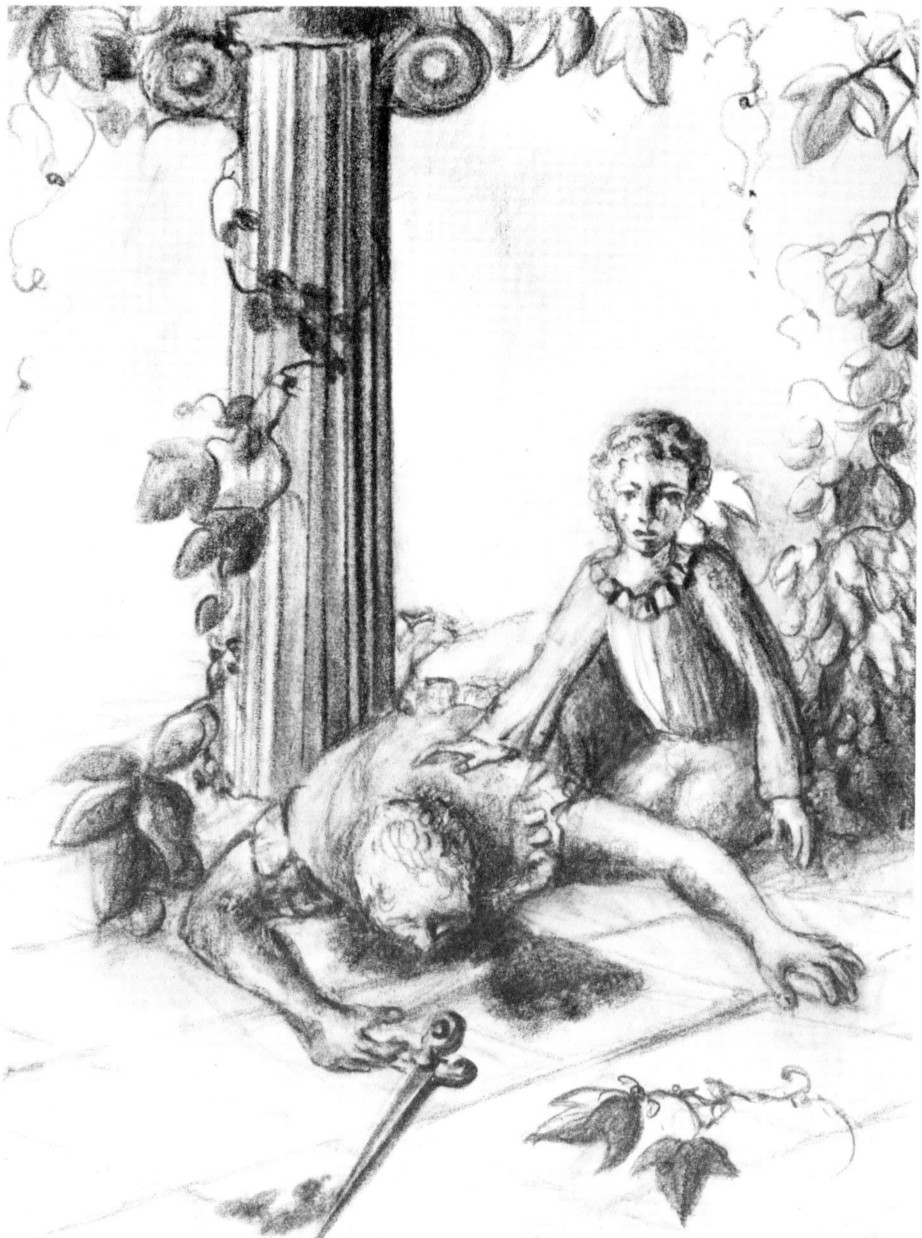

und Äduer zusammen mit den Legionen und Kohorten der römischen Rheinarmee in die Städte und Dörfer Liguriens einfielen, wurde auch die römische Festungsstadt Pachten, Kastell samt Vicus, zerstört. Die auf den Saargau geflüchteten Mediomatriker kehrten nach den Kriegszügen an die Saar zurück und erbauten eine neue Stadt, die seit der fränkischen Zeit Dillingen heißt.

Unter den alten Bewohnern von Pachten, den Colini Crutisiones, selbständigen Pächtern und halbfreien Bauern, die einen Teil der Erträge an die römischen Großgrundbesitzer abliefern mußten, aber erhielt sich der durch das eifernde Gerücht christlicher Missionare genährte Glaube, daß Pontius Pilatus „auf Maul und Nase" in der Flußau an der Haye liege, genau an der Stelle, wo er sich in seiner Verzweiflung in sein Schwert gestürzt habe und auch an dieser Lage beerdigt sei.

An dem Haibach, einem kleinen Nebenflüßchen der Saar bei Pachten wollen Kirchgänger, fromme Frauen, an deren gläubigem Sinn niemand zu zweifeln das Recht hat, auf ihren einsamen Wegen zu den Karfreitagsgottesdiensten, den Klageruf des richterlichen Landpflegers von Jerusalem gehört haben: „Ich bin unschuldig am Blute dieses Gerechten". Sie hielten angstvoll ihre Schritte inne und eilten dann in Gedanken an den gnadenbringenden Kreuzestod Christi und der bangen Erinnerung an den unseligen Selbstmord des Pilatus in den heiligen Schutzraum der Maximinus-Kirche zu Dillingen.

Auch die weltlich gesonneneren Männer der betenden Frauen kamen, seit eh und jeh, auf ihre Weise ins Zagen und Zögern. Die vielen kleinen Erdhügel in und um Pachten herum ließen zu allen Zeiten die entschlossenen Schatzsucher ihre Spaten wieder in die Ecke stellen, noch bevor sie zu graben begonnen hatten. Und so liegt auch das wertvolle Feldherrnschwert mit dem prächtigen Diamantenknauf samt dem kostbaren Senatorenring des Pontius Pilatus bis auf den heutigen Tag bei dem armen Toten in seinem unbekannten Grab von Pachten bei Dillingen an der Saar.

Wer aber dennoch, durch günstigen Hinweis, glückliche Umstände und rastloses Suchen in den Besitz von Schwert und Ring gelangte, wäre ein gemachter Mann und hochberühmt dazu, auch wenn er seinen Fund beim Landesbeauftragten für Heimatforschung und Volkskunde anzeigte, einer Ausstellung der Kostbarkeiten in einem Museum zustimmte und so auf gute Art und Weise für jedermann Beispiele von den seltsamen Wegen und verworrenen Geschicken des Menschengeschlechtes freigäbe.

Die Goldene Kutsche im Schaumberg

Rixius Enno Varus, römischer Statthalter in der kaiserlichen Augusta Treverorum, dem heutigen Trier, der wohl ältesten Stadt Deutschlands, lebte im dritten Jahrhundert nach unserer Zeitrechnung. Der grausame, christenfeindliche Mann aus einem der ersten Adelsgeschlechter Roms herrschte mit ebenso großer Machtfülle wie bedrückender Schreckensgewalt über das Land der Treverer an Mosel und Saar, damals eine reiche und friedliche Provinz des römischen Reiches.
Offiziere und Mannschaften der kaiserlichen Legionen zitterten gleichermaßen vor grimmigen Befehlen und harten Strafen ihres Feldherrn, germanische und gallische Fürsten, milde Vasallenherrscher über zahllose kleine Volksstämme in weiten Landen, wagten nicht, seinem anmaßenden und ausbeuterischen Regiment entgegenzutreten, und Kaiser Konstantin weilte weit im fernen Italien und mußte sich aufständischer Söldner und abtrünniger Provinzen erwehren.
Statthalter Varus besaß auch ein prächtiges Schloß auf dem Schaumberg im waldigen Saarland, von wo er einen guten Blick auf das große Heerlager beim nahen Tholey hatte, einem römischen Kastell, auf dessen Besatzung der herrische Machthaber sich bei seinen Unterdrückungen und Strafexpeditionen besonders verlassen konnte. So wie er in Trier viele fromme Stadtchristen auf blutigste Weise verfolgte, so säumte er auch nicht, hier im lieblichen Hügelland an der großen Heerstraße von Metz nach Mainz jeden zu bedrohen, der dem neuen Glauben anzuhangen suchte. Viele Gallier aus der Umgebung der stark befestigten Römerburg Tholey, aber auch nicht wenige zum Christentum übergetretene Legionäre, die den heidnischen Göttern nicht mehr opfern wollten, hatte er schon zur allgemeinen Abschreckung öffentlich zu Tode martern lassen.
Eines Tages aber hatten wieder einmal zahlreiche Christen, darunter ein angesehener römischer Volkstribun, Offizier der siebten Kohorte in der Thebäischen Legion, unter den Augen des gesamten Heerlagers bei grausamsten Qualen ihren Glauben mit dem Leben bezahlen müssen. Als Rixius Varus, gefolgt von zwölf Schwertrutenträgern, die Richterbühne verließ, gesellte sich ein in einen schwarzen Mantel gehüllter, unbekannter Offizier zu ihm, den er noch nie gesehen hatte, der aber niemand anders war als der Teufel. Der Fremde schmeichelte der machtvollen Gewaltherrschaft des Statthalters und lobte entschieden das harte Vorgehen gegen die neue Heilslehre, die seine Soldaten mild und die Untertanen träge mache. Dennoch, so meinte der schwarzgemantelte Herr, indem er sich zu verabschieden vorgab, könne er selber Dinge bewerkstelligen, die auch einem Statthalter des römischen Kaisers nicht gelingen würden. Nach einem kurzen Wortwechsel, der dem mächtigen Römer abwechselnd Zornesröte und Wutbleiche ins Gesicht trieb, ließ sich der ehrgeizige Prokurator auf einen Machthandel ein und schloß mit dem geheimnisvollen Fremden eine Wette ab: Er verfalle dem Höllenfürsten mit Leib und Leben, so er die Kraftprobe nicht bestehe.

Er, Rixius Enno Varus, wolle, so kamen sie überein, mit seiner sechsspännigen Prachtkutsche im Galopp den steilsten Hohlweg hinauf zu seinem Schloß auf dem Schaumberg fahren, der andere, wer auch immer er sei, müsse ihm dergestalt die unwegsame Rennstraße pflastern, daß er das eben gelegte Pflaster hinter dem Wagen wieder wegreiße und während der Fahrt erneut davorlege. Das Rennen begann, der Statthalter selbst auf dem Kutschbock, schlug unbarmherzig auf die Rosse ein, und die Pferde griffen in wilden Sprüngen aus, so daß die Funken stoben.
Die zahllosen Zuschauer, eben noch Zeugen grausiger Folterungen und Hinrichtungen, trauten ihren Augen nicht, als sie dem Schwarzen bei der Arbeit zusahen, so behend und perfekt wußte dieser sein Werk anzupacken und zu vollenden. Nachdem der Statthalter nach verzweifelten Anstrengungen einsehen mußte, daß er Wette und Leib und Leben verloren hatte, wollte er sein Heil in der Flucht suchen, allein der Teufel bannte ihn augenblicks an den Ort der verfluchten Tat, ganz in der Nähe seiner frevlerischen Grausamkeiten. Die Soldaten und Landleute aber stoben entsetzt in alle vier Himmelsrichtungen und mieden fortan den Hohlweg am Schaumberg. Die goldene Kutsche jedoch versank mit all ihren Kostbarkeiten in den Waldboden. Dort liegt sie, nicht allzu tief vergraben, in einem dunklen Forst, der bis auf den heutigen Tag „Varuswald" genannt wird. Die Wagendeichsel aber, in einem Stück aus purem altägyptischen Weißgold gefertigt, ist so nach oben gerichtet, daß sie nahe an die Erdoberfläche stößt. Ein Hahn, wüßte er die Stelle, könnte sie freischarren.
Auch das Schloß des Statthalters auf der Berghöhe des Schaumbergs verfiel mehr und mehr. Als nach einer Zeit die Römer das Trevererland verlassen mußten, trugen die Handwerker und Bauern von Tholey und Umgebung das verödende Römerschloß nach und nach ab und gebrauchten Quadersteine und Deckenbalken beim Bau ihrer eigenen Hütten und Höfe. Und so wie damals, als im Volk das Wissen um den versunkenen Schatz des Varus noch lebendig war, niemand, weder arme Köhler durch Stich und Schurf, noch Waldtiere mit scharrenden Hufen die goldene Deichsel bloßlegten, so sind auch alle Suchaktionen und Grabungsarbeiten nach der kostbaren Kutsche in der jüngsten Zeit ohne Erfolg geblieben.
Zu berichten bleibt noch, daß in der alten Kirchenchronik der Benediktinerabtei St. Mauritius in Tholey gleich auf den Anfangsseiten ein Eintrag des Einsiedlers und ersten Abtes Wendalinus Scotus zu lesen ist, wonach dieser in einer stürmischen Winternacht durch lautes Rufen, Pochen und Poltern an der Klosterpforte geweckt, einen Einlaß heischenden Mann in arg zerfetzter Römertunika vorgefunden habe, der um seines Seelenheils willen ungestüm die Christentaufe begehrte, aber durch das gütige Kreuzzeichen des heiligen Mannes unter lauten lateinischen Flüchen in Richtung Varuswald geflohen sei.
Auch wußte ein später Gast, der nach einem heftigen Sommergewitter durchnäßt und angsterfüllt in die Klosterschänke auf dem Schaumberg stürzte, noch bevor er sich den köstlichen Beerenwein der Mönche auftischen ließ, zu erzählen, daß über ihm, nachdem er von dem stürmischen

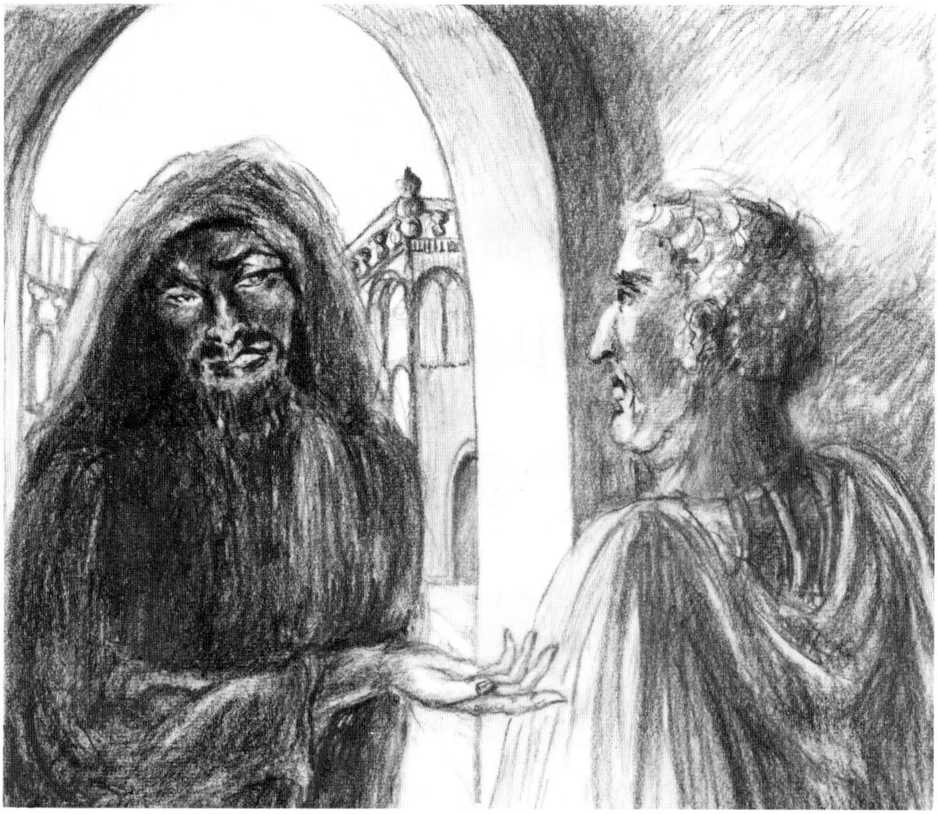

Unwetter überrascht, unter einer Baumgruppe von sieben Eichen Zuflucht gesucht habe, eine laut dröhnende Jagdgesellschaft durch die Lüfte gezogen sei, allen voran Varus, der wilde Jäger mit den feurigen Augen.

Wer jedoch den verfluchten römischen Statthalter von Trier wirklich aus seinem Bann erlösen wollte, müßte ihm in einer sternhellen Frühlingsnacht in Gestalt eines blutroten Fuchses begegnen und die Zauberformel „Varus komm" in der Sprache der Römer zu sprechen wissen. Aber wer kann heutzutage noch so viel Latein?

Brudermord am Spiemont

Aurelia Claudia Linxia aus dem alten Kaisergeschlecht der Julier, Gattin des Rixius Enno Varus, des letzten römischen Statthalters von Trier, lebte nach dem Tode ihres Mannes, der zu Lebzeiten als grausamer Christenverfolger im Lande der Treverer gewütet hatte, auf einem schönen Landsitz in einem Auwald an den Uferhängen der oberen Blies.
Das breite Tal mit seinen schnellfüßigen Wassern, in ihrem Lauf durch das harte Gestein eines Bergrückens gehemmt, verengt sich hier unversehens, und die Blies muß sich durch die schmale Pforte des Spiemonts bei Linxweiler ihren Flußweg erzwingen.
Vom mosaikgeschmückten Atrium der prächtigen Villa aus konnte die Witwe, sooft das Herz danach verlangte, ihre Blicke über die beiden Spiemontfelsen schweifen lassen, deren Bergspitzen zwei stolze Römerfesten krönten. Dort oben saßen in sicheren Burgnestern auf steilem Felsengrat ihre beiden Söhne Lux Romulus und Rex Remus in der Eintracht von Brüdern und regierten als kaisertreue Vasallen und gute Herren Land und Leute an Blies und Oster.
Vom Bliesfluß getrennt, aber durch eine kühngewölbte Steinbrücke verbunden und in nächste Nähe gerückt, ragten die beiden Römerfestungen mit ihren söldnerreichen Kastellen in Zeiten hinein, in deren Schoß Unruhe und Umbruch heranreiften. Die Luxburg wachte, indem sie germanische Angreifer aus den Rheinlanden abwehrte, nach Osten hin über Handel und Wandel der friedfertigen Waldleute und Bauern, im Westen dagegen trotzte die Rexfeste, Straßen und Züge römischer Kaufleute und Legionäre schützend, den Aufständen abtrünniger Kelten und bändigte die zerstörerische Kraft ihres Freiheitswillens. Die beiden Söhne Rex und Lux liebten ihre Mutter über alles, und sie ließen zwei schnurgerade Pflasterstraßen durch das Tal zu den beiden Herrensitzen hinan anlegen. Bei ihren Besuchen hinüber und herüber, oft und rasch getätigt, freute sich die edle Frau über das Wohlergehen und Einverständnis ihrer Kinder.
Schon zu Lebzeiten des Statthalters heimliche Christin, konnte sie nun offen und segensreich den neuen Glauben unter befreundeten Römern, die in ihrem Hause verkehrten, und den keltischen Knechten und Mägden verbreiten und viele Anhänger gewinnen.
Durch fromme Erzählungen von den Wundertaten des Weltenheilandes, inniges Gespräch und eifrigen Zuspruch, gelang es der Mutter, das Herz ihres jüngsten Sohnes Lux zu wenden, so daß er die Taufe wünschte und den Christenglauben annahm.
Als Rex Remus, der Erstgeborene, von der Bekehrung des Bruders hörte, brach der alte Römerstolz aus ihm hervor und ließ Wut und Empörung in seinem Herzen heranwachsen. Der treulose Abfall vom alten Götterglauben, so wähnte er, habe das Andenken ihres Vaters geschändet; und, von unbändigem Haß genährt, faßte er den Entschluß, den Bruder zu befehden, gefangen zu setzen und zu bestrafen.

In großer Furcht und Sorge begleitete die Mutter, als sie davon erfuhr, die bedrohlichen Kriegsvorbereitungen gegen ihren Lieblingssohn und drang auf den Streitlüsternen ein, seinen Zorn zu mäßigen und den varusischen Hausfrieden zu wahren. Aber alles Bitten und Flehen der angsterfüllten Frau vermochte nicht, den aufgebrachten Römergeist vom offenen Bruderzwist abzuhalten.

Bevor der Herr der Westfeste mit seinen Männern in den Kampf zog, ließ er der Mutter die hochmütige Versicherung übermitteln, den Christenbruder tot oder lebendig in seine Gewalt zu bringen.

Rex Remus, der Angreifer, berannte in ungestümen Anläufen von allen Seiten die Festung auf dem Ostflügel des Spiemonts, das Schlachtenglück wogte tagelang hin und her, aber schließlich neigte sich doch die Gunst des Kriegsgottes Mars den Belagerern zu. Die tapferen Verteidiger der Burg streckten vor der Übermacht der gegnerischen Truppen die Waffen und gaben, auf Anweisung ihres Herrn, der sinnloses Blutvergießen zu vermeiden suchte, das Burgkastell in die Hände der Eroberer.

Als der siegreiche Varussohn in das Innere der Burg eindrang, um den andersgläubigen Bruder zu ergreifen, fand er diesen in der Hauskapelle bei innigen Gebeten vor dem Bild des gekreuzigten Gottessohnes knieend. Empört über die demütigende Gebärde der Unterwerfung, steigerte sich seine Wut in wilde Raserei, er zog sein Schwert, stürzte sich auf den Beter und erstach ihn auf den Stufen des Altars.

Als die Mutter die Nachricht von dem unseligen Ausgang des Rachezuges und dem grausamen Tod des geliebten Sohnes vernahm, stockte ihr das Herz, und sie fiel, vor den Augen des Kuriers, in eine tiefe Ohnmacht. Die gramgebeugte Frau kam nie wieder zu Kräften und folgte nach kurzer Zeit ihrem toten Kind ins Grab.

Das Herz des Rex Remus Varus aber fand nach dem Brudermord und dem Tod seiner Mutter keine Ruhe mehr. Von den Rachegöttinnen bis in die Nacht verfolgt und von Angstträumen aus dem Schlaf aufgeschreckt, irrte er in wahnsinniger Verzweiflung durch die Burgräume hüben und drüben, und oft fanden ihn die wenigen Getreuen, die an seiner Seite blieben, am Morgen erschöpft und zitternd auf den Stufen der verlassenen Landvilla im Bliestal.

Als Kaiser Konstantin im Jahre 332 sein Toleranzedikt erließ, das in allen Provinzen des Reiches den Christen Freiheit ihres Glaubenslebens garantierte, und seine Legionen aus dem Trevererland abrief, fanden Offiziere der siebten Kohorte, kurz vor dem Aufbruch ins ferne Römerland, ihren toten Führer auf den Altarstufen der Burgkapelle, genau an der Stelle, wo sein Bruder Lux Remulus Varus unter rasendem Mörderdolch ums Leben gekommen war. Sein Geist aber, fluchbeladen und ruhelos in das Berginnere gebannt, poltert noch immer, unerlöst, an stürmischen Wintertagen auf der grausigen Höhe der Spiemontfelsen, während nach heftigen Sommergewittern – stille Angler am Flußlauf haben bei ihrem lautlosen Tun davon berichtet – an den Wassern der Blies im Auwald das klägliche Wimmern und Weinen der trostlosen Römerin zu vernehmen ist.

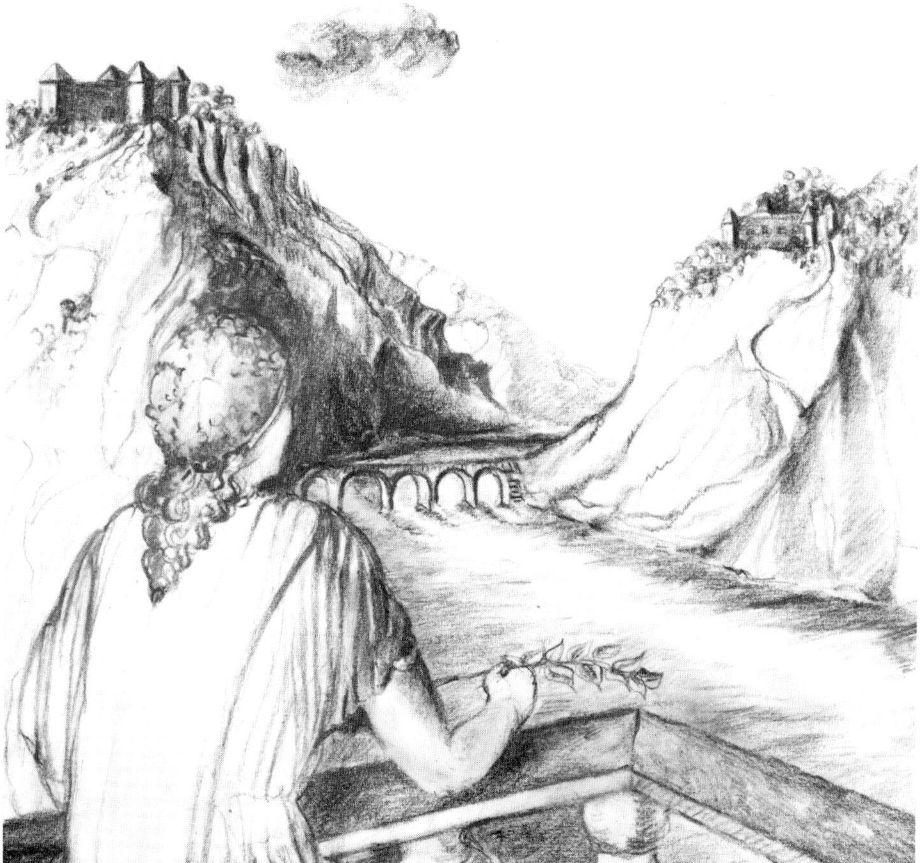

Die beiden Römerkastelle auf dem Bergrücken an der Oberlinxweiler Pforte und die prachtvolle römische Villa im Talgrund sind längst verfallen. Kein Stein blieb auf dem anderen, und die Grundmauern und unterirdischen Gewölbe ruhen im Schoß der friedlichen Erde des oberen Blieslandes. Wucherndes Gras und Buschwerk drunten, Wälder mit mächtigen Baumkronen droben haben Geheimnis und Schrecken der alten Zeit überwachsen und lassen im ewigen Kreislauf der Natur die wechselnden Geschicke leicht vergessen, die das Menschenherz im tiefsten Innern birgt und, geweckt durch Liebe und Haß, in Lust und Leid bewegt.

Die Sühnetat des Herzogs
Legendengebet zum hl. Arnulf

Einst zog der Herzog von der Mosel,
der Fürst von Metz, ins Saarland ein,
um schwere Sündenschuld zu sühnen,
die er auf stolzer Burg begangen.
Weil jäh die Gattin er erschlagen,
bat er im härnen Bußgewande
um Fürsprach heilender Erlösung
den frommen Eremiten Arnold
am Halberg in der stillen Klause.
Der heil'ge Mann rief gnädig an
den Herre Christ im hohen Himmel.
Der Herzog fand die Seelenruhe,
ward selbst ein stiller Ordensmann
und schuf das Stift St. Arnual
im Saartal auf den Wiesen.
Viel Gutes wuchs aus Klostermauern
bei Christenleuten wie bei Heiden;
es wirkte große Wundertaten
der Herr durch seinen Diener Arnulf.

St. Arnulf hehr, du Wundertäter,
heil' Christ und Heid' von ihren Leiden!

Sincfal

In frühen Zeiten, als der Saarstrom sich in breitem, trägem Fluß, an schilfigen Ufern und dichten Auwäldern vorbei, nach Norden zur Mosel hin durch den Talgrund wand, erhob sich, gegen Westen gelegen, aus der leicht ansteigenden Ebene, die sich in einem weiten Halbrund an die Höhen des Saargaues zwischen Hohenfels und Limberg heranschob, ein prächtiges Schloß, das ganz aus hellstem weißen Marmor war und dessen abgeflachtes Pyramidendach, einschließlich der zinnenbewehrten Türme und Erker, aus dunklem Schwarzschiefer bestand.
Der Name des Schlosses aber war Sincfal.
Der Burgherr, Fürst Belmont von Austrasien, Herzog von Vaudrevange und Beaumarais, residierte, nachdem er, in seiner Jugend ein kriegerischer Rebell, im Mannesalter als tapferer Feldmarschall des Ligurerkönigs Rohan von Metz sein Land nach außen gegen Feinde abgeschirmt und im Innern die rivalisierenden Adelsgeschlechter befriedet hatte, in hochgemutem Stolz und einsamer Zurückgezogenheit auf seiner von tiefen Weihern umgebenen Wasserfeste.
Fürstin Adelaide, die hohe Schloßherrin, alabasterhellen Antlitzes, mit dem traumverlorenen Blick der Augen, wie er nordischer Frauenschönheit eigen ist, und den langen blonden Haaren, die sie seit ihren Brauttagen in einem kunstvoll aufgesteckten, von mannigfaltigen Flechten durchwirkten Haargebinde zu tragen pflegte, entstammte einem alten estnischen Königsgeschlecht zu Reval an der Bernsteinküste. Von dem kühnen Artusritter Belmont auf einer Abenteuerfahrt ins ferne Baltikum als stolze Prinzessin an den väterlichen Königshof heimgeführt, hatte sie dem Gatten zwei schöne Knaben und eine liebreizende Tochter geschenkt.
Die beiden Prinzen, Nimrod und Tristan, ein unzertrennliches Brüderpaar von hoher Gesinnung und unerschrockenem Mut, als Knappen am bretonischen Artushof erzogen, waren nach Ritterschlag, Schwertleite und Kriegsfahrt dem edlen Parzefal auf die Gralsburg gefolgt und dienten in heiligem Eifer ihrem großmächtigen Herrn.
Prinzessin Aglaja, vierzehnjährig, in der Blüte holden Mädchenalters, von den Eltern wie ein Augapfel gehütet, durch die Mutter mit Sorgfalt in den sieben freien Künsten unterrichtet und von der scheuen Zärtlichkeit des Vaters umgeben, lebte, schön und sittsam, auf dem Wasserschloß Sincfal bei Vaudrevange im heimatlichen Saartal.
Die wasserumflossenen Feste, in Anlage und Ausgestaltung geprägt vom Geist orientalischer Architektur, nicht unähnlich einem babylonischen Stadthaus oder Pharaonenlandsitz am Nil, war die Verbindung von prunkvollem Königsschloß und wehrhafter Ritterburg. Der Fürst, verträumt und lebenspraktisch zugleich, hatte das Schloß in der Aulandschaft selbst errichtet. Von seinen Entdeckungsfahrten in fremden Ländern her in kühnen Plänen bewandert, mit großen Baumeistern und kunstsinnigen Handwerkern bekannt und für neue Baustoffe und Arbeitsgeräte aufgeschlos-

sen, war es für ihn ein Leichtes, das Bauwerk nach seinem Herrschaftsantritt über Volk und Land der Austrasier von dem berühmten Architekten Assur Panibal planen und durch ein Heer von Werkleuten ausführen zu lassen.
Das Prachtschloß schien aus der lieblichen Flußlandschaft mit ihren Talauen und Hügelkuppen wie herausgewachsen, eine glückliche Vereinigung von ligurischer Bautradition und den neu aufbrechenden Ideen fränkischer Hauskultur, die notwendigen Schutzcharakter mit bedeutsamem Wohnstil verbanden, die Lebensgewohnheiten und den Schönheitssinn seiner estländischen Gemahlin nicht außer acht ließen und auch den Gesichtspunkt eines gedeihlichen Milieus für die fürstlichen Kinder berücksichtigten.
Der Stolz, mit dem der Schloßbesitzer die Gartenanlage mit ihren Baumgruppen, Blumenbeeten und Rasenflächen, voll einheimischer Pflanzen und exotischer Gewächse in malerischer Pracht, den Gästen aus eigenen oder fremden Landen zeigte, verriet rasch, daß Herzog Belmont in dieser Sache Talent, Sorgfalt und Umsicht ins Spiel gebracht und eine Kunstlandschaft von so natürlicher Anmut geschaffen hatte, daß die Schloßgärten von Vaudrevange den Hängenden Gärten der Königin Semiramis an Zauber und Vielfalt in nichts nachstanden.
Durch eine hohe undurchdringliche Ligusterhecke aber war das Paradies aus üppiger Flora gegen widrige Wetter und neugierige Blicke wie durch eine Mauer abgeschirmt. Nur vier torartige Durchbrüche, gegen die Haupthimmelsrichtungen angelegt, durch efeubewachsene Gitter verschließbar, eröffneten den Zugang an die Ufer des Schloßweihers mit den geschützten Ankerstellen für Boote und Schiffe.
Das Fürstenpaar, umgeben von einem Hofstaat aus benachbarten Herrscherhäusern und befreundeten Adelsgeschlechtern und einer Dienerschaft von amtsfreudiger Aufmerksamkeit, bewohnte den Palast in der angemessenen Art und Weise.
Der Tag, im Regelmaß von Lebenskultur und Dienstgeschäft geordnet, erfüllte das Haus mit jenem Geist, wie er sich in Zeiten des Friedens und Wohlstands entfalten und als Muster menschlichen Zusammenlebens in der Entwicklung eines Volkes herausbilden kann, das den Einklang maßvoller Herrscher und selbstbewußter Untertanen zum Gesetz erhebt.
Wenn der Herzog am Morgen jedes dritten Wochentags an der Seite von Fürstin Adelaide und Prinzessin Aglaja, umstanden von den Großen des Reiches, im Thronsaal saß und, nach Beratungen im Kronrat, in Audienzen seine herrscherlichen Weisungen gab, sich über die Angelegenheiten des Landes unterrichtete und in Gesprächen mit Asylanten und Bittstellern Ohr und Herz für deren Anliegen öffnete, ließ er oft den Blick mit Genugtuung und Wohlgefallen in den prachtvollen Raum schweifen, wo er hie und da an einem der kostbaren Gegenstände hängenblieb, an den ihn eine besondere Erinnerung an ferne Länder und frühere Zeiten band.
Das Lebensgefühl des Herrscherhauses, getragen von ausgeprägter Daseinslust, spiegelte sich in den mit wertvollen Bildteppichen behängten

Saalwänden, die, durch hohe Fensterbögen unterbrochen, in der vorteilhaftesten Weise beleuchtet schienen und das mehrfach gebrochene Licht auf einem herrlichen Mosaikboden einfingen, um es an die Kassettendecke aus Palisanderholz in vielstimmigem Farbenspiel weiterzugeben.

Die übrigen Räume, die sich von dem zentral gelegenen Thronsaal aus, durch breite Korridore mit Rundnischen und lange Seitengänge zugleich getrennt und verbunden, strahlenförmig anschlossen, waren nicht minder schön angelegt und je nach Baustil und Gebrauchsstil, abwechslungsreich und einheitlich, mit erlesenen Möbeln und anmutigen Skulpturen ausgestattet.

Das Leben des gesamten austrasischen Hofes aber verlagerte sich an Sommernachmittagen in die Parkanlagen mit ihren zierlichen Arealen und Wandelhallen. In froststrengen Zeiten oder an regnerischen Tagen suchte der Hofstaat den großen Wintergarten mit seinen Erkerzimmern und Sitzecken auf und erfreute sich an den vielen Sträuchern, Stauden und Blumen, von denen immer, in südlicher Pracht und Vielfalt, eine reiche Anzahl in Grün und Blüte stand. Exotisches Vogelgetier und einheimische Singvögel ließen, besonders zum Entzücken der fürstlichen und gräflichen Kinder, ihren vielstimmigen Gesang erschallen.

So gingen die Tage, Wochen und Jahre am ligurischen Herzoghof auf Schloß Sincfal in Friede, Freiheit und Eintracht, von der Selbstverständlichkeit des Alltags bestimmt und durch hohe Festzeiten unterbrochen, in schönem Gleichmaß dahin. Die Zeit schien stillzustehn an den Ufern der Saar. Die Stürme des Weltgeschehens, Krieg und Hader der Völker, zogen an den Menschen im Ligurerland wie durch ein gnädiges Geschick vorüber.

Dennoch bereiteten sich im Schoß des Schicksals Dinge vor, von deren Ursachen und Entwicklungen niemand etwas ahnen konnte, die aber als Verhängnis stets über den Menschengeschlechtern unbemerkt drohen und Gerechte und Ungerechte in den Abgrund ziehen, wenn Liebe und Haß in ihrem Übermaß die Ordnung durchbrechen, den Kreislauf des Lebens zerstören und Not, Leid und Untergang bringen.

Am Morgen der Großen Sonnenwende, dem siebten Tag des Julmonds ligurischer Zeitrechnung, erschien der Fürst mit leichter Verspätung zur Frühstückstafel im Erkerzimmer des Ostflügels. Er trat rasch an seinen Sitz am Kopfende des Tisches heran, verbeugte sich in ritterlicher Huldigungsgebärde, die den feinen Anflug einer Entschuldigung enthielt, gegen seine Gemahlin am gegenüberliegenden Tafelende und grüßte Prinzessin Aglaja zu seiner Linken, ein wehmütig-schalkhaftes Lächeln um den Mund.

Der Schloßherr hatte sich, seit er das Brettspiel mit der Herzogin nicht mehr pflegte, wie immer am Vorabend in seine Studierstube zurückgezogen, las in dicken Folianten, den „Ligurischen Götter- und Heldensagen", von den Geschicken und Geschehnissen der Ahnen, erforschte in unermüdlichem Eifer die heiligen Schriften und Totenbücher der keltischen Druidenpriester und suchte mit leidenschaftlicher Hingabe aus rotierenden Glaskugeln, die das Sonnensystem samt ihren planetarischen Trabanten darstellten, den Gang der Menschheitsgeschichte und den weiteren Ablauf des eigenen

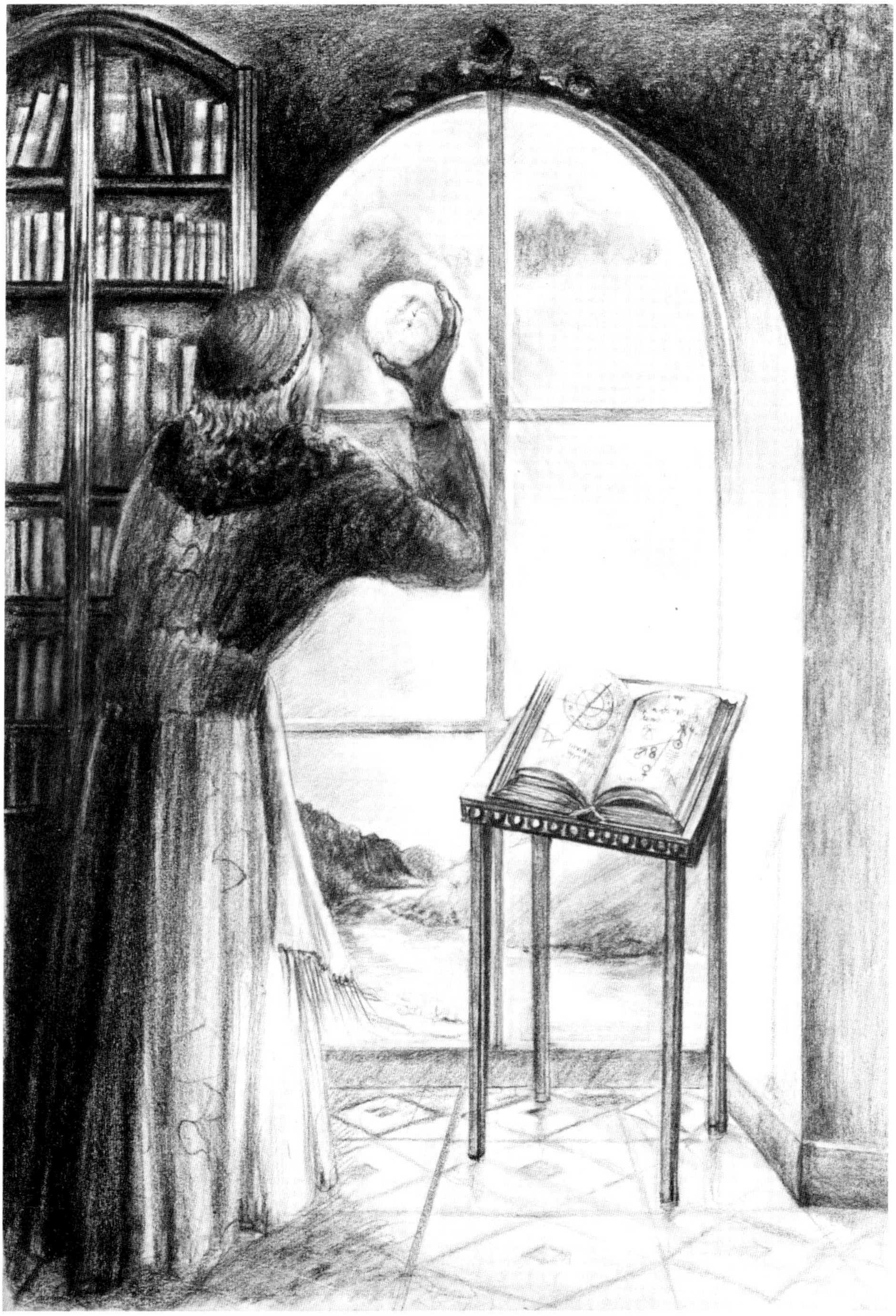

Lebensweges vorauszubestimmen. Er war zu später Stunde auf eine Erscheinung von rätselhaftem Charakter gestoßen, die in ihm das Gefühl einer bedrohlichen Zukunftsaussicht erweckte. Er vermochte auch unter Zuhilfenahme von Geräten, Mixturen und Zauberformeln, kein Licht in die dunkle Sache zu bringen und die Botschaft nicht zu entschlüsseln. Ohne die Zeichen in einen deutenden Zusammenhang bringen zu können, war der Herzog, vor Erschöpfung kraftlos, in großer Bangigkeit und Seelentrauer erst in der Morgenstunde, von Schlaf übermannt, in wirre Angstträume gefallen, so daß er den herannahenden Tag, gegen die sichere Gewohnheit seiner Lebensweise, nicht rechtzeitig begrüßen konnte. Sicherlich wäre es zu einer heillosen Beunruhigung im Hause gekommen, hätte ihn nicht sein Leibdiener Hennequin, nach langem, in vornehmer Zurückhaltung geübtem Zögern, in letzter Minute zu wecken gewagt und eine rasche Ankleidung hilfreich unterstützt.

Nachdem Fürst Belmont auf dem hochlehnigen, mit den Herrscheremblemen verzierten Ligurerstuhl Platz genommen und das Zeichen zum Auftischen und Zureichen gegeben hatte, waltete die aufmerksame Dienerschaft in gewohnter Weise ihres Amtes. Die fürstliche Familie genoß, im Behagen wohltuenden Schweigens und unter dem entlastenden Vollzug des höfischen Speiserituals, die kleine Mahlzeit, bei der neben einem herrlich duftenden Kaffeegetränk, türkischem Mokka feinster Auslese und Zubereitung, wie ihn die Fürstin liebte, kräftige Ziegenmilch und erfrischende Fruchtsäfte, allerlei Backwaren und zartes Fleisch, süße Konfitüren und herbe Latwerge sowie Tafelobst vom Saargau und spanische Südfrüchte angeboten wurden.

Kaum daß das Frühstück zu Ende gegangen war (eine unmerkliche Unruhe hatte den Fürsten auch während des Essens nicht verlassen), meldete der oberste Kammerdiener des Herzogs, Zwentibold von Malmedy, die Ankunft eines fremden Eilboten. An Wappen und Wimpel als der Herold des Ibererkönigs erkennbar, war der Läufer des Königs soeben mit dem hochfürstlichen Kuriernachen über den Schloßsee zum Palast gebracht worden, um eine Botschaft des Fürsten der iberischen Halbinsel zu übermitteln. Der Schloßherr erbrach, eine leichte Ungeduld kaum verbergend, augenblicks das hereingebrachte Sendschreiben des seit Jugendtagen befreundeten spanischen Herrschers, überflog den Inhalt und teilte Fürstin Adelaide und Prinzessin Aglaja mit, daß König Juan Carlos von Iberien, Fürst zu Cadiz und Toledo, in Begleitung seines ritterlichen Gefolges, in dessen Mitte sich auch die Königstochter, Margeritha del Fuentes y Malaga, befinde, auf dem Weg zum Burgunderkönig Gunter nach Worms am Rhein sei und dem austrasischen Herzogspaar einen freundschaftlichen Besuch auf Schloß und Feste Sincfal abzustatten gedenke.

Wenige Tage später, nach Fürstenbesuchen an austrasischen Höfen und Ehrenbezeigungen bei Rathausempfängen in ruhmreichen Ligurerstädten, von einem berittenen Trupp herzoglicher Vasallen durch die reichen gallischen Provinzen geleitet, langte der hohe Gast aus dem fernen Spanien mit seinem Gefolge an den Ufern des „Wallerfanger Meeres" an und wurde,

unter Böllerschüssen und Ehrensalven von den buntbeflaggten Burgsöllern herab, im herzoglichen Prachtnachen über den Schloßsee gerudert.
Fürst Belmont von Austrasien hatte König Juan Carlos und Prinzessin Margeritha mit seinem gesamten Hofstaat auf der Freitreppe des Schlosses erwartet. Er schritt den Ankommenden in freudig-gelassener Heiterkeit entgegen und begrüßte den Freund mit einer langen herzlichen Umarmung. Der Ibererkönig schien in den vielen Jahren, in denen die einstigen Artusritter durch die Übernahme der väterlichen Kronen getrennt waren, kaum gealtert. Aufrecht und stark, seine Begleiter um Haupteslänge überragend, stand er vor dem Gefährten seiner Jugendjahre. Den kaum verhüllten Stolz des Vaters im Antlitz, stellte er dem Fürsten Prinzessin Margeritha vor, die nach Landesart gekleidet, den Gesichtsschleier mit einer liebreizenden Gebärde der linken Hand hob und den Huldigungsgruß des Gastgebers mit unnachahmlicher Anmut entgegennahm. Der Herzog war einen Augenblick lang wie benommen, so sehr hatte ihn die Schönheit und Grazie der Südländerin getroffen. Der Prinzessin entging die Gemütsbewegung des Mannes, dessen Bild sie aus den Erzählungen ihres Vaters in sich trug, nicht. Wuchs, Gestik und Haltung, von Würde getragen, zwangen ihr in Unruhe versetztes Herz zu dem inneren Eingeständnis von Zuneigung gegenüber einem Manne, dessen Erscheinung sie mit solcher Macht berührt hatte, daß sie wie gelähmt dastand und ein Zittern nur mit Mühe unterdrücken konnte. Das geheimnisvolle Spiel der Liebe, in der Unendlichkeit einer tiefen Sekunde eröffnet, verband den Urgrund zweier Seelen stark und unwiderruflich miteinander. In diesem Augenblick freilich konnte die Gefühlsregung der beiden unbemerkt bleiben, gebot doch die Selbstverständlichkeit geziemender Schicklichkeit dem Fürsten, den hohen Gästen Gemahlin und Tochter vorzustellen. Das weitere Bekanntmachen der austrasischen Großen mit den spanischen Granden erfolgte unter dem souveränen Geschick des herzoglichen Zeremoniemeisters Thrasilos von Montclair nach dem Ritual, wie es an allen westländischen Königshöfen Sitte war, so daß sich die Angekommenen, eine nicht sonderlich große Reisegesellschaft, nach freundlichem Aufgenommensein, unter galanter Begleitung durch den ligurischen Hofadel, nach einer gewissen Zeit, vom Fürsten geleitet, zum Schloß begaben.
Die Sonne stand herrlich über dem Saarland und goß das strahlende Sommerlicht über den dunkelgeschieferten Marmorpalast, der sich wie ein funkelnder Edelstein, eingefaßt ins Filigran buntschillernder Blütenpracht und smaragdgrünen Blattwerks, aus dem kristallenen Wasserspiegel des Schloßweihers erhob. Der Gesang von Vögeln erscholl vielstimmig und voll aus den Parkgärten zu den hohen Fensterbögen hinauf, brach sich an den blanken, bleiverglasten Butzenscheiben und akkordierte die Tafelmusik des Hoforchesters auf dem Schloßaltan in verhaltenen Trillern und samtfarbenen Tonkadenzen.
Einen Augenblick lang glaubte Fürst Belmont, an der Freitreppe des Schlosses angelangt, einen Anflug von Schwärze, wie wenn eine dunkle Wolke ihren Schatten würfe, auf den hellen Marmormauern der Schloßfassade

wahrgenommen zu haben, ein Eindruck, der, da die Notwendigkeit seiner gastgeberischen Rolle ihn wieder gefangen nahm, rasch verflog.

Im Innern des prachtvollen Palastes angekommen, ließ sich die Festgesellschaft im Thronsaal in schimmernden Reihen an den reichgedeckten Tischen nieder. Prächtig livrierte Lakaien, sekundiert von vornehm gekleideten Pagen, reichten der erlauchten Tafelrunde die herrlichsten Speisen an, schenkten die erlesensten Weine ein, boten die köstlichsten Früchte dar.

Nach dem Gastmahl, das sich, durch Musikstücke des Hoforchesters und Liedvorträge ligurischer Sänger verschönt, unter Erzählungen und Gesprächen bis in den Abend hineinzog, kündigte der Fürst an, daß sich die herzogliche Familie die Ehre gebe, für die königlichen Gäste aus Spanien das Singspiel „Liebestod in Addis Abeba" durch die Schauspieltruppe von Vaudrevange aufführen zu lassen, eine altäthiopische Theaterlegende, die er selbst auf einer Abenteuerfahrt nach Abessinien kennengelernt habe und von Künstlern in die gallische Landessprache habe übertragen lassen. Der Vorhang der Palastbühne hob sich, die Sänger und Tänzer und Schauspieler traten in reichverzierten Gewändern und Tanzkostümen auf, mannigfaltige Musikinstrumente in Händen: Die Fellpauke und die Klangbüchsen, seltene Flöten und eigenartige Rasseln. Mit viel Prunk kamen, kostbare, fremdländische Waffen mit sich tragend, die Komödianten daher: Abessinische Fangeisen über den Schultern, das arabische Krummschwert im Gürtel und den afrikanischen Bumerang in der Faust.

Alle aber waren geschmückt mit Goldbehang und Büschen kostbarer Federn im Scheitelhaar, silbernem Geschmeid in Lippen und Ohren, Hals- und Armbändern mit aufgereihten grünen Edelsteinperlen, Armschienen, mit Türkisen besetzt, und Federsträußen, die über den Kopf ragten, und reichverzierten Schambinden.

Das schöne Spiel vor herrlich gemalten Bühnenkulissen mit allerlei abenteuerlichen Szenen und exotischen Bauten wurde eröffnet mit Liedern, die Sonne, Mond und Sterne, den Wechsel von Tag und Nacht besangen, die Tiere (die Taube und den Kolibri vor allem) priesen, von Steinen, den rauhen Bergen, dem Wasser, der Blütenpracht der blauen Karde und der Königskerze sprachen. Alle Sänger pflegten, von anmutigen Tanzbewegungen unterstützt, zu singen, wobei immer einer einherging und Verse vorsang und die übrigen den Kehrreim des Liedes wiederholten. Das Vorspiel, mit anhaltendem Beifall der Festgesellschaft bedacht, leitete zum Hauptteil der Aufführung über, die eine rührende Begebenheit aus der Geschichte des äthiopischen Volkes erzählte und deren Inhalt wegen der merkwürdigen Bedeutung wiederzugeben verdient.

Einst kam, so berichtet die Geschichte, ein Abessino mit seiner Braut zu einem jungen Priester nach Addis Abeba, um sich von ihm trauen zu lassen. Der Geistliche wurde beim Anblick des jungen Mädchens, das außergewöhnlich schön und liebreizend war, von einer heftigen Leidenschaft für sie ergriffen. Indem er vorgab, noch gewisse Förmlichkeiten zu erfüllen, wußte er es so einzurichten, daß sich der Vollzug der Trauung verzögerte. Er benutzte den Aufschub aber dazu, dem Abessino sein Mädchen auszuspan-

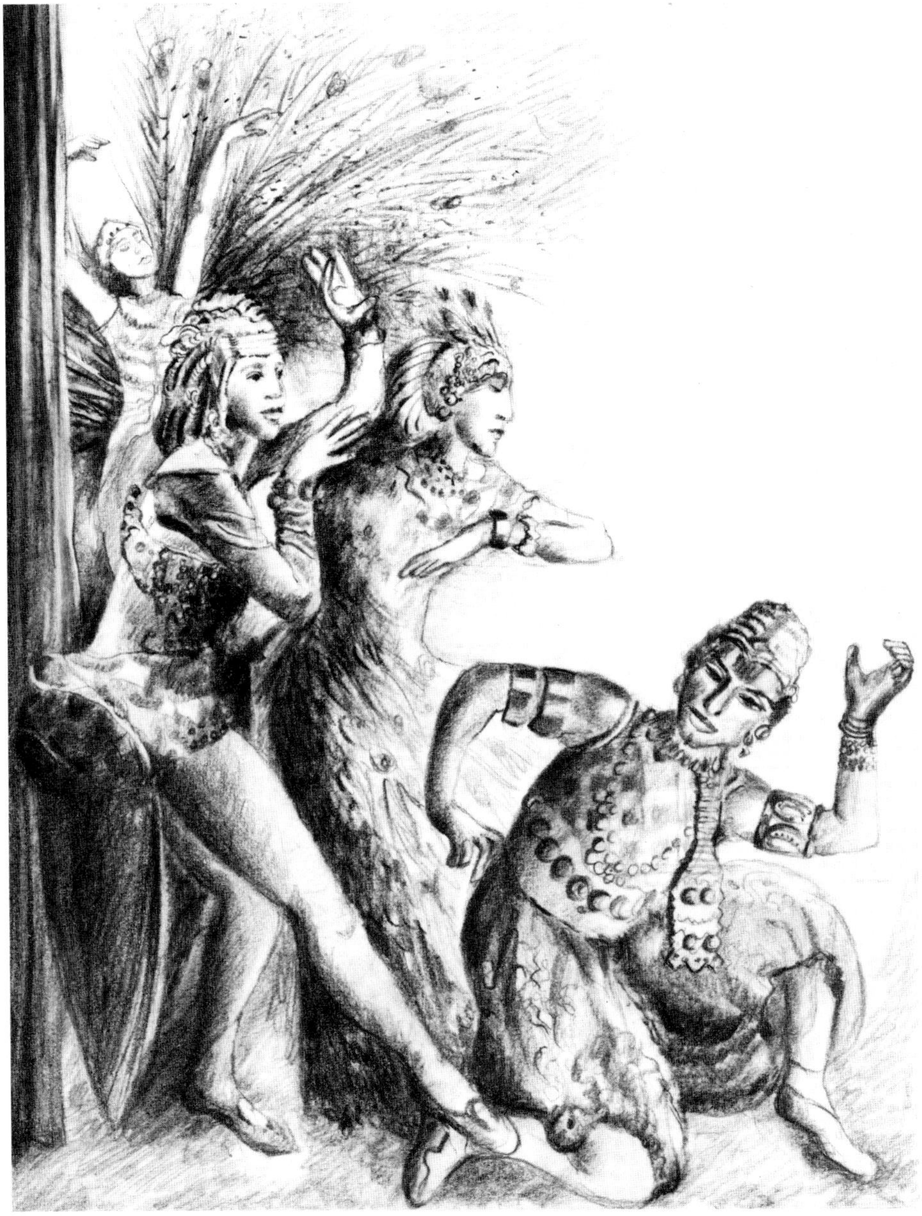

nen und abspenstig zu machen. Nach einer Zeit, glücklich mit seiner jungen Frau verliebt, war er gezwungen, eine Reise in sein Stammkloster im Sudan zu unternehmen. Er brachte seine Gemahlin für die Zeit seiner Abwesenheit in einem einsamen Bergkloster unter und schied schweren Herzens von ihr. Als er nach einigen Monaten seine Besorgungen beendet hatte, trat er, beladen mit schönen Kleidern und herrlichen Schmucksachen die Rückreise an, um die Geliebte mit seiner Ankunft und den Geschenken zu erfreuen. Von einer inneren Unruhe getrieben, beschleunigte der Mönch seinen Ritt, indem er sein Roß zu höchstem Galopp anspornte. Kaum in Addis Abeba angekommen, begab er sich sogleich ins Kloster, um dort, voll Entsetzen und Schrecken zu erfahren, daß seine Gattin vor wenigen Tagen gestorben und eben ins Grab gelegt worden sei. In der gleichen Nacht ließ der Priester das Grab öffnen und trug die Leblose in sein Haus. Er hüllte die tote Geliebte in die mitgebrachten Gewänder, legte ihr den reichen Schmuck an, deckte den Tisch zu einem Festmahl, setzte sie auf eine prunkvollen Sessel und überließ sich in der wildesten Weise seiner Verzweiflung. Als die Nachbarn des Geistlichen nach einigen Tagen nichts mehr hörten, brachen sie die verriegelte Tür auf und fanden den unseligen Mann tot zu Füßen des Leichnams.
Kaum daß das Schaustück mit Gesang, eine der frühesten Opern des Abendlandes, beendet war, applaudierte das edle Publikum, kunstliebend und gebildet, die Theatergruppe wiederholt vor den Vorhang. Der Schauspieldirektor des Fürsten, Vicomte Beaumarais de Vaudrevange aber wurde vom spanischen König Juan Carlos mit einem kostbaren andalusischen Diamantenring, den Prinzessin Margeritha überreichte, für seine hohe Kunst geehrt.
Das ligurische Singspiel hatte die erlauchten Fürstlichkeiten, Männer nicht weniger als Frauen, nicht nur angerührt und die Liebenden unter ihnen in tiefster Seele aufgewühlt, sondern auch durch die herrlichen Chöre, Kantaten und Arien in die heiterste Stimmung versetzt, eine Wirkung, doppelt und stark, wie sie jedem echten und großen Kunstwerk innewohnt.
Von der Bühne des Thronsaals herab, wieder von den Musikanten der herzoglichen Hofkapelle eingenommen, klangen bald Reigenstücke und Tanzweisen.
Die beiden Regenten eröffneten den höfischen Tanzball, indem der Herzog die schöne spanische Prinzessin, der König die edle Frau Adelaide aus Estland in den Saal geleiteten und damit den Reigen der übrigen Tanzpaare anführten. Unter den Klängen heiterer spanischer Menuetts und im Takt beschwingter ligurischer Märsche gaben sich jung und alt den Lustbarkeiten der schönen Bewegung und anmutigen Figurenordnung hin.
Im Spiel von Anziehung und Berührung, beseligt durch das Gefühl gegenseitiger Sympathie, durch zärtliche Widerworte erkundet und Blicke des Einverständnisses besiegelt, gestanden sich beide, der Herzog und die Prinzessin, in der scheuen Zurückhaltung edler Seelen, ihre Zuneigung und Liebe. Fürst Belmont zog, beim Wechsel einer Quadrillefigur den brillantenen Königsring vom rechten Mittelfinger und gab ihn Prinzessin Marge-

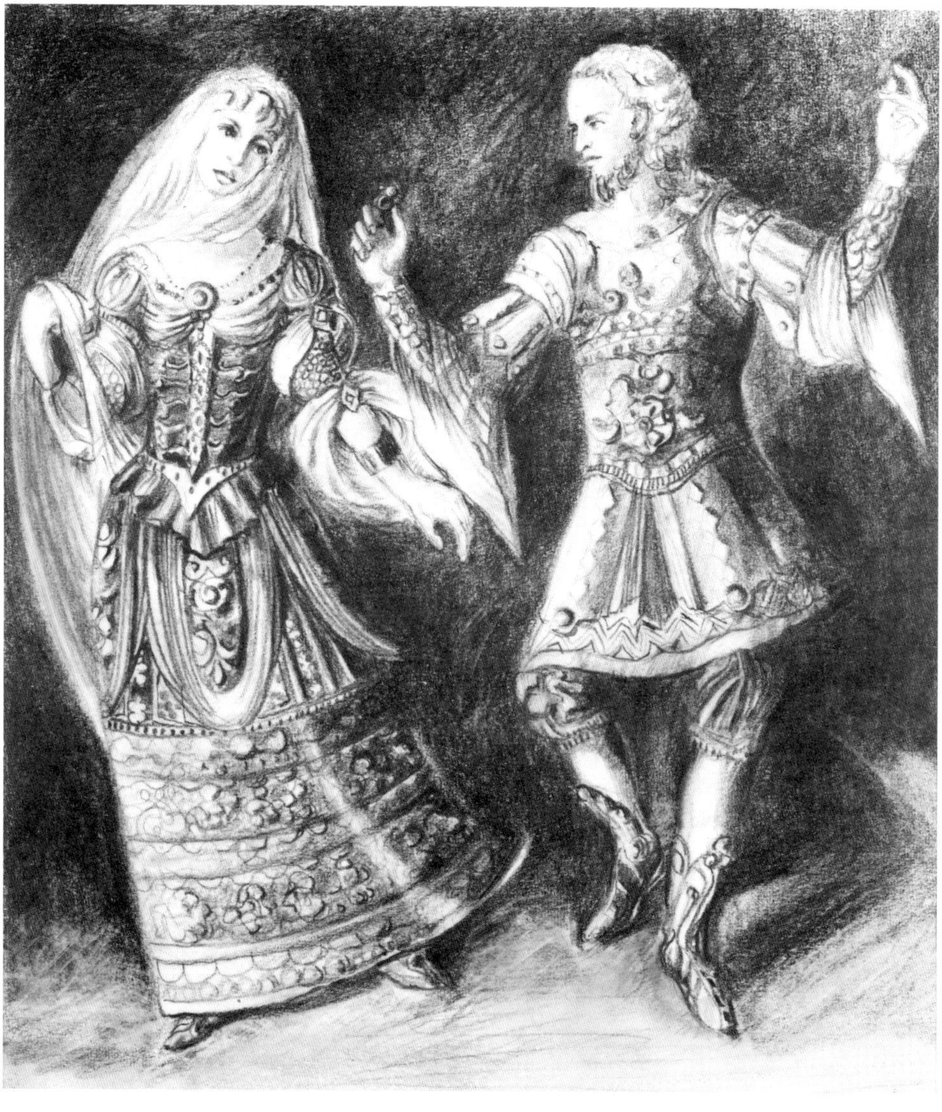

ritha, mit leichtem Nachdruck, in die linke Hand. Ein Blick ließ den Herzog von Austrasien wissen, daß die Sehnsucht der Liebenden sich bald im Glück erfüllter Liebe vollende.

In den frühen Morgenstunden des anderen Tages, noch stand der Mond mit fahlem Schein am Horizont, erhob sich im Osten die Sonne flammend über den dunklen Saarwäldern jenseits des Sargoweflusses und goß ein kaltes, rotes Licht über die Talauen. Ihre Strahlenbündel und Feuerfacetten brachen sich, scharf und gleißend, in den Wassern des Burgsees und ließen den Himmel in einem mattschimmernden, gespenstischen Morgenrot aufleuchten.

Noch lag der Herzogenpalast von Wallerfangen, die Gäste waren nach dem rauschenden Fest zu später Stunde, teils in die nahen heimatlichen Schlösser zurückgekehrt, teils auf der Insel verblieben und in den gräflichen Pavillons untergebracht, in tiefer Ruhe, als Fürst Belmont, vom Schlaf verstoßen in den Schloßgarten eilte, um, was ihn die dunkle Ahnung eines Alptraumes hatte sehen lassen, vor die Gewißheit prüfender Augen zu bringen. Die Mauern von Sincfal waren in der Nacht der Erfüllung glanzlos und matt geworden und standen in dunklem Schimmer, vom bedrohlichen Rot des Frühlichts übergossen, fremd und kalt im Park. In den Baumkronen des Palastgartens rührte sich kein Lüftchen, keine Vogelstimme schlug dem Tag entgegen und nicht ein Waldtier raschelte durch das Niederholz. Starr vor Entsetzen ließ der Fürst wiederholt die Hand über die Augen gleiten, als gelte es, einen nichtigen Spuk wegzuwischen. Allein, die Tatsache einer deutlichen, nun für jedermann sichtbaren Verdunkelung der Marmormauern war untrüglich erwiesen.

Noch stand der Herzog, unverwandt in den Anblick des Schloßgebäudes versunken stumm und starr da, als Prinzessin Margeritha, angstverstörten Gesichts neben ihn trat, mit fragendem Blick auf den Palast deutete und in die Arme des Schloßherrn sank. Das Paar, in Schmerz wie versteinert, löste sich nach Minuten lebloser Erstarrung, als die Prinzessin, aus tiefer Ohnmacht erwachend, die Augen aufschlug und den Geliebten mit dem Ausdruck unsäglicher Trauer anblickte.

Wortlos berührte der Herzog ihre Lippen, drückte, im heftigen Aufbegehren des Gefühls, einen langen Kuß auf ihren Mund, riß sich plötzlich aus der schweigenden Umarmung und ging, ohne sich noch einmal nach der Geliebten umzublicken, eiligen Schrittes auf das Schloß zu.

Die Prinzessin kehrte unverzüglich in das Erkergemach ihrer Schloßwohnung zurück.

Die Veränderung, die mit dem Marmorschloß in der Nacht, bedeutungsschwer und unheilvoll, vor sich gegangen war, entging auch den auf Sincfal zurückgebliebenen Festgästen nicht. Denn nachdem der gesamte Hofstaat erwacht, die Abreisenden in dem nach Westen gelegenen Seitenflügel des Schlosses einen kleinen Reiseimbiß eingenommen hatten, die herzoglichen Schiffe für die Überfahrt nach Vaudrevange und Beaumarais zugerüstet wurden und die Aufbrechenden, sich teils in Gruppen am Palastportal stehend, teils in Paaren im Schloßgarten wandelnd, vor dem Schloß aufhielten,

lag in den Mienen der Männer und Frauen ein Anflug von furchtdurchwirkter Verwunderung, glitten die Blicke der Kinder in rätselhafter Scheu von den Wänden der Marmorwände ab und wandten sich dem geschäftigen Treiben der Bootsleute am Ufergestade zu.
In hastlosem Aufbruch, eine gewisse Unruhe nur mühsam verbergend, verließen die Großen des Reiches, Fürsten, Grafen und Barone aus ganz Gallien, unter freundlichen Beteuerungen und ahnungsvollen Versicherungen den ligurischen Herzogshof, nicht ohne, in der vornehmen Zurückhaltung und kühlen Höflichkeit, die edlen Geschlechtern eigen ist, Dank gesagt und Lob gespendet zu haben für die Gastfreundschaft, die ihnen erwiesen worden war, für die Festfreuden, die sie genossen hatten.
Auch König Juan Carlos von Iberien reiste, indem er die Absicht, rechtzeitig zu den Hochzeitsfeierlichkeiten am Burgunderhof zu Worms, wo Prinzessin Kriemhild sich dem edlen Siegfried vermählte, zu erscheinen, mit sonderbarem Nachdruck beim Herzog zum Ausdruck brachte, wenige Tage nach dem Großen Fest mit seinem Rittergefolge ab. Margeritha del Fuentes, die Königstochter, aber vermied es, an den Mahlzeiten im Ligurersaal der Wasserburg teilzunehmen, hielt sich bei geschlossenen Vorhängen in ihrem Schloßgemach auf und gab vor, unpäßlich zu sein, ein Umstand, dem zusammen mit dem unvermittelten Aufbruch der Spanier in den Augen der herrschaftlichen Dienerschaft etwas Geheimnisvolles, ja Befremdendes anhaftete. Die Abreise zur Nibelungenburg indessen vollzog sich in der Beherrschtheit eines geziemenden Verabschiedungszeremoniells, vom Austausch ehrenvoller Gastgeschenke und feierlicher Dankreden unterstrichen. Die ganze fürstliche Familie geleitete die iberischen Gäste zu den Schiffen am sincfalesischen Bootshafen. Über dem Aufbruch jedoch lag der verhaltene Glanz und die strenge Notwendigkeit schicksalhafter Trennung, die jedem Abschied, dem keine Rückkehr, kein Wiedersehen beschieden zu sein scheint, eigen ist.
Vom Söller des Bergfrieds seines Marmorpalastes aus, das große Ligurerfernrohr vorm Auge, schaute Fürst Belmont noch lange den scheidenden Gästen nach, die nach Stunden, an königlichem Banner und den Ritterwimpeln erkennbar, am Horizont der Saarlande verschwanden.
Tage und Wochen ratloser Beklemmung und bedrohlicher Niedergeschlagenheit, durch Angst und Unmut einer verschreckten Dienerschaft gesteigert, gingen wie vermummte Derwische, stumm und träge, dahin.
Fürstin Adelaide verließ mit ihrer Tochter Aglaja, nachdem sie ihre Söhne auf der heiligen Gralsburg über die eigenartigen Wandlungen und merkwürdigen Entwicklungen auf Sincfal unterrichtet hatte, die trostlose Insel und reiste, dem Rat der frommen Mönche auf Montsalvasch folgend, ins ferne Pyrenäenland, wo die beiden Frauen der Welt entsagten, den Schleier nahmen und in strengster Zurückgezogenheit, von Opfern und Gebeten getragen, einen gottgefälligen Lebenswandel führten.
Nachdem Fürst Belmont von Austrasien, Herzog zu Vaudrevange und Beaumarais, den Hofstaat aufgelöst, Kammerjungfrauen, Lakaien und Pagen und das zahlreiche Gesinde, allesamt zuverlässige Knechte und

dienstfreudige Mägde aus Wallerfangen, reich belohnt und mit festen Stellungen in den Ritterherrschaften und Freisitzen bedacht hatte, lebte er, nur von seinem Leibdiener Hennequin, der vom Fürsten nicht scheiden wollte, und der Amme Siorna, die den Herzog nicht verlassen konnte, umgeben, in der einsamsten Abgeschiedenheit auf seinem Wasserschloß Sincfal im Saartal.
Die Studien der alten Schriften, noch entschiedener betrieben als in der Zeit vor dem Königsfest, ließen ihn immer mehr in den Urgrund aller Dinge eindringen. Den Zielpunkt der Entwicklung menschlichen Daseins im wissensstrengen Blick, zogen die Wunschträume und Wahnbilder seines Lebens an ihm vorüber, lagen alle Wege der Verzweiflung und Tröstung vor ihm.
Die Erkenntnisse, früher wie Findlinge, ungefüg an falschen oder entlegenen Orten plaziert, ordneten sich zu einem Bedeutungszusammenhang, der den Sinn allen Lebens in der ruhigen Abgründigkeit eines tiefen Sees spiegelte.
Im darauffolgenden Jahr, auf den Tag genau, an dem das glanzvolle Fest auf Schloß Sincfal mit so viel Freude und Glück gefeiert worden war – der Fürst hatte die beiden alten, treuen Bediensteten, den Leibdiener und die Amme, unter dem Vorwand wichtiger Besorgungen nach Wallerfangen in das Haus des Vicomte Beaumarais de Vaudrevange geschickt – saß der Herzog im großen Erkerzimmer des Burgsöllers und studierte, im Spiegel der Geschicke des Ligurerstammes, die Geschichte seines Königshauses. Vom Westen her zogen schwere Gewitterwolken auf, die sich den ganzen Nachmittag über dem Saargau zusammenbrauten und seit Stunden, fest und stark, im Sargowetal über Schloß und See standen. Die ersten Blitze zuckten bereits über den dunklen Föhrenwäldern am Hohenfels, die Donner rollten in dumpfen Echofolgen in die Talschluchten am Limberg, und Sturmwinde fielen mit ungestümer Gewalt in immer neuen Anläufen in die alten hundertjährigen Parkbäume um das Schloß. Herzog Belmont hatte das „Ligurische Totenbuch", ein wichtiger Teil des austrasischen Fürstenspiegels, gerade zu Ende gelesen. Langsam und bedeutungsvoll notierte er den letzten Satz, aus den Schriften des Philosophen Cioran stammend, in großen Buchstaben auf seine Merk- und Meditationstafel: DAS VORFELD DES TODES, BEGINNEND MIT DEM LEBEN, IST DER ZERFALL. Kurz vor Mitternacht begab er sich in den Ahnensaal der Burg am Ostflügel und setzte sich in den großen Ligurerstuhl, um sich, was seit einiger Zeit seine Gewohnheit war, angetan mit dem Fürstenmantel der Herzöge von Austrasien, einige Stunden der Nachtruhe zu gönnen.
Der Herrscher aller Ligurer, in einen kurzen, tiefen Schlaf gefallen, durch ein furchtbares Getöse aus einem wirren Traum aufgeschreckt, ergriff, in Taumel und Wahn, die mattleuchtende Kerze zu seiner Seite, irrte wie von Sinnen, mit angstgeweiteten Augen, durch die Palasträume und stürzte, als ein gräßlicher Blitzstrahl, von einem mächtigen Donnerschlag begleitet, durch das Zimmer zuckte, mitten im Thronsaal zu Boden.
Als die verängstigten Bewohner von Wallerfangen und Umgebung, die das schwerste Unwetter seit Menschengedenken unter Zittern und Zagen mit

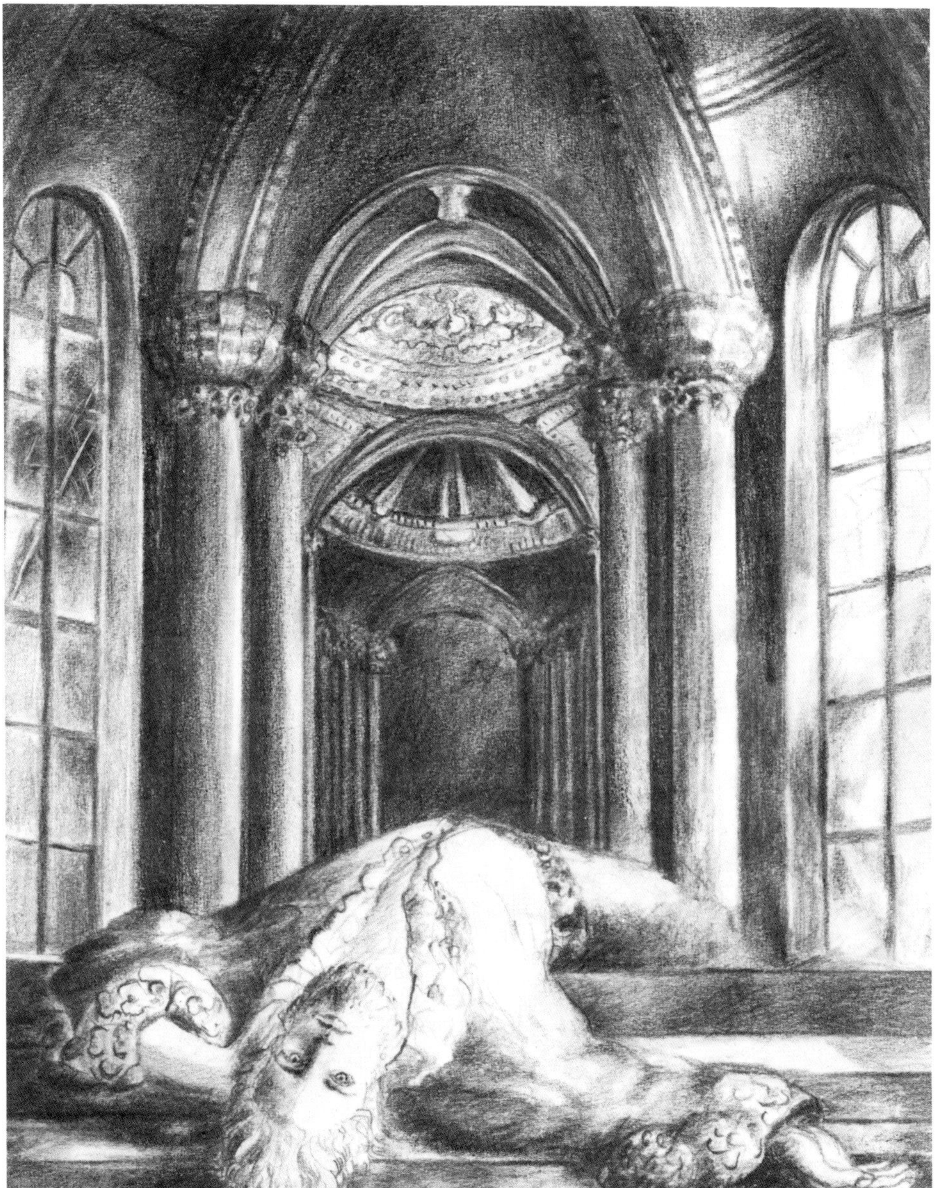

Fürbitten und Flehrufen zu allen Göttern und Heiligen verbrachten, bleich und müde am Morgen aus ihren Häusern hervorkamen und ihre Blicke über den See von Vaudrevange bei Beaumarais schweifen ließen, suchten ihre Augen vergeblich die schöne, baumbestandene Insel mit dem herrlichen Palast. Das Schwarze Schloß, wie es seit den Tagen seiner rätselhaften Verwandlung genannt wurde, war wie vom Erdboden verschwunden und samt dem Eiland im Schloßweiher versunken.
In den stillen, dunklen Wassern des weiten „Wallerfanger Meeres" aber spiegelten sich die abziehenden Wolkenfelder in seltsamen Bildern. Mutige Ligurerknaben, von den Vätern gewarnt, von den Müttern ermahnt, die nahe an den großen Burgsee heranliefen und, vom Ufer aus, indem sie Schilf und Binsen zurückbogen, in den tiefen Burgsee schauten, wollten auf dem Grund den Marmorpalast Sincfal, dunkel und deutlich, gesehen haben.

Räuberführer Lips Tullian von Ludweiler

Als der letzte römische Statthalter in Gallien, Reichsverweser Aetius Maximus, Sproß des alten Herrschergeschlechts der Flavier und nachgeborener Sohn des Kaisers Maximin Aurax und der schönen Sklavin Ancilla Nubia, in der Schlacht von Soissons im Jahre 454 bei einem heldenmütigen Zweikampf mit dem Frankenkönig Childebert III. den Tod fand, stoben seine Heerführer, Hauptleute und Mannschaften, von panischem Entsetzen gepackt, in heilloser Flucht in alle vier Himmelsrichtungen und liefen, von schweren Rüstungen und hinderlichen Waffen entblößt, um das nackte Leben. Alles, was nach dem Zerfall des römischen Weltreiches auf keltischem Boden vom einst so mächtigen Imperium Romanum in Gallien erhalten geblieben war, schien verloren, und so gaben die geschlagenen Römer, von ihren Vasallen und Hilfstruppen im Stich gelassen, die reichen Provinzen und Städte an Mosel, Seine und Loire gänzlich verloren und traten, soweit sie nicht über offene Grenzen nach Aquitanien oder Helvetien auf römerfreundliches Gebiet gelangten, dumpf und verzweifelt den Weg in die fränkische Gefangenschaft an, wo die bisherigen Herren des Landes, Offiziere aus vornehmen Adelsgeschlechtern ebenso wie gemeine Soldaten der niedrigsten Volksschichten, schmachvollste Sklavenarbeit verrichten mußten.
Lips Tullian, Hauptmann der ersten Reiterkohorte des erschlagenen Statthalters und Führer der Leibgarde des Feldherrn, ein dunkelhäutiger Nubier aus edler Familie und naher Verwandter der kaiserlichen Mutter des Prokurators, der sich in den bedrängtesten Kampfsituationen auf Kriegszügen hervorgetan und sein Leben in den aussichtslosesten Lagen durch Umsicht und Geschick gerettet hatte, schlug sich mit wenigen Getreuen durch die feindlichen Reihen und erreichte nach drei Tagesritten, ein entfernt gelegenes Kastell, das als Geheimburg des Statthalters Aetius angelegt, nur ihm bekannt war und als sicherer Zufluchtsort für die kommende ungewisse Zeit dienen konnte.
Das befestigte Römerkastell, mit Herrensitz für den Feldherrn und seine Kommandanten und Wohnanlagen für Truppe und Troß, nach neuesten Plänen entworfen und mit Komfort ausgestattet, lag inmitten eines ausgedehnten, undurchdringlichen Waldgebietes, das zum Herrschaftsbereich des Vereinigten Königreichs der Treverer und Mediomatriker gehörte. Die beiden friedliebenden Völker von hoher Kultur und feinster Zivilisation, angesiedelt zwischen Rhein, Saar und Mosel, wußten sich durch Bündnispolitik, Verhandlungsgeschick und nicht zuletzt begünstigt durch die Randlage in einer militärisch unbedeutsamen Flußwaldlandschaft, aus dem Machtkampf zwischen Rom und Germanien und den Stammesfehden keltischer Nachbarvölker, meist angefacht von Familienstreitigkeiten und getragen von zweifelhaftem Herrscherneid, allzeit klug und beharrlich herauszuhalten. Der Tribut an Edelmetallen aus ihren reichen Bodenschätzen, vor allem Gold, das sie aus dem Sand ihrer Flüsse und Bäche wuschen, Vieh und

Getreide von fettbödigen Fluren, sowie ein Freiwilligenheer aus abenteuerlustigen jungen Leuten war ein Preis, den das Volk der Treverer und Mediomatriker, als Männer des Maßes und der Mitte in ganz Europa bekannt, gern und willig zahlten für Freiheit, Frieden und Gerechtigkeit im Lande.
Die Gauherrschaft über das Waldgebiet zwischen Rossel, Lauter und Bist befand sich in den Händen des Saravienserfürsten Ludovico Diodor, eines Sohnes des Medriomatikerkönigs Hennequin IV. von Metz, und Lukretia Velada, einer Prinzessin vom Königshof zu Trier. Der milde, ebenso lebensfrohe wie kunstsinnige Warndtherzog hielt sich die meiste Zeit seiner Regentschaft in einer kleinen, aber prächtigen Königspfalz bei der Staatsdomäne Ludovillare, dem heutigen Ludweiler, auf, herrlich und einsam gelegen an einem Waldweiher inmitten eines schönen Parks, der unterbrochen von heimischen und exotischen Baumgruppen, Heckensträuchern und Blumenbeeten eher einem Lustgarten ähnlich sah als dem wehrhaften Herrschersitz eines regierenden Fürsten.
Der königliche Gaugraf Ludovico Diodor aber hatte eine wunderschöne Tochter, Ludmilla Aurica mit Namen, die er über alles liebte, mit Geschenken überhäufte und deren junges Leben er mit allerlei Unterhaltungen und Lustbarkeiten zu verschönern wußte, ohne ihre Erziehung zur Tugend und Sittsamkeit durch Vorbild und Beispiel in den Künsten und Wissenschaften zu vernachlässigen.
Der Fürst schickte sich in diesen Tagen an, den 18. Geburtstag seiner Tochter Ludmilla vorzubereiten und ein großes Fest im herzoglichen Palast am Warndtweiher zu veranstalten, zu dem die königlichen Verwandten aus Metz und Trier, die Großen des Reiches und viele edle Gäste aus nah und fern, durch Herolde und Botschafter herbeigerufen, eingeladen waren.
Unterdessen hatte sich Lips Tullian mit seinen Mannen, zumeist Jugendfreunde und Kampfgenossen aus den Tagen römischer Kriegszüge und Kastellaufenthalte, in ihrem Burgversteck niedergelassen und nach den Umständen, die sie aus Botengängen auf Schleichpfaden in Erfahrung bringen konnten, für längere Zeit, wenn nicht für immer, eingerichtet.
An Nahrung, Speisen aller Art und Getränken verschiedenster Herkunft und Kleidung für jede Gelegenheit und Jahreszeit nebst Pflegemitteln wie Seifen, Salben und Ölen von feinster Zubereitung fehlte es der Burgbesatzung nicht, waren doch die Lager und Kammern aufs beste gefüllt und sortiert. Wenn ihnen der Sinn nach Abwechslung und Bereicherung an Fleisch, Fisch und Früchten der Gegend stand, so wußten die Kriegsleute, allesamt erfahrene Jäger, Angler und Sammler, aus den einheimischen Wäldern, Flüssen und Fluren den Hasen und das Hirschkalb, aber auch Bachforellen und Teichkarpfen, Erdbeeren und Saaräpfel in ihren Beutetaschen nach Hause zu bringen, nach Landesart zuzubereiten und mit Moselwein, Saarviez und ligurischem Birnenschnaps in froher Männerrunde zu verzehren. Allein bei solchen Gelegenheiten empfanden sie Trauer und Wehmut, daß sie des Umgangs mit Frauen entbehrten, und es wurde ihnen bewußt, daß ihnen Mädchenlachen und Kinderspiel in den langen Jahren friedlichen Lebens in der Heimat und während der Aufenthalte in den gallischen

Metropolen zum Lebenselixier geworden war und daß das Dasein auf die Dauer ohne frauliche Sittsamkeit und reizende Weiblichkeit freud- und sinnlos wird. Mehr und mehr sehnten sich die Männer im Kastell Grosso Rosso, wie sie ihre Burg scherzend nach dem nahe gelegenen Fluß mit seinen rötlich schimmernden Wassern nannten, nach Zärtlichkeit, Liebe und Ehe, trautem Familienkreis und Nachbarschaft in freier Gemeinschaft.

Wovon sie insgeheim träumten, was sie in verborgener Sehnsucht seit einiger Zeit im Herzen hegten und worüber sie nach den langen Abenden, bei Gesprächen und Gesängen mit Lautenspiel, in Anspielungen und Andeutungen versteckt und behutsam sprachen, kam eines Nachts, nachdem Saarwein die Zunge gelöst und Lieder die Herzen geöffnet hatten, offen und stark zum Ausdruck. Lips Tullian brachte ohne Umschweife und in der gebotenen Unmittelbarkeit die Rede auf das, was sie alle bewegte und worum ihre Gedanken immer wieder und stets heftiger, wie der Adler um seine Beute, kreisten.

Der Hauptmann, von allen Offizieren und Soldaten des Kastells unbestritten als Anführer bei den gemeinsamen Unternehmungen und Richter in allen Streitigkeiten anerkannt, hatte bei seinen Spähgängen und Streifzügen, die er aus sicherem Instinkt für Erfolg und Machterhalt allein zu unternehmen pflegte, die nähere und weitere Umgebung des Waldlagers ausgekundschaftet.

In saraviensischer Jägertracht, der Landessprache kundig und von fließender Rede, wußte er von den Waldleuten des Warndts, den Dorfbewohnern an Rossel, Lauter und Bist und Freisassen auf ihren Einzelgehöften, allerlei über Leben und Treiben, Handel und Wandel des Menschenschlages in Erfahrung zu bringen, konnte er sich von deren Friedensliebe und Tapferkeit, Hilfsbereitschaft und hoher Gesinnung, aber auch von der bekannten saraviensischen Neugier, Neigung zur Prahlerei und einem gewissen Wankelmut überzeugen.

Von niemandem als Römer erkannt, wegen seiner dunkelfarbigen Gesichtsfarbe als sonnengebräunter Gallier aus Aquitanien angesehen, verschaffte er sich in keltischer Händlerkleidung, beladen mit indischen Gewürzen, spanischen Weinen und mancherlei Backwerk aus römischen Konditoreien, die in den Kellern und Vorratskammern des Kastells eingelagert ruhten, Zugang zur Schloßküche und zum Speisemeister am ludovicionischen Herzogenhof. Recht bald war er über das Herrscherhaus, die Hofgesellschaft und die bevorstehenden Ereignisse zu Ehren der schönen Wild- und Waldgräfin Ludmilla Aurica, die er einige Male im Kreise ihrer Jugendgespielinnen im Palastgarten zu sehen das Vergnügen hatte, im ganzen wie im einzelnen informiert.

Lips Tullian breitete also zu mitternächtlicher Stunde den Plan, den er sich zur Erfüllung ihrer Wünsche und Sehnsüchte ausgedacht hatte, in klar umrissenen Gedanken und mit wohl gesetzten Worten vor seinen erwartungsvollen Zuhörern aus, und er konnte der Wirkung seiner unerhörten Rede sicher sein. Zu jedem Gedankenschritt, unterstützt durch den Glanz des Wortes, gewann er die Herzen der Männer für sein Vorhaben, Ludmilla, die Fürstentochter und ihre Freundinnen als Bräute in die feste Burgstadt am Rosselufer zu bringen. Es gelte, so sagte er klar und bestimmt, nach dem Vorbild und Beispiel der Erbauer Roms, die durch den Raub der Sabinerinnen ihrem frauen- und freudlosem Dasein mit einem Schlage Abhilfe schafften und durch den nachgeholten Segen ihrer Väter die Adelsgeschlechter der altrömischen Republik zeugten, die Töchter des Landes mit List und Gewalt heimzuführen und zu Ehegemahlinnen und Hausgenossinnen zu machen.

Um mögliche, aus Überraschung oder Ratlosigkeit geborene Einwände und Bedenken beim ersten Anflug abzufangen, fuhr Lips Tullian in seiner Rede fort, indem er sich Dionysius Thrax, seinem liebsten Freund und engsten Vertrauten, einem ehemaligen Mimen und Spaßmacher am kaiserlichen Hoftheater in Rom, zuwandte. Er forderte diesen auf, noch am selben Tag an den herzoglichen Hof zu Ludovillare zu eilen, als Leiter einer fahrenden Komödiantentruppe beim Fürsten Ludovico vorstellig zu werden und ihm die Aufführung eines römischen Lustspiels bei den Geburtstagsfeierlichkeiten seiner Tochter Ludmilla anzubieten. Ich schlage vor, edler Freund und liebe Genossen, schloß er seine Ausführungen, indem er vergnügt die Hände rieb und sein Mienenspiel mit einem verschmitzten Augenzwinkern unterstützte, wir spielen den RAUB DER SABINERINNEN unseres berühmten Komödiendichters Terenz Plautus.

Sei es, daß ihnen der vorweggenommene Spaß am Spiel, sei es, daß ihnen die im voraus genossene Lust an der Beute Mut machte und die Herzen anschwellen ließ, sobald Lips Tullian geendigt hatte, bedachten sie den verwegenen Erfinder für seinen verlockenden Plan mit Beifall und Bravorufen. Ihnen allen war das Stück des Plautus aus Aufführungen in Heimat- und Fronttheatern nach Inhalt und Wortlaut überaus bekannt und in bester Erinnerung, und so konnten sie sicher sein, daß die Inszenierung der Komödie durch den erfahrenen Theatermann Dionysos Thrax einen großen Eindruck auf die saraviensische Hofgesellschaft machen mußte und der Entführung der edlen Mediomatrikerinnen und Treverertöchter dienlich sein würde.

In der Tat war Herr Ludovico Diodor hoch erfreut über das Angebot des fremden Theaterdirektors. Er erklärte sich auch mit dem Titel des Lustspiels, das er kannte, und dem aristophanischen Aufführungsstil, den er schätzte und mit der Bedingung, die Pferde der Schauspieltruppe unter den Linden des Schloßhofes einzustellen, einverstanden.

Nach drei Wochen unermüdlichen Einstudierens stand das Stück wie aus einem Guß. Es hätte jedem altgriechischen Theaterdirektor Ehre gemacht: Die Stellprobe am Vorabend der Aufführung, von den Schauspielern in Männer- und Frauenrollen mit Vergnügen genossen, war glanzvoll und eindringlich und ließ Anerkennung und Beifall beim hohen Publikum am herzoglichen Hof erhoffen.

Der Ablauf der Ereignisse selbst, am Festtag von den Mitwirkenden in fiebernder Spannung und von den Teilnehmern in freudiger Erregung durchlebt, ist rasch berichtet:

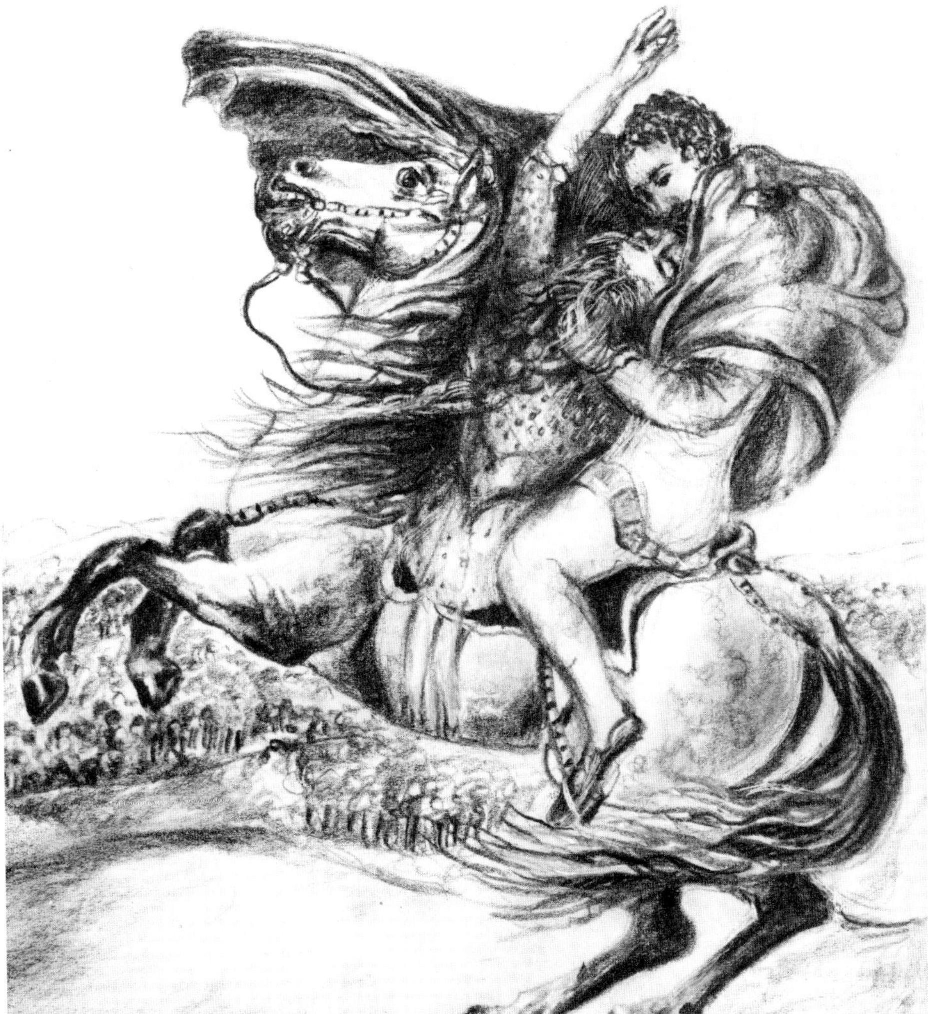

Nachdem sich die fürstliche Familie mit ihren Gästen am Nachmittag unter Gesprächen, die von Reigenspielen und Volkstänzen einfacher Waldleute in bunter Tracht unterbrochen wurden, im Park ergangen hatte und ein köstlicher Imbiß mit Mokka und Fruchtsäften, Gebäck und Tafelobst im wildgräflichen Jagdpavillon eingenommen war, kam es auf der Freilichtbühne vor dem Schloßportal zu der vom Fürsten geheimnisvoll angekündigten und von allen Hausbewohnern und Festtagsgästen mit Spannung erwarteten Aufführung des Stückes.
Dionysos Thrax ließ es sich nach altem Schauspielerbrauch nicht nehmen, sich als Direktor der Kaiserlichen Bühnenspiele in Rom, zur Zeit auf Tournee durch die gallischen und germanischen Reichslande, vorzustellen und das schöne Lustspiel, geschrieben und in Verse gesetzt von Terenz Plautus, von ihm selbst bearbeitet und inszeniert in attischem Stil, dem erlauchten Zuschauerkreis zu beifälliger Aufnahme und ungetrübtem Genuß anzuempfehlen. Der erfahrene Mime, die verführerische Wirkung der Gauklerkunst wohlkennend, versäumte nicht, in einem Vorspiel unter huldigenden Worttiraden an das Fürstenhaus und einschmeichelnde Wendungen für das Geburtstagskind, das im Kreis der Ehrenjungfrauen auf der Vortribüne des Theaters saß, die Hofgesellschaft ehrenvoll zu begrüßen. Auch vergaß er nicht, in gebührender Weise des Hauptdarstellers Erwähnung zu tun, den er, bevor der Vorhang sich hob, dem hochlöblichen Publikum vorzustellen die Ehre habe: Lips Tullian, in der Rolle des Latinerfürsten Remus Amadeo, Rex Romanus.
Das Spiel begann, nahm dann und wann von Gelächter bei komischer Verwicklung oder witziger Anspielung unterbrochen, seinen dramatischen Fortgang und trieb auf den, dem Publikum teils bekannten, teils unerwarteten Ausgang zu.
Kaum daß der Vorhang gefallen war, das Theater war noch ganz in Begeisterung für das Spiel und Anerkennung für die Mimen gefangen, nahmen die Dinge die von den Komödianten geplante Wendung. Sie stürzten sich in wohlbedachter Auswahl und Zuwendung auf die schönen Töchter des Landes in der Ehrenloge, jeder erfaßte die ihm zugefallene Jungfrau und trug sie, ohne daß die Hofgesellschaft und Dienerschaft wußte, wie ihnen geschah, zu den Rossen im Lindenhof, schwangen sich mit ihrer kostbaren Beute in die Sättel und verschwanden in den dunklen Warndtwald, allen voran Lips Tullian, der Räuberführer, mit der schönen Prinzessin Ludmilla im Arm.
Jeglicher Rettungsversuch schien angesichts der hereinbrechenden Dunkelheit und Weglosigkeit aussichtslos, und so hielt Fürst Ludovico Diodor seine Soldaten, die zur furchtlosen Verfolgung der Entführer entschlossen waren, von einem fruchtlosen Abenteuer zurück, indem er sich zu Bedacht und Beratung der Dinge mit den Ministern in das herzogliche Kabinett begab, um sein Handeln für den Tagesanbruch vorzubereiten, denn, weise und besonnen wie er war, ließ er sich niemals zu überstürzten und nutzlosen Unternehmungen hinreißen. Es läßt sich denken, daß die Sache, nach dem berühmten historischen Muster bei der Gründung der Römerstadt am

am Tiber, gut verlief und glücklich ausging. Die vermeintlichen Komödianten, die ihre Rollen so glänzend gespielt hatten, ihnen allen voran der Räuberanführer Lips Tullian, wurden die Ehemänner und Hausherren der geraubten gallischen Edelfrauen. Im Kastell Grosso Rosso angekommen, gaben sie, da sie alle christlichen Glaubens waren, vor dem Mönch und Einsiedler Carolus vorm Born, an dessen Leben und Wirken das heutige Karlsbrunn erinnert, den Mädchen das Jawort und feierten noch in der gleichen Nacht Hochzeit.

Fürst Ludovico Diodor und die anderen Väter der geraubten Schönheiten, mediomatrische Prinzessinnen, Trerergräfinnen und ligurische Freifrauen, konnten zufrieden sein und gute Miene zum heiteren Spiel machen, wußten sich doch ihre Töchter in das unerwartete Geschick zu fügen und schienen sie doch nichts sehnlicher zu wünschen, als daß der Bund mit den edlen Räubern mit Kindern gesegnet werde.

Übers Jahr erfüllten sich denn auch die Hoffnungen aller: Die Römer wurden stolze Väter von kräftigen Söhnen und lieblichen Töchtern, die fürstlichen Gallier und Germanen Großeltern von gesunden Stammhaltern, und so es anmutige Mädchen waren, sahen sie diese im heiratsfähigen Alter als Ahnen neuer mediomatrischer Geschlechter und angesehener saraviensischer Familien.

Die Bewohner des Römerkastells indessen lebten friedlich und rechtschaffen, unterhielten gute Verbindung zur Königspfalz von Ludovillare und den übrigen ligurischen oder treverischen Höfen, verbreiteten sich über das ganze Wald- und Flußland an Saar, Nied, Blies und Prims. Sie gründeten Städte an den Zusammenflüssen der Ströme.

Sie rodeten Wälder, bauten Dörfer und Gehöfte, legten Äcker und Wiesen an, betrieben Handel und Handwerk und pflegten die Künste und Wissenschaften. Sie gelten zu Recht als die Stammeltern der Saarländer.

Die schöne Römerstadt ging in Kriegswirren verlassen gänzlich unter und wurde im Gedächtnis der Nachfahren vergessen.

Im Walde unter uralten Buchen und Eichen, bei Ludweiler links am Weg nach Karlsbrunn zu, liegt heute noch eine Stätte, die der Volksmund „Grünekraut" nennt, ein Ort, wo selbst im frischen grünen Forst das Grauen wohnt. Ringsum sind noch Vertiefungen im Erdreich erkennbar, wo einst Häuser und Türme standen und unter mächtigen Bodenschwellen Schatzgräber und Goldsucher die Mauerreste, Tonscherben und römischen Münzen gefunden haben, die heute in Museen aufbewahrt und betrachtet werden können.

Einsame Wanderer durch den Warndt, wie das große Jagdrevier des nassau-saarbrückischen Fürstenhauses als verbotenes Waldgebiet aus jenen Tagen heißt, wollen den kühnen und klugen Kastellhauptmann und Räuberführer Lips Tullian zwischen Tag und Abend durch Dickicht und Unterholz der hohen Buchenwälder huschen gesehen haben, einmal als schmuckgekleideter Jägermeister, ein andermal als schöngewandeter Händler, und auch als buntkostümierter Schauspieler, aber gefährlich ist er niemals jemandem geworden, der edle Gatte der holden Ludmilla Aurica.

Übereifrige, ängstliche Eltern aus Großrosseln, Karlsbrunn und Ludweiler schreckten vor nicht langer Zeit ihre unartigen Kinder mit der törichten Drohung: O weh, ich trag dich zum Lips ins Grünekraut.
Der Leser dieser Zeilen aber macht es anders: Er läßt das Bangemachen und erzählt den Kleinen die schöne Geschichte vom Räuber Lips Tullian.

Das Ohr des Bellus Ramus
Legendengebet zur hl. Oranna

Es fiel der Herzog Bellus Ramus,
unedler Prinz von Lotharingen,
mit Kriegsvolk in den Saargau ein.
Die Veste Berus hielt sich tapfer,
und mancher Held lag tot am Wall;
der hohe Herr litt große Not.
Dem Herzog hieb das rechte Ohr
vom Haupte ab ein scharfes Schwert.
Er eilte flugs zur Gnadenstätte
und flehte Gott um Hilfe an.
Auf Fürsprach wuchs von St. Oranna
das Ohr dem Fürsten gänzlich an.
Er ließ den Streit und schenkte gar
der frommen Frau die heile Stadt.
Groß war der Jubel bei den Leuten,
sie sangen Lob und Dank dem Herrn.

Oranna, heil'ge Jungfrau hehr,
gib allen Tauben Ohr und Hören.

Liebeslist und Liebeslust
Legendengebet zur hl. Oranna

Es litt die schöne Melusine
im tiefsten Herzensgrund ein Leid:
Prinz Kuno von Austrasien schien
den Liebeskummer nicht zu kennen.
Die hohe Frau brach auf nach Berus,
Orannens Hilfe anzuflehen,
denn Rat und Lindrung gab die Heil'ge.
Auf Fürsprach seiner Dienerin
wandt' um das Herz der Herre Christ
dem edlen Rittersmann aus Metz.
Held Kuno warb um Melusinen
und führte sie zum Traualtar.
In Lust und Wonne lebten beide
und freuten sich der Kinderschar.
Als St. Oranna einst entschlief,
erbauten sie die Grabkapelle.

O liebe heilige Orann',
bescher' mir einen schönen Mann,
doch keinen Burschen, der viel rauft
und keinen, der am Abend sauft,
auch keinen mit dem roten Bart,
denn das ist keine gute Art!

Die Fiedler des Hunnenkönigs

Die Saravienser, eines der friedfertigsten Völker der alten Zeit, bewohnten das weite waldige Hügelland zwischen Rhein und Mosel. In den Flußauen und Auwäldern von Blies, Prims, Nied und Saar lagen die stattlichen Gehöfte der freien Bauern, auf den Bergkuppen erhoben sich die stolzen Burgen ihrer Fürsten, und dort, wo sich die Wildwasser der Prims, Nied und Blies in den Saarstrom ergossen, blühten in wehrhaften Marktflecken Kunst, Handel und Gewerbe der emsigen Stadtleute.
Das Saarland, schon damals die Kelter Europas genannt, in wechselndem Geschick bald von Kelten erobert, bald von Römern regiert, bald von Germanen besetzt, blieb auch, teils durch glückliches Erbe, teils durch geschickte Pflege, in den unruhigen Jahren der Großen Völkerwanderung eine Stätte feinster Lebensart und Hort der schönen Künste und Wissenschaften.
Es lebten aber in diesen Zeiten zwei Brüder, stolze Söhne des Saravienserkönigs Artur, auf ihren hohen Vesten im schönen Flußland. Prinz Ortlieb, Herr auf Burg Werbeln im Bisttal, und Prinz Gernot, Schloßherr zu Schwemlingen an der unteren Saar, als Ritterknappen am bretonischen Artushof in den Weisheiten und Tugenden zu Königswürde und Herrscheramt erzogen und in Abenteuerfahrt und Kriegszug wohlerfahren, hatten sich, nachdem sie zu Gunsten ihres jüngsten Bruders auf Thron und Krone verzichteten, ganz der Dichtkunst und Musik ergeben.
Sängerstreit und Saitenspiel am väterlichen Königshof waren schon der Edelknaben liebstes Tun und schönstes Vergnügen. Talent, Ehrgeiz und Fleiß zogen sie an alle Ritterburgen und Königsschlösser, auf denen Künste geübt und Feste gefeiert wurden. Wo immer das edle Sängerpaar hinkam und mit Heldensagen und Minneliedern auftrat, erregte es Aufsehen, zollten die hohen Herren Beifall, schenkten ihnen die Edelfrauen Bewunderung und Gunst.
Sie hatten bei Volker von Alzey, dem berühmten Sänger am Burgunderhof zu Worms, das Lautenspiel und den Heldengesang erlernt, galten als seine Meisterschüler, konnten sich aber, wegen der sprichwörtlichen saraviensischen Vornehmheit, bei den Nibelungen am Rhein nicht gegenüber den lauttönenden germanischen Barden durchsetzen und wurden schließlich von dem mächtigen und kunstsinnigen Hunnenkönig Attila, genannt Etzel, als Minne- und Heldensänger an dessen Wiener Hofburg im Donautal gerufen.
In der Phäakenstadt Wien an der Donau, von Homer, dem großen griechischen Dichter in der Odysseussage herrlich besungen, konnten die beiden Sänger, als Fiedler des Königs, von den Hunnen Werbelin und Schwemmelin geheißen, beim Volke beliebt, bei den Fürsten geachtet, die königlichen Künste des Singens und Sagens lange Jahre üben.
Eines Tages aber, auf der Höhe von Dichterleben und Liederschaffen, schlug, was zunächst als ehrenvolle Krönung ihrer Sängerlaufbahn

erschien, in ein böses Verhängnis um. Der Hunnenherrscher Attila schickte, teils betört und teils bedrängt durch seine Gemahlin Kriemhild, der rachsüchtigen und ränkelistigen Burgunderfürstin, seine tapferen Spielleute auf die ferne Rheinburg nach Worms. Als Vertraute und treue Gefolgsmannen König Etzels, wegekundig und redegewandt, sollten sie die königlichen Brüder Gunther, Gernot und Giselher, die fürstlichen Helden Hagen, Dankwart und Ortwin und den Spielmann Volker samt ihren Edelleuten und Ritterknappen zu einem großen Fest in die Donaulande laden.

Von Hagen, dem gewaltigen Herzog des ruhmreichen Burgundervolkes geleitet, gelangte der Heerzug, durch unheilvolle Weissagungen gewarnt und von dunklen Ahnungen überschattet, zwar ins heitere Hunnenland, aber die hohen Zeiten gastfreundlicher Begegnung, eröffnet durch Ritterspiele, Sängertreffen und Festgelage, endeten bald in Tränen, Blut und Tod. Die Rache Kriemhilds, die Siegfrieds unrühmlichen Tod durch Mörderhand auch an der Seite König Etzels nie verwunden hatte, führte die beiden Heerscharen, Hagen von Tronje an der Spitze der Burgunder, Rüdiger von Bechlarn als Führer der Hunnen, in eine mörderische Schlacht. In einem heldenhaften Ringen der Recken und Ritter, durch Verrat und Verschwörung angestachelt und von wechselndem Kampfglück getragen, gingen die tapferen Fürsten und ihre Kampfgenossen schmählichen Todes unter. Auch Werbelin und Schwemmelin, die getreuen Vasallen des Hunnenkönigs, hatten in dem heimtückischen Völkermord die Leier mit dem Schwerte vertauschen und gegen die befreundeten Degen vom Rhein blutige Klinge kreuzen müssen und fielen in ehrenvollem Streit der Rachlust und dem Blutrausch einer beleidigten Königin zum Opfer.

Nachdem der Burgunderkönig Gunther mit 20000 Mannen, der Blüte seines Stammes, in diesem furchtbaren Krieg gegen die große Heeresmacht des Reiterkhans Attila gefallen war, wanderte der Rest des Volkes vom linken Rheinufer zwischen Lauter und Nahe weg und gründete im Rhôneland ein neues Burgunderreich.

Mit Jammer und Elend war Etzels Fest, in Ehren vom Herrscher der Hunnen gedacht und so herrlich begonnen, durch Ingrimm und Tücke der stolzen Kriemhild zu Ende gegangen, wie alle Freude sich zuletzt in Leid verkehrt und jedes Leben schließlich im Sterben versinkt.

Der greise Saravienserkönig Artur beweinte den Tod der Lieblingssöhne Ortlieb von Werbeln und Gernot zu Schwemlingen bis an sein Ende. Als die beiden Fiedler des Hunnenkönigs nicht mehr auf ihre Stammburgen im Flußland zurückkehrten, fremde Herren ins Land kamen, die Zeiten unruhig und kriegerisch wurden und die Menschen an der Saar im Waldland zurückgezogen lebten, verfielen die ehemals prächtigen Lustschlösser der Spielleute, die ohne Schuld in fernen Landen einen so unseligen Tod starben.

Ihre Namen aber lebten durch die Jahrhunderte fort und erhielten sich bis in unsere Zeit. Werbeln an der Bist und Schwemlingen an der Saar, den Spielmann mit der Laute im Wappen führend, zeugen noch heute von ihren berühmten saraviensischen Gründern und Herren.

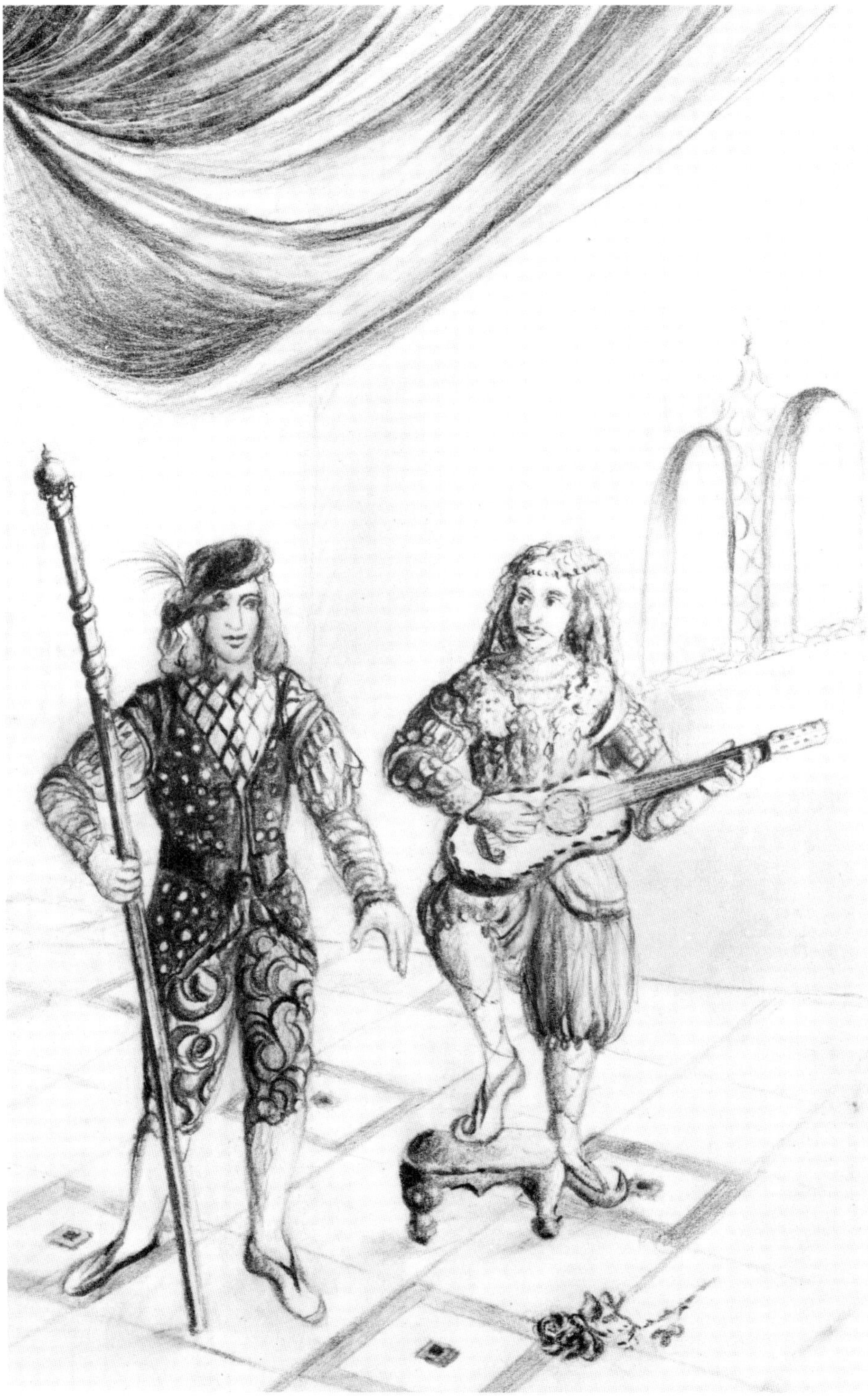

Im dreiundzwanzigsten Abenteuer des Nibelungenliedes jedoch, des kraftvoll schönen Nationalepos der Deutschen, von dem literaturkundigen Gelehrten Felix Genzmer aus dem Mittelhochdeutschen in die Sprache der Gegenwart übertragen, steht zu lesen, wie Werbelin und Schwemmelin, die fürstlichen Sänger von der Saar, von König Etzel und seiner Gemahlin Kriemhild als Boten an den Wormser Hof der Burgunder gesandt wurde:

> Er sprach: „Rätst du dieses, vielliebe Fraue mein,
> meine beiden Fiedler nach den Gefreundten dein
> will ich als Boten senden ins Burgundenreich."
> König Etzels Fiedler ließ man da holen alsogleich.
>
> Da sprach der Knappen einer, der hieß Schwemmelin:
> „Benennt uns die Festlichkeit, wann habt ihr sie im Sinn,
> daß meiner Herrin Freunde dazu können kommen."
> Da ward der edlen Kriemhild von ihrem Leid gar viel genommen.
>
> „Wir tun, wie Ihr gebietet", sprach da Werbelin.
> In ihre Kemenate hieß da die Königin
> insgeheim sie kommen, wo sie die Boten sprach.
> Dadurch manchem Degen hartes Leid noch folgte nach.
>
> Botschaft und Briefe wurden ihnen gegeben,
> reich an Gut sie zogen und konnten herrlich leben.
> Urlaub gab ihnen Etzel und auch die Königin.
> In reicher Kleidung zogen wohlgezieret die beiden hin.

Alpar Ambroš Domokoš, Literaturhistoriker an der hohen Fakultät der Universität Budda und Pest, hat bei seinen jüngsten Forschungen herausgefunden, was die Volks- und Heldensage durch die Jahrhunderte treulich überlieferte, daß die beiden tapferen Spielleute Werbelîn und Zwemmelîn zwei Saarländer waren. In den Jahresberichten zur altdeutschen Literatur, herausgegeben von der ungarischen Akademie der schönen Künste und Wissenschaften steht es, schwarz auf weiß, geschrieben.

Der Heilbrunnen am Kapellenberg
Legendengebet zum hl. Ingobert

Aus fernem Inselreich der Iren
ums Jahr fünfhundertsechsundachtzig
kam Ingobert der Königssohn
ins Burgenland der stolzen Kelten.
Zum Stamme der Ligurerleute
sprach frommen Sinns der Gottesmann
und wirkte große Wundertaten
vor allem Volk an Blies und Saar.
Die Christentaufe zu empfangen,
stieg edler Herr mit Frau und Kind
hinab ins helle Brunnenwasser,
erquickten Leibs und reiner Seele.
Auch schlechter Baum und krankes Vieh
ward gut und heil durch Wassergüsse.
Einst zog in grauer Winternacht,
den Wunderbrunnen zu verderben,
der Heidenfürst vom Totenkopf
mit Mannen zum Kapellenberge.
Das Drudengift sank schwarz und schwer
auf dunklen Quellengrund und rührte
das Element in tiefster Erde.
Den Frevler und die Helfershelfer
in Wasserfluten zu ertränken,
schoß steil und wild ein Strahl hervor:
Sie lagen tot und steif im Bache.
Am Kreuz in der Kapelle flehte
der Klausner aus der nahen Hütte
die Huld des Herre Christ herab
und weckte allesamt zum Leben.
Sie wurden fromm und dienten dort
von Stunde treu als Brunnenhüter.
So rächte Gott die böse Tat
und gab zugleich die hohe Gnade.
Das Volk erstaunte ob der Kräfte
des Glaubensboten und des Wassers
und hing der neuen Lehre an.
Fortan floß reich der Christussegen
vom Bliesgau über ganz Ligurien.

St. Ingbert, starker Quellenwächter,
laß strömen heil'gen Wassers Ader,
schenk Trunk und Guß dem ganzen Lande!

Teufelslärm im Dachgebälk

In der Geschichte des Jesus von Nazareth, Zimmermannssohn und Schwärmer unter kleinen Leuten, an dessen Anfang der Stall und an dessen Ende der Galgen stand, der aber in Wahrheit ein großer Prophet und machtvoller Wundertäter war, steht, aufgezeichnet durch den Evangelisten Matthäus und übersetzt von einem wortgewaltigen Gelehrten unserer Zeit, im achten Kapitel eine unerhörte Begebenheit.
In der jüdischen Stadt Gerasa lebten zwei Irre, die Schrecken der Leute. Die Teufel zerfraßen ihr Innerstes, machten sie wirrer und wirrer, bis sie alles um sich vergaßen und der Satan sie ganz und gar besetzte und besaß:

> Nicht weit von ihnen entfernt weidete eine große Schweineherde: „Wenn du uns austreiben willst", baten ihn die bösen Geister der Besessenen, „dann jage uns in diese Herde!"
> „Fort mit euch!" Aus den Menschen heraus, in die Schweine hinein! Die ganze Herde den Abhang hinunter! Ertrunken im See!
> Da ergriffen die Hirten die Flucht, liefen in die Stadt und erzählten alles was geschehen war: mit der Herde und den Besessenen. Darauf zog die ganze Stadt Jesus entgegen, und als die Menschen ihn sahen, flehten sie ihn an, ihr Land zu verlassen.

Nach einer frommen Legende erhielt sich bis ins späte Mittelalter der Glaube, daß Besessene und Wahnsinnige in der alten Grabkapelle des hl. Lutwinus zu Mettlach an der Saar Heilung suchten und Rettung fanden. Der eigenartige, frühromanische Rundbau im byzantinischen Basilikenstil, der sich über dem Heiligengrab erhob, im Jahre 981 unter Abt Lioffin begonnen, der in Anlage und Ausgestaltung an die Theoderichkirche zu Ravenna erinnert, brachte ostmittelmeerische Kunst, aber auch starke frühchristliche Glaubenskraft in die Saarlande, ein deutlicher Beweis für den Rang der Benediktinerabtei Mettlach in früheren Zeiten.
In dieser Epoche aufblühenden Christentums, so erzählt die Sage, wurde eine junge Frau aus edlem französischem Fürstenhaus von Liebeswahn und Teufelsbesessenheit wundersam geheilt.
Waldrada, die Schwester des Mettlacher Klosterabts Gerbert von Aurillac, der im Jahre 999 als Sylvester II. den Papststuhl zu Rom bestieg, wurde, ein Kind von sieben Jahren, einer damals unter europäischen Herrscherhäusern, wenn es den Machtinteressen dienlich erschien, nicht ungewöhnlichen Sitte gemäß, mit dem vierzehnjährigen lothringischen Herzogsohn Anselm von Metz vermählt.
Die Trauung der beiden Fürstenkinder, unter Abt Gerbert in der Klosterkirche der Benediktiner zu Mettlach feierlich vollzogen, fand, glanzvoll und festlich, ihren Höhepunkt in den Hochzeitsfeierlichkeiten auf Schloß und Burg Montclair, jener stolzen Burgfeste hoch über der Saarschleife auf steilem Felshang, deren mächtige Ruine noch bis in unsere Zeit von einstiger Größe und Schönheit Zeugnis ablegt.

In den Festannalen zu den feierlichen Ereignissen, angefertigt von dem Mettlacher Klostermönch Gernot Baleo steht zu lesen, daß sich Prinzessin Waldrada und Herzogensohn Anselm nur durch gütliches Zureden der fürstlichen Eltern, unterstützt von Zuckergebäck für das Mädchen und Ritterspielzeug für den Knaben, zum Hochzeitsreigen, der den Festball am Abend eröffnete, bereitfanden. Kaum daß der Tanz beendet gewesen sei, habe sich der junge Bräutigam, mutwillige Knabenspiele im Sinn, zu seinen jugendlichen Gespielen in die Waffenkammer der Burg begeben, während die Kinderbraut zu ihren elsässischen Puppen in die Schloßkemenate geflüchtet sei.
Waldrada von Aurillac aber, so berichtet der Mönchschronist weiter, habe, während die Festgäste aus aller Herren Länder, unter ihnen der junge Kaiser Otto III., Schüler und Freund Abt Gerberts, im Schloßsaal tafelten, tanzten und zechten, im Traum eine angstvolle Nacht durchstanden. Der Satan sei in gräßlicher Teufelsfratze, von sieben wilden Gesellen umgeben, in ihr Schlafgemach eingedrungen, habe sie in seine Arme genommen, um sie, unter Drohgebärden und Fluchworten, geradewegs in die Hölle zu tragen. Im letzten Augenblick jedoch sei der fromme Ordensgründer Lutwinus erschienen, und habe sie, das heilige Kreuzzeichen dreimal gegen Luzifer schlagend, aus Angsttraum und Seelenqual erlöst.
Nachdem das glanzvolle Hochzeitsfest verrauscht war, die hohen Gäste, je nach Grad der Berühmtheit oder Verwandtschaft mit den gastgebenden Fürstlichkeiten früher oder später, auf ihre heimatlichen Schlösser und Burgen nah und fern zurückkehrten, reiste auch Prinzessin Waldrada, nunmehr vor Gott und der Welt Ehegemahlin des Anselm von Metz und künftige Hausgenossin und Burgfrau auf Montclair, mit ihren Eltern in die Stadtburg Reims, dem Adelssitz derer von Aurillac. Hier in der schönen, weinreichen Champagne genoß die Mädchenbraut, indem sie auf Frauenrolle und Herrscheramt für das spätere Zusammenleben mit Ritter Anselm vorbereitet wurde, eine strenge Adelsbildung und Glaubenserziehung, einen höfischen Unterricht, der von Herzenstugend und Mädchenzucht getragen war.
Der Edelknabe Anselm aber zog, auf Rat und Weisung des gelehrten und mächtigen Benediktinerabtes Gerbert von Mettlach im kaiserlichen Gefolge Otto III. auf die sächsische Königspfalz Goslar am Harz, wo er bis zu Ritterschlag und Schwertleite in seinem einundzwanzigsten Lebensjahr, unter Leitung und Führung erfahrener Hofleute und Lehrmeister die ritterlichen Fähigkeiten und höfischen Tugenden erwerben sollte.
Unterdessen floß viel Wasser die Saar hinunter, und flüchtig wie die Fluten der Flüsse glitten die Zeiten ins Dunkel der Ewigkeit. Der Normanne Eric der Rote landete auf Grönland und besiedelte die Westküste des kalten Eilands, König Ludwig der Faule von Frankreich starb und hinterließ Hugo Capet den französischen Thron. Fürst Wladimir der Heilige schloß einen Hilfs- und Ehevertrag mit Byzanz und verpflichtete sich, seinen Staat christlich zu machen, Robert der Fromme, König von Frankreich, heiratete die ehrgeizige Constance von Arles, das Kloster Monte wurde im Jahre 994 von

den Arabern zerstört und die Abtei Einsiedeln in den Schweizer Bergen gegründet. England führte das Dänengeld ein, der Islam verbot seinen Angehörigen blutige medizinische Eingriffe mit dem Messer, Araber und Juden wurden Leibärzte in Deutschland, auf den Märkten des Saarlandes traten zum ersten Male Harnbeschauer und Heilmittelverkäufer auf und neben Schäfern und Köhlern betätigten sich die Mettlacher Benediktinermönche als Volksärzte an der unteren Saar. Die Sonne schien über Gerechte und Ungerechte, und Liebe, Gleichgültigkeit und Haß entstanden in den Herzen der Menschen, wandelten sich und schwanden aus der beseligten oder verwundeten Brust.

Sieben Jahre waren seit der Kinderhochzeit von Mettlach zu Montclair ins Land gegangen, Prinzessin Waldrada inzwischen vierzehn, der Herzogensohn Anselm einundzwanzig geworden, die Zeit, daß die Vermählten zusammenkämen und als Mann und Frau lebten, schien gekommen.

Allein es kam anders, als alle Welt dachte, und die Dinge nahmen einen Lauf, den niemand voraussehen konnte. Prinzessin Waldrada, zur Jungfrau erblüht und überaus schön, geriet in den Bann der Liebe eines andern. Ein junger Ritter, der in der Gegend noch nie gesehen worden war, ganz in einen schwarzsamtnen, mit feuerroten Streifen und Rüschen besetzten Mantel gehüllt, drang eines Tages in die Gärten von Aurillac ein und traf auf die hohe Fürstentochter. Waldrada, eben auf dem Weg zum schattigen Schloßpavillon am Schwanenteich, ihrem Lieblingsort, wähnte sich, bleich und starr vor Schreck, vom Blitzstrahl getroffen, als der schöne Fremde, eine dunkle Hecke zerteilend, ihr in den Weg trat und sie, indem er versicherte, seinen entflogenen Falken zu suchen, ansprach. Doch stand ihr Herz, kaum daß sie aus dem Taumel erster Überraschung erwachte, von der stolzen Erscheinung und vornehmen Art des Unbekannten überwältigt, in einem Nu in Flammen. Der dunkelhäutige Edelmann, der von sich sagte, daß er in Diensten eines spanischen Granden stehe, und dessen Gesichtszüge von einer kühnen Hakennase und dem Feuerblick grünblau schimmernder Augen beherrscht waren, gestand allsogleich, von der Schönheit und dem Liebreiz der Prinzessin überwältigt zu sein.

In diesem Augenblick stieß der Falke, zum Entsetzen der holden Jungfrau, auf den Lederstulpen des Falknerhandschuhs, und der Ritter, unter der Beteuerung des Wiedersehens, entfernte sich rasch, indem er, wie gekommen, durch das grüne Gesträuch schritt, das sich hinter ihm wie eine Wand schloß.

Waldrada von Aurillac entbrannte in Liebe und Leidenschaft zu dem fremden Grafen, der diese ebenso heftig zu erwidern schien. Von dieser Begegnung an trafen sie sich täglich im aurillacschen Palastgarten, suchten jede Gelegenheit zu Nähe und Beisammensein und genossen in sündiger Lust die verbotene Liebe. Nachdem Waldrada den Hofkaplan Hrabanus Abälardus, ihren Beichtvater, ins Vertrauen gezogen hatte, tauschten sie unter dem Segen des Geistlichen in der Remigiuskapelle zu Reims die Ringe und gelobten sich ewige Treue. Die Liebenden dachten, angeregt und genährt durch Überlegungen des schwarzen Ritters, an Flucht und betrieben mit Eifer und List den Plan, Unterschlupf und Aufenthalt beim Oheim des Grafen, dem Herzog von Cordoba und Cadiz, in Spanien zu suchen. Der heimliche Bund der beiden konnte den fürstlichen Eltern nicht verborgen bleiben; bestürzt über die Wesensänderung ihrer Tochter, vermochten sie sich aber den Sinneswandel nicht zu erklären, sahen die Prinzessin durch den Fremdling verzaubert und verhext und konnten sie weder durch Zureden noch durch Ermahnung davon abbringen, den Geliebten zu treffen. Da sie das wilde Blut ihres Kindes, um deren unbeugsamen Sinn und tapferen Trotz sie nur allzu gut wußten, und weil sie den stolzen Mut des spanischen Ritters, der, herrisch und unbeugsam, immer häufiger und länger in hohen Missionen am Reimser Fürstenhof weilte, sehr wohl kannten, waren sie zutiefst beunruhigt und schickten, ratlos und besorgt, einen Geheimkurier an den lothringischen Herzogenhof, um das dortige Herrscherhaus über die Wendung der Dinge zu unterrichten und Ritter Anselm von Montclair aufzufordern, durch entschlossenes Handeln einer weiteren Zuspitzung der Lage zuvorzukommen.

Der Jüngling, eben von Kaiser Otto auf dem Reichstag zu Mainz zum Königsritter geschlagen, eilte mit seinen Burgmannen und dem Troß der Knappen, die die herzogliche Reisekutsche mit sich führten, in zwei Tagesritten in die Champagne, um die widerstrebende Prinzessin, vor Landesgesetz und Kirchenrecht seine Ehefrau und Hausgenossin, auf die feste Burg Montclair zu bringen.

Schon bald nach der Ankunft auf dem Schloß hoch über der Saarschleife weigerte Waldrada von Aurillac, bleich und krank, in Schwermut versunken, von Fiebern geschüttelt, alle Speise und jeglichen Trank. Sie mochte weder den Gatten, der Tag und Nacht in ihrer Kammer weilte, sprechen noch die herbeigerufenen Klosterärzte sehen. In seiner Herzensnot und Verzweiflung schickte Anselm von Montclair nach dem Abt von Mettlach, Gerbert von Aurillac, und bat den fürstlichen Schwager um Rat und Hilfe. Der Ordensmann eilte unverzüglich an das Krankenlager und fand die Schwester in weit schlimmerem Zustand, als er befürchtet hatte. Mit dem seelenkundigen Blick des gelehrten und erfahrenen Geistlichen erkannte er bald, welcher Teufel die arme Seele besetzt hielt und in welchem Wahnsinn das kranke Gemüt sich verfangen hatte, und er ordnete an, sie ohne Säumen zur Heilung in die Abteikirche zu bringen, auf daß sie durch Fürsprache und Gebet der Mönche am Grabe des hl. Lutwinus von ihrer Besessenheit erlöst werde.

Die Burgfrau Waldrada wurde mit anderen Kranken für eine Nacht in das Gotteshaus am Alten Turm gebracht. Doch ihre Krankheit war so heftig und stark, daß sie um das Grab des Heiligen herumraste und entsetzliche Flüche und Drohungen gegen den Ehegemahl Anselm, den Klosterabt Gerbert, den wundertätigen Abteiheiligen Lutwin und alle Seligen im Himmel ausstieß. In der folgenden Nacht legten sie die Benediktinermönche, mit starken Stricken an Händen und Füßen gefesselt, gebunden auf den Boden der Kirche, damit sie vom bösen Geist nun endlich befreit werde. Die Ordensleute, fromm und mit Teufelsaustreibungen wohl vertraut, zogen in der Stunde vor Mitternacht um die Kapelle und sangen einen alten russischen Bannsegen, der bisher auch gegen die stärkste Besessenheit geholfen hatte. Mächtig und kraftvoll erscholl das Liedgebet durch die Nacht und mischte sich unter das Rauschen der uralten Klostereichen, so daß man glauben mochte, die Natur sei, dunkel und drohend, in Aufruhr und liege im Kampf mit den heiligen Mächten des Himmels:

> Herr, wir sind in Finsternis!
> Wer hilft uns aus tiefster Not?
> Jeder Pfad entschwand dem Auge.
> Satansbrut hat ganz gewiß
> uns an diesen Ort gebunden.
> Teufel zerren, drehen uns
> mit Dämonenmacht im Kreise
> zickzack nach der Höllenart
> wirr im Schneesturm mitternachts.
> Wieviel sind's? Wohin die Fahrt?
> Und was tanzen sie im Takt?
> Gibt es eine Hexenhochzeit?
> Oder singen sie das Grablied
> der beseßnen Menschenseele?
> Hilf uns, Herr, in deiner Güte!

Luzifer der Höllenfürst, Oberster aller Teufel, der Waldrada in seiner Gewalt hatte, aber rief um Mitternacht sieben mal sieben Gesellen zu Hilfe, um die Wachenden und Betenden bei der kranken Prinzessin im Innern der Kapelle zu erschrecken und die singenden Mönche auf ihrem Rundgang um die Kirche zu vertreiben. Im Deckengebälk der Basilika, das über ihren Häuptern schwebte, machte das Satansgesinde ein so schändliches, ohrenbetäubendes Getöse und Gepolter, wie es im Saartal bei Mettlach noch nie gehört wurde. Doch vermochte der Höllenlärm nichts gegen den frommen Gesang der Mönche auszurichten, und die bösen Geister flohen, als die Klosterglocke Zwölf schlug unter entsetzlichem Heulen und Toben, indem sie Balken und Steine herabstießen, durch die Kuppel der Kirche in alle vier Himmelsrichtungen davon.
Waldrada von Aurillac, Burgherrin von Meinsberg zu Montclair, aber war von Stund an von Teufelsbesessenheit und Liebeswahn befreit, dankte Gott und allen Heiligen für ihre wunderbare Rettung aus den Banden des Satans und stiftete für den Ostflügel der alten Turmkirche zu Mettlach einen herrlichen Seitenaltar zu Ehren der Jungfrau Maria.
In heiligem Einvernehmen mit ihrem Gemahl Anselm von Metz, Ritter zu Meinsberg auf Montclair, löste sie den Ehevertrag, der unter den Machtinteressen zweier regierender Fürstenhäuser allzu früh geschlossen und von ungestümer Liebesmacht unselig belastet wurde und der durch lange, grausame Trennung der kindlichen Brautleute kein Gefühl gegenseitiger Zuneigung und Liebe aufkommen lassen konnte, und entsagten, zu gottgefälligem

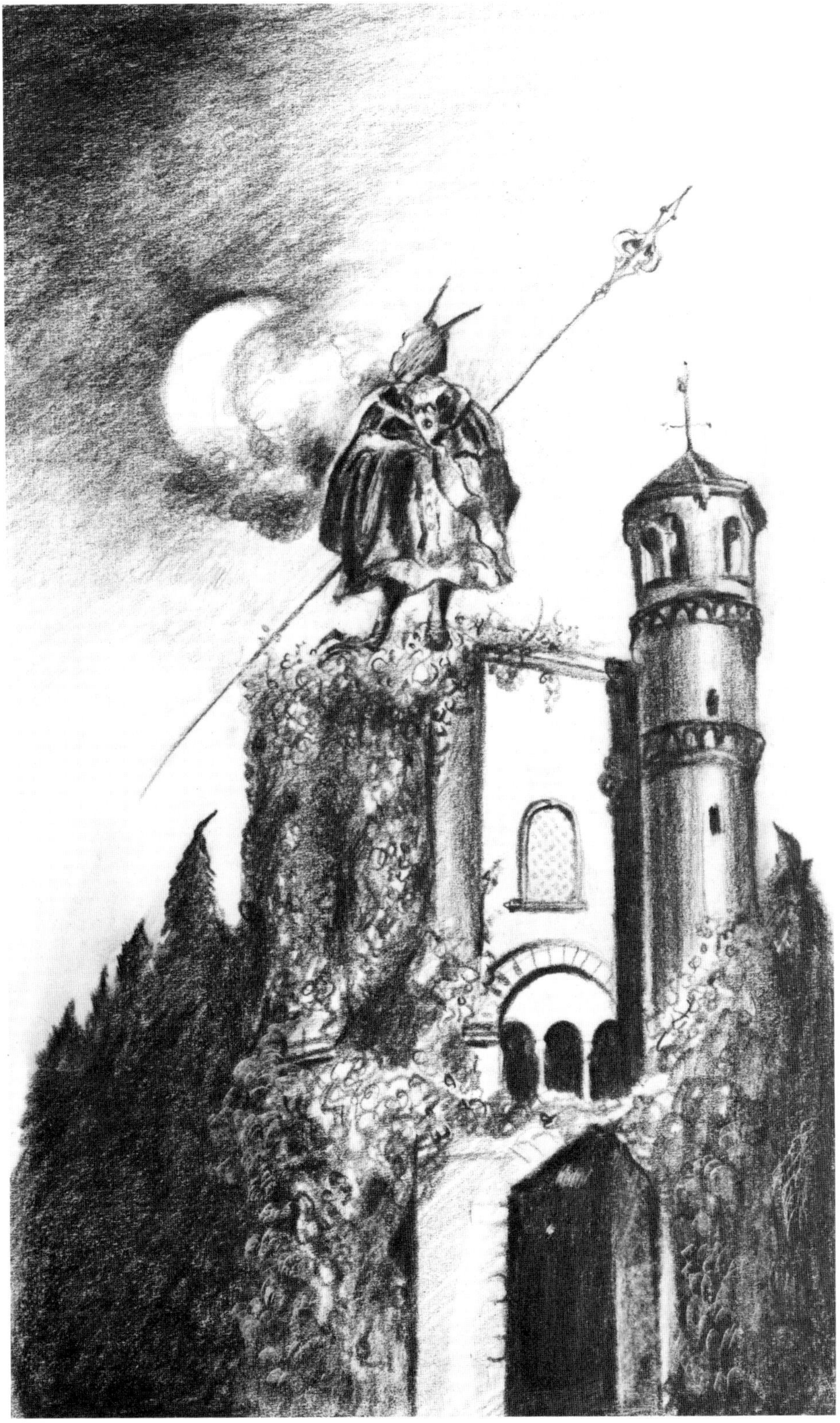

Leben und sühnendem Opfergebet hingezogen und bereit, beide der Welt. Waldrada nahm den Schleier und trat in das Benediktinerinnenkloster St. Lioba in Reims ein, dem sie, nach Schenkung ihrer reichen fürstlichen Mitgift an Bauwerken und Ländereien, später als Äbtissin weise und segensreich vorstand.

Anselm von Metz wurde, als Gerbert von Aurillac im Jahre 999 auf Betreiben Kaiser Otto III. als Papst Sylvester II. den Stuhl Petri in Rom bestieg, durch den Klosterkonvent der Benediktiner von Mettlach zum Ordensvorsteher gewählt und leitete als Abt Theophil Ascanus die berühmte Abtei an der Saarschleife zum Wohle der ihm anvertrauten Mönchsgemeinde und zum Segen für Land und Leute an der unteren Saar.

Der Aar von Mettlach
Legendengebet zum hl. Lutwin

Ins Land der Saar kam einst geritten
Lutwinus, Herzog von Austrasien,
und jagte Hirsch und Bären dort.
Die Sonne brannte heiß herab
und sengte Antlitz, Haar und Hände.
Er sank ermattet in den Schlummer,
ein Aar schoß aus den Wolkenhöhn.
Die Flügel breitete der Adler
zwölf Spannen weit als Schutzgezelt
und schirmte mild den Jägersmann.
Als wohlgestärkt der Fürst erwachte,
gab Kunde ihm der Jagdgefährte.
Der Herzog hieß ihn ewig schweigen,
sein Sinn stand längst auf Klostergründung;
jetzt wußte durch des Himmels Weisung
er Ort und Lage tief im Tal.
Er stiftete Abtei und Kirche
zu Mettlach an der hellen Saar
und wurde Abt der frommen Mönche
St. Benedikts von Nursia.
Der liebe heil'ge Ordensmann
tat große Wunder durch die Zeiten.
Als Bischof gar von Trier und Reims
vertrieb er wilde Hunnenhorden
und hemmte Schändung, Raub und Mord.
So schützte Gott das Land am Flusse
durch seinen hohen Diener Lutwin,
und Mettlach blieb im schönsten Frieden.

St. Lutwin hehr, du starker Held,
schirm' Land und Volk vor Überfällen!

Raubritter Reppert, Heim von Schnapphahn

Als Ritter Reppert von Schnapphahn nach langen Jahren der Abwesenheit im Dienste fremder Herren, des Umherstreifens in der Welt müde, von einem Kreuzzug ins Heilige Land in seine Heimat zurückkehrte, fand er das Geschlecht seines Oheims, des Reichsritters von Heim, Burgherr zum Hohen Stiefel und ältester Bruder seiner früh verstorbenen Mutter Kunigunde von Reppert, ausgestorben, die ehemals stolze Feste öde und verlassen und dem Verfall nahe.
Er hieß die leibeigenen Bauern der Umgebung die Außenanlagen und Befestigungsmauern der Burg in wehrhaften und die Gemächer und Kammern in wohnlichen Zustand bringen und ließ sich mit seinen Mannen als neuer Burgherr auf dem Stiefel nieder. Den Beinamen Schnapphahn aber hatten ihm seine Überfälle und Raubzüge eingebracht, mit denen er das enge, finstere Tal der Renn zwischen St. Ingbert und St. Johann unsicher machte, indem er durchziehenden Reisenden auflauerte und sie ausplünderte.
Vor allem waren es holländische Kaufleute, die von Italien kommend, ihre Frachten und Schätze in die reichen flandrischen Städte Brügge und Gent bringen wollten und ihre hochbepackten Wagen durch das gefährliche Tal unbehelligt und schadlos zu retten suchten. Mit Zittern und Zagen blickten die Kutscher schon von fern nach dem Bergfried des Stiefeler Schlosses, dem räuberischen Luginsland, der über die mächtigen Eichen und Buchen hinausragte. Sie trieben die Zugpferde zu eiligen Läufen an, zu grausig war die Kunde vom gefürchteten Reppert zu Schnapphahn, und weder die Kaufleute hatten Lust, ihrer Reichtümer verlustig zu gehen noch wollten die Fuhrknechte dem Hungertode in dem Raubneste anheimfallen. „Rennt rasch!" hieß denn auch die Losung der reisenden Kauffahrer, und bis auf den heutigen Tag erinnert das Dorf Rentrisch an jene gefahrvoll dunkle Zeit.
Es geschah aber, daß einmal eine Jungfrau durch das Tal der Lauer von Scheidt nach Saarbrücken ging. Sie war überaus schön und trug in einem hölzernen Rundkäfig Wildtauben zur Schloßküche ihrer nassauischen Herrschaft. Ritter Reppert, eben im Begriff, einen prallen flämischen Planwagen zu überfallen und auszuplündern, ließ augenblicks von seinem räuberischen Vorhaben ab und wandte sich dem Mädchen zu, dessen Liebreiz auf den ersten Blick das Herz des Ritters in wilde Leidenschaft und Begierde versetzte. Der Junker stürzte sich auf die nichtsahnende Jungfrau und entführte die vor Schreck in Ohnmacht gesunkene auf seinem schnellen Rappen auf das Bergschloß. Dort erwachte die Unglückliche zu einem traurigen Leben. Sieben Jahre hielt der verwegene Ritter die schöne Scheidterin als seine Frau gefangen. In dieser Zeit gebar ihm die Geraubte drei Kinder, die der grausame Vater kurz nach ihrer Geburt erwürgte, weil es Mädchen und keine Knaben waren. Die Leichen der unschuldigen Kleinen, an einer Stange im Burghof aufgehängt und durch die Zeit von Wind und Wetter zu Skeletten geworden, ergötzten die Ritter bei übler Laune durch ihr Knöchelspiel.

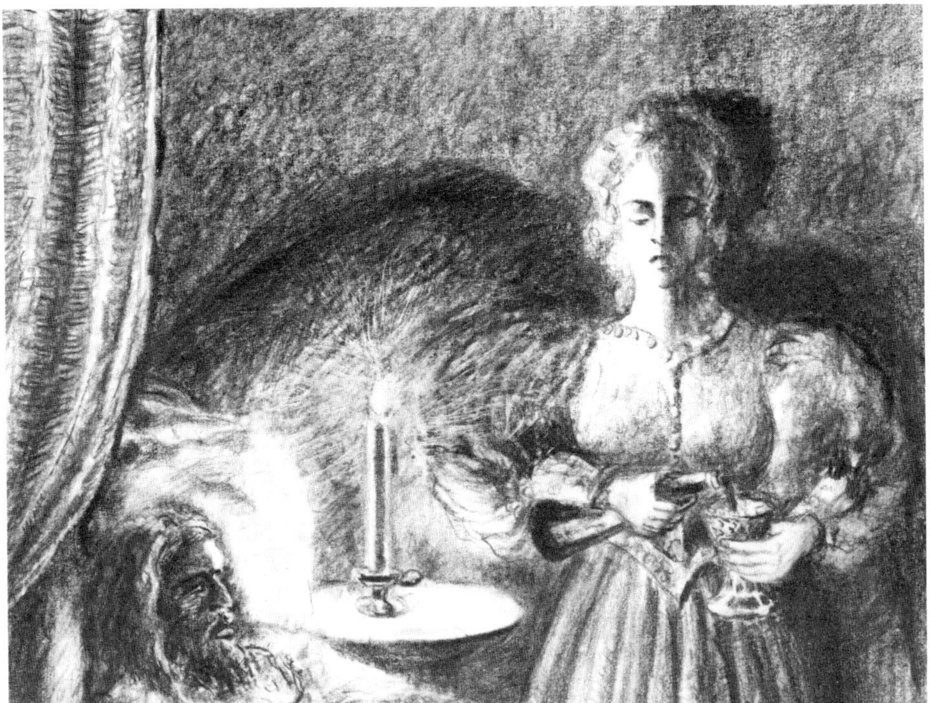

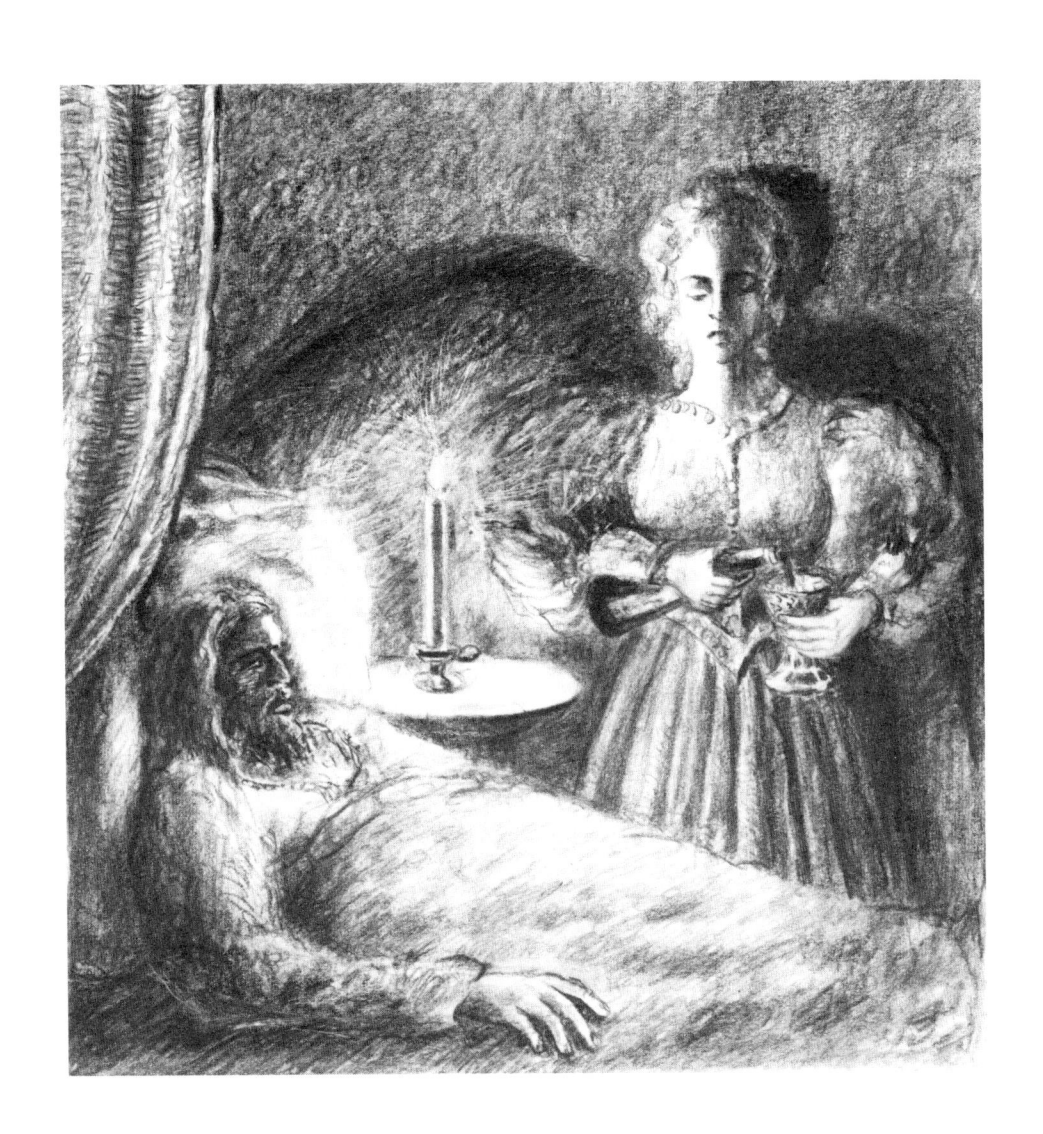

Eines Tages wurde Junker Schnapphahn von einer bösen Krankheit auf das Siechbett geworfen. Mißtrauisch, überall Verrat und Giftmord witternd, gab er seinen Leuten die strengsten Befehle, niemanden von der Burg weggehen noch einkehren zu lassen, und in der Nacht verwahrte er die Burgschlüssel unter dem Kopfkissen. Nachdem sein Leiden immer schlimmer wurde, erlaubte er seiner gefangenen Frau unter heiligen Schwüren, bei einem Saarbrücker Medikus einen Heiltrank brauen zu lassen und ihn unauffällig und eilig an das Krankenlager zu schaffen. Als sie jedoch am alten Pfarrhaus von St. Johann vorbeischritt, überkam sie mit einem Male ihr ganzes Elend, sie trat in das Haus des ihr wohlbekannten Pfarrherrn, schüttete ihr Herz vor ihm aus und beklagte Kummer und Leid. Nachdem er der Unglücklichen Trost gespendet und Hilfe zugesagt hatte, hieß er sie in seiner Wohnung warten, ritt ohne Umschweife zum Grafen von Saarbrücken, um diesem Sache und Gelegenheit anzuzeigen. In der nahen Hofapotheke ließ man rasch drei Flaschen kräftigsten Schlaftrunkes, der zugleich schmerzlindernd wirkte, herstellen und händigte den Heiltrank dem Frauenzimmer mit dem Auftrag aus, diesen dem Junker zu guter Wirkung einzuflößen. Aus gebotenem Mißtrauen hieß der todkranke Ritter die Frau den ersten Becher selbst trinken und, nachdem er sich so vergewissert hatte, daß kein Gift im Spiele sei, goß er den Rest der drei Flaschen gierig in sich hinein. Reppert von Schnapphahn schlief danach so rasch und fest ein, daß er nichts von Trompetenschall und Angriff der nassauischen Kriegsknechte hörte. Diese überrumpelten den mutlosen Troß des Ritters, erfaßten den Schläfer, knebelten ihn und führten ihn schimpflich auf einem offenen Karren nach Saarbrücken.

An die frische Luft vor den Schloßplatz gebracht, wo schon das Hochgericht aufgebaut war und der Scharfrichter bereitstand, erwachte er plötzlich, sah sich gefangen und wußte sich verloren. Der Landesfürst selbst sprach rasch den Schuldspruch aus, und man beförderte den Verurteilten auf der Stelle vom Leben zum Tod, indem man ihn enthauptete und seine Leiche auf dem Schindanger vor der Stadt verscharrte. Die schöne Scheidterin konnte in Ruhe und Frieden in ihr Vaterhaus zurückkehren und heiratete bald einen ehrsamen Waffenschmied aus Rentrisch. Der Ehebund wurde mit zwei Kindern, einem kräftigen Buben und einem liebreizenden Mädchen gesegnet, und das Haus der Reppertin, wie sie fortan hieß, kam zu Ansehen und Reichtum.

Noch heute zeugt ein stattliches Wohngebäude samt der Schmiedehalle von der Wohlhabenheit und dem Vermögen der ehemaligen Waffenschmiede von Rentrisch, an der Kaiserstraße gelegen, die von Saarbrücken nach St. Ingbert führt. Wohin aber die verborgenen Schätze des Raubritters Reppert von Schnapphahn gekommen sind, wußte damals niemand. Die Ritterburg auf dem Großen Stiefel wurde zerstört und liegt seitdem in Trümmern. In kalten Winternächten glauben die Bewohner der umliegenden Ortschaften den verwegenen Junker in den Ruinen und Gewölben des einstigen Bergschlosses geistern zu sehen und seine Fluchworte auf schnöden Verrat und verschwundene Schätze zu hören.

Jüngst aber hat noch ein einsamer Wanderer unter Sand und Moos einen Silbertaler hervorgestochert, auf dem die Wappenzeichen Stiefel und Hahn zu erkennen sind.

Der Zisterzienserpapst

Daß ein bedeutsamer Ort, in historischer Stunde von einem edlen Geschlecht fest und sicher gegründet, von großen Frauen und Männern durch wechselnde Zeitläufe kraftvoll erhalten, herausragende Menschen und prachtvolle Werke hervorbringt, ist in Sagen mannigfach bezeugt und durch die Geschichte vielfältig bewiesen.
Blieskastel, altes, ehmals befestigtes Städtchen an der saarländisch-pfälzischen Grenze unweit der einst berühmten Herzogenstadt Zweibrücken, galt schon in frühester Zeit als ein nicht unbedeutendes Kastel. Mit seiner verwinkelten Unterstadt an einer Flußstraße aus der Römerzeit gelegen, in der wehrhaften Oberstadt mit den herrlichen Schloßgebäuden der Reichsgrafen von der Leyen, Residenz und Redoute, Rokkokokirche und Orangerie, malerisch auf einen felsigen Vorsprung des Bliesgaus gebaut, besaß es durch viele Jahrhunderte Hochgerichtsbarkeit, Markt- und Münzrecht für die ganze Grafschaft.
Die Reichsgrafen von Blieskastel, aus ältestem rheinischen Hochadel stammend, zählten, neben den Saargaugrafen von Saarbrücken und den Gauwaldgrafen von Kirkel, seit dem Mittelalter zu den Großen des Reiches. Unter der heiligen Statthalterschaft der Päpste zu Rom und dem starken Regiment eines römischen Kaisers deutscher Nation saßen sie neben Königen, Kurfürsten, Herzögen, Fürstbischöfen, Erzäbten, Mark-, Pfalz-, Burg- und Landgrafen im glänzenden Reichstag des deutschen Fürstenstandes.
Es konnte nicht ausbleiben, daß die Edlen von Blieskastel, Luneville und Saarburg in die Händel und Ränke der Weltgeschichte hineingerieten, obwohl sie in ihren weltlichen und geistlichen Familienmitgliedern Friedensdienst, Kulturleben und Siedlungswesen, vor allem die Pflege von Ackerbau, Viehzucht und Waldhege, auf ihre Fahnen geschrieben hatten.
Die berühmte Zisterzienserabtei von Wörschweiler bei Blieskastel, auf den Höhen des Bliesgaus gelegen, in ihren Bauwerken prachtvoll, in ihrem Wirken segensreich, war Frucht und Zeugnis dieses Geistes.
Wie aber Grafengeschlecht, Mönchskloster und Weltgeschichte zusammenhingen, erzählt die folgende Begebenheit.
In der Nacht vom zwölften zum dreizehnten Mai des Jahres 1145 bahnte sich eine Gruppe von Reitern in höchster Eile und tiefstem Geheimnis den Weg durch das Waldgelände zwischen Hornbach und Webenheim. Die Berittenen, ein reiterloses Pferd in vollem Sattelzeug mit sich führend, trabten über die steinerne Bliesbrücke und die nachtstille Unterstadt, zogen in der Morgenfrühe den Berghang bei Wörschweiler hinauf und sprengten, nach einem kurzen Befehl des Reiterhauptmanns, im Galopp vor die Tore des Zisterzienserklosters.
Bruder Waldo, der Pförtner, der durch das ungestüme Pochen des Anführers geweckt, schlaftrunken und ahnungslos die Klosterpforte geöffnet hatte, lag noch immer gefesselt und geknebelt auf seiner Zellenpritsche, als Erzabt Bonifaz, siebter Graf Folmar von Blieskastel, Bruder des regieren-

den Reichsgrafen Godefrid, sich von den frechen Eindringlingen auf ein Streitroß gesetzt und entführt sah.
Der Handstreich, auf Geheiß eines mächtigen Kirchenfürsten unternommen und von burgundischen Edelleuten ausgeführt, war für den Auftraggeber glücklich verlaufen, denn nach Stunden scharfen Ritts traf der Reiterzug unbehelligt auf der lothringischen Königspfalz Luneville ein. Erzabt Bonifaz wurde von seinen Begleitern in die alte Bibliothek der Stammburg gebracht, wo ihm der Schloßherr in einem Gespräch unter vier Augen bedeutete, daß die Entführung, so ungewöhnlich, rätselhaft und ärgerlich sie erscheine, von allerhöchster Stelle angeordnet sei. Er versicherte dem Gast, daß auch er gehalten sei, weder Personen noch Orte noch Zweck der geheimen Mission bekannt zu geben, daß jedoch für Schutz, Geleit und alle Annehmlichkeiten des Lebens, soweit es die besonderen Umstände zuließen, gesorgt sei und daß die Fahrt, so unfreiwillig und abenteuerlich sie verlaufen mag, in einer mittelitalienischen Stadt ihr Ende finde, eine Reise, die, so schloß der Burgherr die Rede, nach kurzer Rast am Morgen in der geschlossenen gräflichen Reisekutsche fortgesetzt werde.
Nach knapp drei Wochen langte der Zug, von wechselnden Kurierreitern sicher durch Burgund, Genua und die Toskana geleitet, im fernen Rom an. Die Stadt, seit einem Jahrtausend der Sitz römischer Bischöfe, schien ein Bienenhaus und Hornissennest zugleich. Ein Fremder, wäre er aus dem entlegenen China in die Metropole der westlichen Welt gekommen, hätte nicht zu unterscheiden gewußt, ob in ihren Mauern eine Kirchenversammlung, ein Fürstentag oder ein Heerlager stattfinde. Fürsten mit großem Gefolge durchritten, von schwerbewaffneten Reitern in Helm und Harnisch geführt, in wechselseitiger Richtung die Stadttore, hohe geistliche Würdenträger aus allen Kirchenprovinzen und Scharen von Ordensleuten und Weltgeistlichen zogen in das Innere der Stadt, ihre Stammklöster und Mutterkirchen aufsuchend oder verlassend, und Tausende von Rittern und Fußsoldaten, Pilgern und Schaulustigen aus aller Herren Länder, Gauner, Bettler und Dirnen nicht mitgerechnet, eilten durch Straßen und Gassen, über Brücken und Stiegen, um in Herbergen und Schenken Rast und Kost, Schutz und Abenteuer zu finden.
In diesen Wochen fand in der Konzilsaula des päpstlichen Palastes die Wahl eines neuen Oberhauptes der katholischen Christenheit statt. In dem Prachtbau, von Papst Leo III. errichtet, ebenso herrlich wie symbolkräftig mit Christusmosaik und Apostelbildern ausgestaltet, versammelten sich Tag für Tag die Kardinäle, die Wahlbischöfe der Kirche, um durch Beratung und Gebet einen Mann aus ihren Reihen auf den Papstthron zu heben und mit der dreifachen Krone, der Tiara, zu schmücken.
Das Wahlkonzil im Lateran, der Bischofskirche des Papstes, war eines der bewegtesten und buntesten in der Kirchengeschichte. Über dreitausend Kardinäle, Bischöfe und Äbte, die Höfe Kaiser Barbarossas und König Rogers II. von Sizilien und viele Reichsfürsten mit ihrem Anhang – nach Schätzung des Präfekten von Rom, Ausonius Maximus, hunderttausend Fremde in der Stadt – mußten die Herbergskosten und Warenpreise mäch-

tig hochtreiben, ein Umstand, auf den der Minnesänger Volker von Maastricht, Chronist und Poet im kaiserlichen Gefolge, in Erinnerung an die Teuerung, die damals in Rom herrschte, den bissigen Vers schmiedete:
    Denk ich an den Tiberfluß,
    macht mein Beutel mir Verdruß.
Auf den Straßen bewegten sich Menschen aus den entlegensten Winkeln der Erde in den farbigsten Trachten, in den Gassen erklangen alle Sprachen der Welt, und auf den Märkten, regen Umschlagplätzen geistigen Lebens, beherrschten die neuen Ideen zur Kirchenreform und Lebensgestaltung die Gemüter der Leute. Die Christenheit, Geistliche wie Laien, setzten, nachdem eine unselige Kirchenspaltung beseitigt war, nach dem Tod des rechtmäßigen Papstes ihre Hoffnung in die Wahl eines neuen Oberhirten. Er sollte, von allen Gläubigen als Nachfolger des heiligen Petrus anerkannt, die Einheit und Kraft der Kirche verkörpern, milde und streng, friedfertig und tatkräftig, kaisertreu und glaubensfest zugleich sein. Nachdem die letzten Inhaber des höchsten Hirtenamtes durch die wechselnden Mehrheiten italienischer und französischer Wahlmänner auf den Heiligen Stuhl erhoben worden waren, ging Erwartung der Christen auf einen deutschen Papst.
Als Erzabt Bonifaz, dem nach seiner Ankunft in Rom Gelegenheit gegeben wurde, sich zu stärken, auszuruhen und neu einzukleiden, den Kapitelsaal des stadtrömischen Zisterzienserklosters betrat, kam ihm Bernhard von Clairvaux, sein Ordensoberer und Lehrer, entgegen und begrüßte ihn in herzlicher Umarmung mit einem brüderlichen Kuß.
Fast gleichzeitig mit dem Eintritt des hohen Gastes aus dem fernen Deutschland hatte der Fürstabt und Hausherr der Kurienabtei einem Amtsbruder aus seinem Gefolge, dem Kardinalmönch Piet van Hermon aus Flandern, einen unauffälligen Wink gegeben, worauf dieser rasch den Raum verließ und in Richtung Konzilsaula eilte.
„Geliebter Bruder in Christo, Landsmann und Freund", begann der Kirchenfürst und heftete den Blick unverwandt auf sein Gegenüber, „wie sehnlich habe ich danach verlangt, dich an dieser heiligen Stätte in die Arme zu schließen!" Der Ordensgeneral legte ebenso knapp wie bestimmt dar, daß er, Bernhard, im Interesse einer großen Sache ihn habe hierher bringen lassen, damit er sich der Wahl zum Papst stelle, und der gewaltige Reformer des Mittelalters schloß seine Rede, indem er sagte: „Diesmal muß es ein Mönch sein, ein Zisterzienser!" „Übrigens", fügte er nach einer kurzen Pause lächelnd hinzu, „deine Demut, Bescheidenheit und Heimatverbundenheit zwangen mich zu diesem außergewöhnlichen Mittel der Einladung, denn ich konnte nicht hoffen, daß du einer anderen Form der Bitte, nach Rom zu kommen, Folge leisten würdest."
Das Gebot der Stunde, eingebunden in den Geist des Gehorsams und die persönliche Überzeugung, allzeit für die Sache Gottes einzustehen, mußten den stummen Protest und stillen Zorn des Mönchedelmanns im Keim ersticken, und so sagte der Erzabt der Zisterzienser mit kraftvoll entschiedener Stimme, daß er zur Wahl zur Verfügung stehe und, falls das Los auf ihn falle, das Amt annehmen werde.

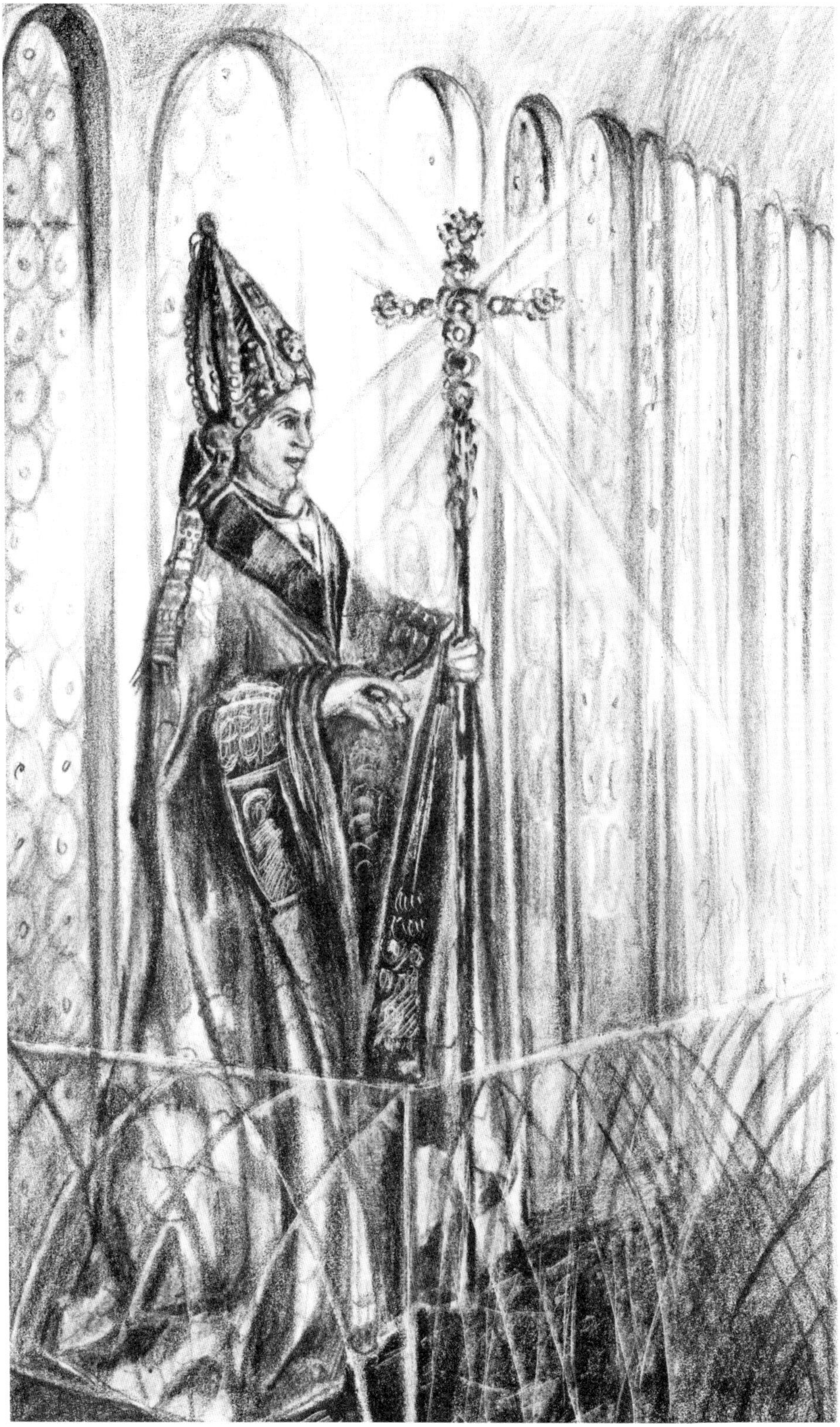

Der Kurier des Ordensgenerals war soeben von seiner Mission zurückgekehrt, trat an Bernhard von Clairvaux heran und sagte, nachdem er von diesem ein Handzeichen erhalten hatte, laut und vernehmlich in die Runde der Ordensleute: „Die Kardinalsversammlung hat die Anwesenheit seiner Eminenz des Erzabts und Klosterpriors Bonifaz von Wörschweiler mit Genugtuung und Freude zur Kenntnis genommen!"

Am Morgen hatten zweiundsiebzig Papstwähler, das Kardinalskollegium verstärkt durch je sechs Abgeordnete einer jeden Kirchennation, das Konklave, die von außen festverschlossene Konzilsaula, bezogen. Die Hoffnung der Rompartei, ihren Landsmann, den Augustinerchorherren Arnold von Brescia, einen Schüler Peter Abälards, des großen Gegenspielers Bernhards von Clairvaux, die Tiara zu verschaffen, zerrann unter den neu eingetretenen Umständen. Der tadellose und fromme deutsche Abt, dessen edle Abkunft und bedeutendes Wirken nicht unverborgen geblieben waren, hatte, durch den mächtigen Mann im Hintergrund gestützt, den Umschwung herbeigeführt. Bernhard war entschieden für seinen Ordensgenossen und Schüler eingetreten. Mit der ganzen Macht der zündenden Rede, die er wie kein anderer seiner Zeit beherrschte, wußte er sich die Kaiserpartei unter den Wahlmännern gewogen zu machen und viele schwankende Kardinäle auf seine Seite zu ziehen. Der ehrgeizige Glaubenseiferer konnte auch die Niederlage nicht vergessen, die er unter dem verstorbenen Papst Innozenz II. zur Zeit der Kirchenspaltung durch Anaklet II. einstecken mußte, als dieser auf dem Laterankonzil die Anhänger des Gegenpapstes, darunter seinen Schützling Kardinal Peter von Pisa, absetzte und deren Pallien, Bischofsstäbe und Ringe einzog. Diesmal galt es, die Scharte auszuwetzen und in einer durch Neid, Mißgunst und Feindschaft geprägten Auseinandersetzung die Oberhand zu behalten und den Sieg davonzutragen. Und doch war es ein ungewöhnlicher Zufall, der den glücklichen Ausgang der Wahl bestimmte und dem Amt neue Weihe und Würde verlieh. Es fehlte im Ringen der Kardinalbischöfe um den gewichtigen Ausschlag für Abt Bonifaz nur noch eine Stimme zur Zweidrittelmehrheit, als eine Bittprozession an der Konzilsaula vorbeizog und ein vielstimmiger Knabenchor das Veni creator, den alten Hymnus an den Heiligen Geist sang. Zu Tränen gerührt, ein Engelgesang schien vom Himmel herabzukommen, gaben noch zwei Kardinäle Bonifaz ihre Stimme. „Ehe das Prozessionskreuz wieder in die nahe Laterankirche einzog," berichtet Gottfried von Trier in einem Brief an den Mainzer Erzbischof Hatto, „schrie das Volk von Rom und rief außerhalb des Konklaves: ‚Wir haben einen Papst, Bonifaz von Blieskastel!' und alle liefen vor den Bischofspalast, wohl an die fünfzigtausend Personen, Frauen und Männer."

Der neugewählte Papst nannte sich nach dem Tagesheiligen Eugen III., ein Name, der, auf gut Deutsch gesagt ‚Frohnatur' bedeutet und die Eigenschaften und Einstellungen des Oberhirten glücklich umschrieb.

Als nach sieben Tagen durch einen päpstlichen Eilboten die Nachricht von der Papstwahl in Kloster und Burg eintraf, waren Freude und Jubel unter den Insassen der Abtei Wörschweiler und den Bewohnern der Grafschaft

Blieskastel groß. Wie ein Lauffeuer breitete sich die unerhörte Neuigkeit im ganzen Land aus, flog von Dorf zu Dorf und drang in die entlegensten Gehöfte. Drei Wochen dauerte das Volksfest, das die Mönche vom Berge, von den Burgherren an der Blies ausgerufen, gestalteten. Ritterturniere im Schloßhof der Flußfeste, Pferderennen der Talbauern in Webenheim und die berühmten Zisterzienserspiele auf der Freilichtbühne vor dem Abteiportal von Wörschweiler bildeten die Höhepunkte der Festtage zu Ehren Papst Eugens in Erinnerung an den ehemaligen Abt Bonifaz, den großen Sohn einer stolzen Stadt.

Alle Bliesgrafen besaßen fortan das hohe Bewußtsein von der Größe ihres Fürstentums und bewahrten den starken Glauben an den berühmten Kirchenmann, der aus ihrem Adelsgeschlecht hervorgegangen war. Über alle Wechselfälle des Lebens hinweg, getragen von Geburt, Hochzeit und Tod, geprägt von Schmerz, Glück und Trauer, trotzten die Regenten des Bliesgaus den Geschicken und Mächten irdischen Daseins. Von den Burggrafen Godefrid, Folmar und Johann von Kastel, die, noch den balkenweis geteilten Schild als Wappen hoch zu Roß tragend, in den Anfängen dem Fürstentum vorstanden, über die weibliche Linie des Hauses in Gestalt der schönen Elisabeth von Blieskastel, die den erlauchten Pfalzgrafen Heinrich von Salm heiratete, bis zu den Reichsfreiherren von der Leyen, den letzten regierenden Fürsten, die den roten Schild mit silberner Rosenstaude und fünf Blattrosen im Wappen führten, reichte die ruhmreiche Ahnenreihe der ostsaarländischen Adelsfamilie.

Daß der kunstsinnige Reichsgraf Friedrich Franz von der Leyen, der Gemahl der mutigen Marianne von Blieskastel, aus dem berühmten Wormser Kämmerergeschlecht der Dalberg, die ihren Stammbaum mit dem jüdischen König David beginnen ließen, als baufreudiger Rokkokomensch hoch vom Baugerüst herab zu Tode stürzte, war ein trauriges Kapitel in den Annalen der Bliesgrafen. Die freudigste Erinnerung des Fürstenhauses an das glanzvolle Stück Familiengeschichte aber spiegelte sich in einer kostbaren Pergamentrolle mit farbigen Porträts aller Päpste „von Christo bis Eugenium", die sich einst neben anderen Kunst- und Bücherschätzen auf Schloß Philippsburg am Niederwürzbacher Weiher befand und die bis auf den heutigen Tag in der Schatzkammer der Freiherren von der Leyen auf ihrem süddeutschen Landsitz aufbewahrt wird.

Raubritter Franz von Grimburg

Am 23. April des Jahres 1313, dem Fest des hl. Georg, ritterlicher Schutzpatron und Nothelfer der Bedrängten, hochverehrt in trierischen Landen, lauerte ein Trupp schwerbewaffneter Männer, teils im Sattel hoch zu Roß, teils stehend, die Pferde fest am Halfter gefaßt, im Hinterhalt eines dunklen Hohlwegs im saarländischen Hochwald.
Franz Ritter von Grimburg zu Greifenklau, ihr Anführer, hatte durch Späher aus dem herrschaftshörigen Steinberg eilige Kunde bekommen von hochbepackten Frachtwagen eines Kaufmannszuges. Die Wagenkolonne, im Auftrag des Kurfürsten von Trier, Balduin von Greifenklau, unterwegs, befand sich, nachdem sie die Steinbergsche Allmende verlassen hatte, in einer Senke des Schluchtenwegs bei der Großen Donareiche, auf der alten Heer- und Händlerstraße, die von Mainz über Kusel und Zerf nach Trier führte.
Rasch und sicher, noch ehe die berittenen Wachleute sich erwehren konnten, war der Überfall der Wegelagerer abgelaufen. Die beängstigende Lautlosigkeit eines Handstreichs, der nur von wenigen knappen Befehlen im Flüsterton unterbrochen war, hing noch immer im zitternden Dämmerlicht des Hohen Waldes. Die beiden prall bespannten Planwagen, von zwei Reisigen des Rittergefolges gelenkt, rollten bereits der nahen Grimburg zu, die gefangenen Reisebegleiter des Warenzuges gebunden auf deren Pferden mit sich führend. Die beraubten Kaufherren jedoch hatten die Ritterknappen, unter Flüchen und Schimpfworten, mit Lanzenstichen und Keulenhieben schmählich in die Flucht geschlagen; an den starken Unterästen der mächtigen Eiche baumelten die beiden Kutscher der kurfürstlichen Kauffahrtei.
Franz von Grimburg, ein Neffe des regierenden Fürstbischofs von Trier, einst hochgeachteter Gefolgsmann seines obersten Lehnsherrn, jetzt in der ganzen Gegend als Raubritter gefürchtet, sah sich seit einiger Zeit zu dieser zweigeteilten Gewaltmaßnahme im Umgang mit seinem landesherrlichen Widersacher und dessen Dienstleuten gezwungen. Jeder Ritterknappe, Troßknecht und Wegespäher, der, in kriegerischem Strauß oder durch heimlichen Verrat, dem machtvollen und rechtschaffenen Bischof in die Hände fiel, wurde ohne viel Federlesens am Hochgericht der Domstadt zum Tode verurteilt und auf dem Galgenberg, hart an der kurtrierischen Landstraße, hoch über der Mosel, mit dem Strick vom Leben zum Tod befördert. Nachdem seinem rachsüchtigen Unrechtssinn an den Kutschern Genüge getan war, warf der ritterliche Schnapphahn die gefangenen Wagenbewacher in das finstre, naßkalte Turmverlies, wo sie, bei Wasser und Brot, über das Angebot des Grimburgers, sich der berühmten Kegelprobe zu stellen und in seine raubritterlichen Dienste einzutreten, nachdenken konnten. Die Unglücklichen zogen es, nach tagelanger strengster Kerkerhaft, in der Regel vor, zu ehrlosen Helfershelfer des Raubritters zu werden, statt den sicheren Tod zu erleiden.

Der Burgherr hatte sich nämlich eine harte Probe für die Aufnahme in seinen Troß ausgedacht. Leidenschaftlich dem Kegelspiel ergeben, mußten die Gefangenen vor den Augen des edelgeborenen Teufelskerls buchstäblich um ihren Kopf kegeln, indem sie mit drei Würfen alle Neun zu Fall brachten. Unter der Last von Aufregung und Angst und bei schallendem Hohngelächter der wild zechenden Ritterrunde, gab es manchen Fehlwurf, so daß das grausame Wagespiel nicht selten einen tragischen Ausgang für den einzelnen Kegler nahm. Die Verlierer mußten den Weg in den „Grimburgschen Keller" noch einmal antreten, sahen das Tageslicht nie wieder und kamen durch Hunger und Kälte elendiglich um.

Freifrau von Grimburg, schöne und vornehme Tochter des Schloßherrn von Dagstuhl, nunmehr hochgesinnte Gattin des Wilden Franz, wie ihn die Bewohner ringsum nannten, konnte weder durch gütiges Mahnen noch durch inständiges Flehen dem zügellosen Wesen und unwürdigen Treiben ihres Mannes Einhalt gebieten. Scham und Reue hatten sie bleich und krank werden lassen, und sie starb, nachdem Herzeleid, Kummer und Verzweiflung das Maß ihrer Kräfte überstiegen hatte und alle Hoffnung auf Umkehr und Besserung des ritterlichen Gemahls dahin war, in den dunklen Wassern des Burgweihers.

Ohne den stummen Vorwurf der leidenden Ehefrau nahmen die Überfälle und Mordtaten, durch Beutegier und Blutrausch gesteigert, ein erschreckendes Ausmaß an, dem Kurfürst und Bischof Balduin mit Heeresmacht und Kriegsgewalt begegnen mußte, sollten Landfrieden und Wohlfahrt in seinem Herrschaftsgebiet wieder einziehen.

Die fürstbischöflichen Truppen belagerten die Talfeste Grimburg, hoben, nachdem Ritter Franz bei einem nächtlichen Ausfallversuch gefangen wurde, das ganze Räubernest aus und steckten die Burg in Brand. Die unermeßlichen Beuteschätze an Gold, Silber und Edelsteinen, deren Versteck der trotzige Raubritter auch nach Folterqualen und Marterleiden nicht preisgab, wurden vor der Brandschatzung weder von Wünschelrutengängern innerhalb der Burg noch, nachdem sie in Schutt und Asche lag, von Schatzgräbern außerhalb der Feste gefunden.

Franz Ritter von Grimburg zu Greifenklau wurde, seinem Stande gemäß, für alle Verbrechen und Untaten auf dem Domplatz von Trier öffentlich enthauptet, seine Räuberbande, wüste Spießgesellen und Zechkumpanen, allesamt an den Galgen gebracht.

Die Bauern der Umgebung wußten aus den mächtigen Mauern und Wällen manchen Eichenbalken, Quaderstein und Eisenstab der niedergebrannten Anlage herauszubrechen und für ihren Hausbau zu nutzen, so daß die stolze Trutzburg im Laufe der Zeit zu einer riesigen Ruine im Wadrilltal verfiel. Viele Menschen, in guten wie in schlechten Geschäften unterwegs, zogen durch die Jahrhunderte über die Höhenstraße im Hochwald und sahen mit ruhigem Auge oder hastigem Blick die verfallene Ritterburg in der anmutigen Tallandschaft, von herrlich bewaldeten Hügeln umgeben, und haben wohl immer auch einen Hauch von einstiger Macht und Herrlichkeit gespürt.

Vor den großen Kriegen aber hatte ein fahrender Gesell, Johann Nepomuk Lautenschläger, aus Tiroler Landen kommend, in Steinberg Rast gemacht und von dem wechselvollen Geschick der Grimburg und dem traurigen Untergang des letzten Burgherren gehört. Mit Hacke, Spaten und Brechstange bewaffnet, schlug er sein Lager in der öden verlassenen Ruine auf, um sich nach einer warmen Juninacht, im grasbedeckten, strauchbewachsenen Turmraum, frühmorgens als Schatzsucher zu betätigen und sein Glück zu machen. Mitternacht, Schlag Zwölf der Turmuhr von Steinberg, schreckte der wackere Wanderbursche durch ein lautes Gepolter und Gelächter aus dem Schlaf empor. Im fahlen Mondlicht glaubten seine erstaunten Augen eine wilde Gesellschaft mit Totenschädeln und Gebeinen Kegel spielen zu sehen, und der Teufel selbst schien mit einer hageren Rittergestalt um die Wette zu werfen. Als er aber in seiner Angst nach der Pistole im Felleisen an seiner Seite griff und einen Schuß abfeuerte, war der ganze Spuk mit einem Male verschwunden.

Ein Traum jedoch, in den er nach diesem Schreckerlebnis fiel, führte ihn in das dunkle Burgverlies, wo er über Wendeltreppen in eine gewaltige Brunnenkammer gelangte. Auf dem Boden des Ziehbrunnens entdeckte er Kisten voll Golddukaten, Silbermünzen und kostbaren Geschmeiden. Entschlossen, an der Brunnenkette in den siebzig Meter tiefen Schacht hinabzugleiten, sah er sich plötzlich einer schwarzen Tigerkatze gegenüber, die ihn kratzend und fauchend bedrohte. In dem Augenblick aber, wo er den Riesenkater mit gezücktem Schwert töten wollte, erwachte der junge Mann. Er rieb sich die Augen und sah, daß der helle Tag am Himmel stand. Katrin, die hübsche Wirtstochter von Steinberg, hatte den Träumer mit einem langen Rispengras an der Nase gekitzelt und stand lachend vor dem verwunderten Glücksritter.

Für diesen Tag und die folgende Zeit war das Suchen und Graben nach Schätzen vorbei und vergessen. Er kümmerte sich fortan um die schöne Saarländerin, und als er mit seiner jungen Frau, Vater von zwei prächtigen Buben, das Gasthaus „Zur Grimburg" in Steinberg übernommen hatte, sang er oft die traurige Mär vom Ritter Franz, aber auch, wenn in froher Runde die Zecher den Lautenspieler um eine Zugabe baten, das Lied vom glückhaften Hans, der einen Schatz gesucht und gefunden hat. Worte und Weisen des Bänkelsangs finden sich fein verzeichnet im „Saarländischen Zupfgeigenhansl", leicht zu lernen und schön zu singen.

Jungen und Mädchen aus den Hochwalddörfern aber hören bis auf den heutigen Tag in den Schulstunden von Land und Leuten in alter Zeit, von Ritterburgen und Bauernhöfen im nördlichen Saarland, und schreiben den verbrieften Mahnvers aus den Annalen des kurtrierischen Fürstentums ins Heimatkundeheft:

    Wer nach Trier will glücklich reiten,
      muß die Grimburg gänzlich meiden.

Noch heute wollen einsame Wanderer, nach ihren glaubwürdigen Berichten bei Einkehr in die gastlichen Schenken des Waldlandes, wenn sie aus den riesigen Baumhallen des Hochwaldes heraustraten und ein Stück

Weges durch das Tal des Wadrill gingen, im Frühnebel eine helle Frauengestalt gesehen haben, die still und traurig aus den Grimburgschen Ruinen schreite, am schilfigen Burgteich vorbeiziehe und in Richtung des unweit entfernten Schlosses Dagstuhl verschwinde.
Ob aber die weiße Frau von Grimburg zu Dagstuhl eine gute, glückverheißende Erscheinung oder ein böses Wesen sei, das schlimme Krankheiten bringe, darüber rätseln Einheimische und Fremde bis auf den heutigen Tag. Zwei Sagen jedenfalls bekunden die Wahrheit einmal so und einmal so.

Der erblindete Anführer
Legendengebet zum hl. Wendalinus

Es zog einmal ein hoher Herr
mit Kriegsvolk vor die Wälle hin
und wollt' die Wendelsstadt bestürmen.
Da schlug ihn blind der Herre Christ
durch Wendelin, den Schutzpatron.
Der Fürst erschrak und flehte an
den Hirtenmann mit Opferspenden,
so er das Licht der Augen hätte.
Er schwor und lobte, immerdar
die Stadt zu schonen und zu schützen.
Der starke Gott erhört' den Sünder
durch Fürsprach seines frommen Dieners.

Nothelfer hehr, St. Wendelin,
schenk allen Blinden Licht und Sehen!

Die gebannten Kirchendiebe
Legendengebet zum hl. Wendalinus

Es kamen einst zwei schlimme Strolche
und schlichen in den Wendelsdom,
sie stahlen keck ein großes Gut
und trugen's heimlich durch die Tore.
Zwei Tage gingen und zwei Nächte
sie rund im Kreise um die Stadt,
im Walde irrten hin und her
die Bösewichte ohne Zwecke.
Die Häscher griffen beide auf,
kalt hingen sie am hohen Galgen.
So rächte Gott die Freveltat
an seinem lieben Diener Wendel.

Nothelfer hehr, St. Wendelin,
behüte Hirt und Stall und Herde!

Maldix der Jäger

Am Karfreitag des Jahres 1429, lange vor Tagesanbruch, befahl Graf Maldix von Litermont seinem Burgvogt die Zugbrücke herabzulassen. Er hatte nach durchzechter Nacht in der Runde seiner Junker den Entschluß gefaßt, im Nalbacher Herrenwald eine Treibjagd zu veranstalten. Hannes de Gerspach, ein guter und treuer Knappe des Ritters, schon ein langes Leben in Diensten derer von Litermont, seufzte und senkte den Blick. Er und seine ganze Familie hatten sich gerade zum Karfreitaggang in die ferne Dorfkirche gerüstet, um den Tag des Leidens und Sterbens unseres Herrn Jesu Christi in würdiger Trauer zu begehen.
Er tat auf Geheiß, was seines Amtes war, berichtete aber auch der Herrin von dem frevlerischen Vorhaben des jungen Grafen. Sie, deren Ermahnungen alle in den Wind gesprochen waren, gedachte am heutigen Tage ihre mütterlichen Bitten zur Umkehr und Rettung des Junkers zum Himmel zu senden, denn sie besaß keine Macht mehr über ihren ungeratenen Sohn.
Während die fromme Burgfrau von Litermont mit der Vogtfamilie und dem andächtigen Bauernvolk aus Nalbach in der Kirche kniete, sprengte Maldix der Jäger mit seinen Spießgesellen den Burghang hinab in den dämmrigen Forst.
Kaum daß das Jagdhorn das Treiben angeblasen hatte, traf der Junker auf einen mächtigen schwarzen Hirsch. Jauchzend in wilder Lust setzte er dem prächtigen Tier, indem er seinem Pferd die Sporen in die Flanken trieb, ohne Säumen und Rasten nach. Während er den Hirsch in rasender Jagdgier, umgeben von einer lechzenden Meute, durch Wälder und über Höhen verfolgte, ließ er seinen gesamten Troß weit hinter sich zurück und jagte das schnellfüßige Tier schließlich allein.
Schon glaubte er seinem Waidglück ganz nah zu sein und legte den Bogen zu sicherem Schuß an, da schwenkte der Hirsch um und sprang den steilsten Litermontfelsen hinab. Der Ritter, in Taumel und Besessenheit, setzte ihm nach und stürzte in den Abgrund. Der Hirsch erreichte den sicheren Boden, war verschwunden und wurde nie mehr gesehen. Roß und Reiter indessen lagen mit zerbrochenen Gliedern in ihrem Blut, und die Jagdgesellen konnten ihren verwegenen Herrn nur noch tot in der Schlucht tief unter der Zugbrücke bergen.
Die Knappen des Junkers standen noch ratlos und bestürzt, das jähe Entsetzen im Antlitz, an der Leiche ihres Herrn, als sich Margarethe von Litermont mit ihrem Gefolge dem Burggraben näherte. Eine plötzliche Ahnung riß sie aus ihrer heiligen Trauer, sie zerteilte ungestüm den Ring der Männer, die erschrocken zur Seite wichen, und stand starr vor dem zerschundenen Leichnam ihres Sohns. Der Anblick des grausigen Bildes brach ihr das Herz, und sie starb noch in den Armen des getreuen Burgvogts.
Mutter und Sohn wurden, nachdem sie drei Tage in der Burgkapelle aufgebahrt waren, Seite an Seite in der Familiengruft der Litermonter beigesetzt.

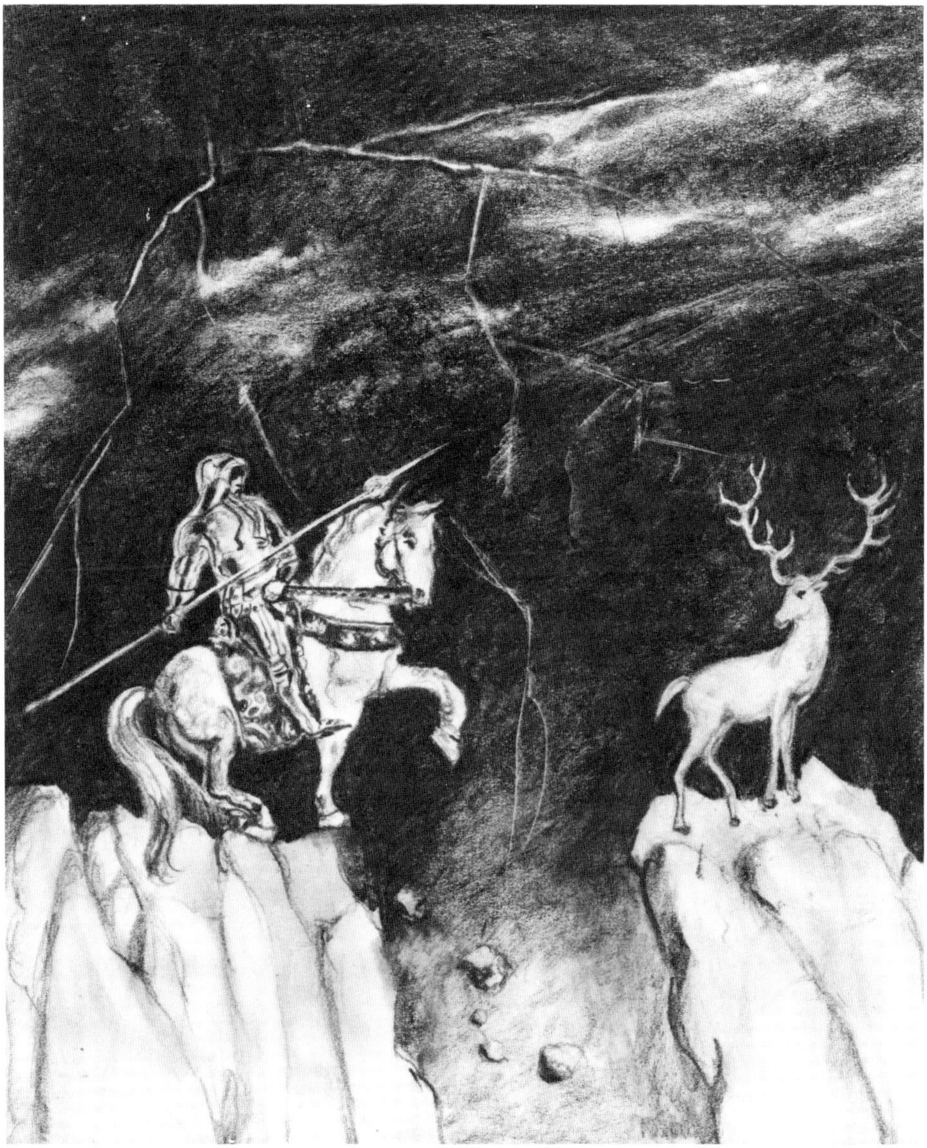

Aber seit seinem jähen Ende beim Hirschsprung am Burgfelsen sprengt der wilde Jäger Maldix mit Roß und Meute in den heiligen Nächten zwischen Karfreitag und Ostern über dunkle Höhenzüge und Wälder, das tosende Halali seines Trosses schallt drohend hinter ihm drein, und ist, besonders bei heftigen Frühlingsgewittern, bis weit ins untere Saartal zu hören. Unter das Brausen und Dröhnen mischt sich das herzzerreißende Klagegeschrei der toten Burgfrau und verliert sich in den kärglichen Mauerresten der ehemals stolzen Feste Litermont zu leisem Weinen und Wimmern.

Nicht lange nach dem gräßlichen Vorfall ging die Burg bei einer Belagerung durch die Franzosen in Flammen auf und brannte bis auf die Grundmauern nieder. Die schwarzen Kalkquader schimmern noch heute unter dem moosigen Erdboden hervor und flößen dem Waldwanderer geheimnisvolle Furcht ein. Die Mütter aber in der Umgebung von Düppenweiler und Nalbach rufen bis auf den heutigen Tag ihren übermütigen Knaben, wenn sie's gar zu toll treiben, drohend zu: Daß dich der Maldix hol'.

Einer treuen Burgfrau Liebeslist

Der Schloßvogt Clemens Thilemann von Hagen zur Motten bei Lebach, kriegerisch veranlagt und von fehdelustigem Wesen, durch den regierenden Grafen Philipp I. von Nassau-Saarbrücken kurz vor dessen Tod im Jahre 1429 mit der Ritterherrschaft Reisweiler ausgestattet, hauste, nachdem ihn die neue Herrin der Grafschaft, Reichsgräfin Elisabeth von Lothringen, wegen Streit- und Trunksucht ungnädig entlassen hatte, umgeben von gleichgesinnten Junkern als raubritterlicher Wegelagerer und händelsüchtiger Raufbold in seiner hochgelegenen Burgfeste auf dem Schloßberg von Reisweiler im Gries.

Von dort unternahm der Burgherr, der als treuer Gefolgsmann seines früheren Lehnsherrn in unruhiger Zeit unter dem ohnmächtigen König Wenzel von Böhmen auf Kampfzügen und Heeresfahrten in ganz Europa herumgekommen war, in Kriegslisten und Überfällen wohlerfahren, seine gefürchteten Ausflüge in die Städte und Dörfer rings um Reisweiler, überfiel reiche Bauernhöfe, plünderte fahrende Kaufleute aus und fing fettpfründige Klosteräbte und Domherren ein, die nach harter Kerkerhaft bei Brot und Wasser durch schweres Lösegeld freigekauft werden mußten.

Seine edle Gemahlin, Freifrau Maria von Verney, von fürstlich-savoyischer Abkunft und vornehmer Erziehung am französischen Königshof, mit der lothringischen Prinzessin Elisabeth von Nassau-Saarbrücken seit frühester Jugend befreundet, lebte, da alle Warnungen und Bitten an ihren unritterlichen Ehegemahl nichts fruchteten, ja seine Angriffslust und Streitsucht noch zu steigern schienen, mit ihren beiden Söhnen Heinrich und Giselher und einer kleinen Dienerschaft seit einiger Zeit im alten Hagenschen Adelshof in der Quergasse zu Saarbrücken, nahe des herrschaftlichen Grafenschlosses.

In der traurigen Abgeschiedenheit ihres selbstgewählten Saarbrücker Exils, die Kinder dem Anblick und Einfluß des unglücklichen Vaters entziehend und sich ganz der mütterlichen Fürsorge und Erziehung der beiden Ritterknaben hingebend, wartete sie den weiteren Gang der Dinge in der Hoffnung auf eine günstige Wendung des Geschicks ab. Denn sie liebte ihren Gemahl, der in den Brauttagen und frühen Ehejahren ein ehrenwerter Ritter war, von Herzen.

Seit die deutschen Kurfürsten, uneins und zerstritten, kleinliche Hausinteressen und Machtempfindlichkeiten über das Gesamtwohl des Staates setzend, gleich drei Könige gewählt hatten, Wenzel von Böhmen die Königswürde absprachen, seinen Bruder Sigismund auf den Thron erhoben und zur selben Zeit Rupprecht von der Pfalz zum Gegenkönig ausriefen, die sich gegenseitig in Krieg und Überfall befehdeten, in einer Epoche der deutschen Geschichte also, wo Recht, Friede und Gerechtigkeit im Heiligen Römischen Reich darniederlagen und von machtgierigen Fürsten und habsüchtigen Bischöfen mit Füßen getreten wurde, und in Rom gleich drei Päpste um den Stuhl Petri haderten, stiegen auch Übermut, Unbedenklichkeit und Verwegenheit in den reichsfreien und herrschaftshohen Fürstentümern, Grafschaften und Ritterschaften an.

Die tollkühnen Überfälle des Raubritters Clemens Thilemann von Reisweiler auf die weltlichen Besitztümer und geistlichen Würdenträger, von schamlosen Erpressungen und gräßlichen Schandtaten begleitet, nahmen an Häufigkeit und Heftigkeit zu. Bei den Bauern und Bürgern im Lande wuchsen Angst und Sorge um Leib und Leben, Hab und Gut, nicht selten floß das Blut von Unschuldigen, und manch ehrlicher Mann mußte seinen heiligen Zorn und gerechten Widerstand mit härtester Kerkerhaft oder gar mit dem Leben bezahlen.

In ihrer Not und Verzweiflung sandten die Landvögte, Ratsherren und Schultheißen ihre Reisigen, Abgeordneten und Dorfmeier mit Schutzgesuchen und Bittschriften zu den Lehnsherren in Trier und Metz. Kurfürst und Erzbischof Boemund von Hunolstein und Herzog Friedrich von Lothringen, der Vater der regierenden Gräfin Elisabeth von Nassau-Saarbrücken, rüsteten zwei Heere, verbanden ihre Schutztruppen mit einem Aufgebot der Schloßgarde und Stadtwehr auf den St. Johanner Wiesen und zogen in eiligen Märschen gegen die Burg Reisweiler.

Der Freifrau von Verney im Hagenschen Adelssitz, durch vertrauliche Mitteilung der befreundeten Regentin über die bedrohliche Lage ihres Gemahls unterrichtet, waren Eintreff und Aufmarsch der vereinigten lothringischen und kurtrierischen Heere nicht entgangen. In der Angst ihres Herzens und der liebenden Sorge um den Ehegatten und Vater ihrer Kinder, zögerte sie keinen Augenblick. Sie ließ vor Tagesanbruch, noch ehe der Heerzug der Belagerer aus der Stadt ausrückte, die herrschaftliche Kutsche mit sechs Pferden bespannen und jagte, indem sie den Kutscher zu höchster Eile antrieb, nach der Stammburg zu Reisweiler. In der Morgenfrühe des Pfingssonntags 1444 langte die Burgfrau mit ihrem Gefährt vor dem Schloßtor an, begehrte Einlaß, informierte den Gemahl über die heranrückende Heeresmacht und bat ihn, daß er sich seinen Widersachern und Richtern demütig unterwerfe und Abbitte leiste.

Dies ließ der Stolz des Raubritters, der sich in seinem Felsennest auf dem Kogel unangreifbar und sicher fühlte, nicht zu, und nachdem auch die inständigen Bitten der Burgfrau, das Heil in der Flucht zu suchen und sein Leben zu erhalten, auf entschiedene Ablehnung stießen, entschloß sich die Edelfrau, mit den Knaben auf der Feste zu bleiben und, koste es, was es wolle, den drohenden Ereignissen entgegenzusehen.

Noch am selben Tag rückten die Angreifer, von ortskundigen Bauernburschen auf Waldwegen durch Talschluchten herangeführt, von allen Seiten den Berg herauf, umzingelten die Burg und belagerten die Eingeschlossenen. Sie bedrängten den Raubritter und seinen Anhang aufs ärgste, beschossen die wehrhafte Feste mit Kanonen, die in aller Eile von der Wasserburg Bucherbach herbeigeschafft worden waren und berannten die Burg in immer neuen Attacken. Sie verhinderten jeden Ausfallversuch, gruben der Schloßbesatzung das Wasser ab und hungerten sie in wochenlanger Belagerung aus. Nachdem durch die Entdeckung eines unterirdischen Ganges ein

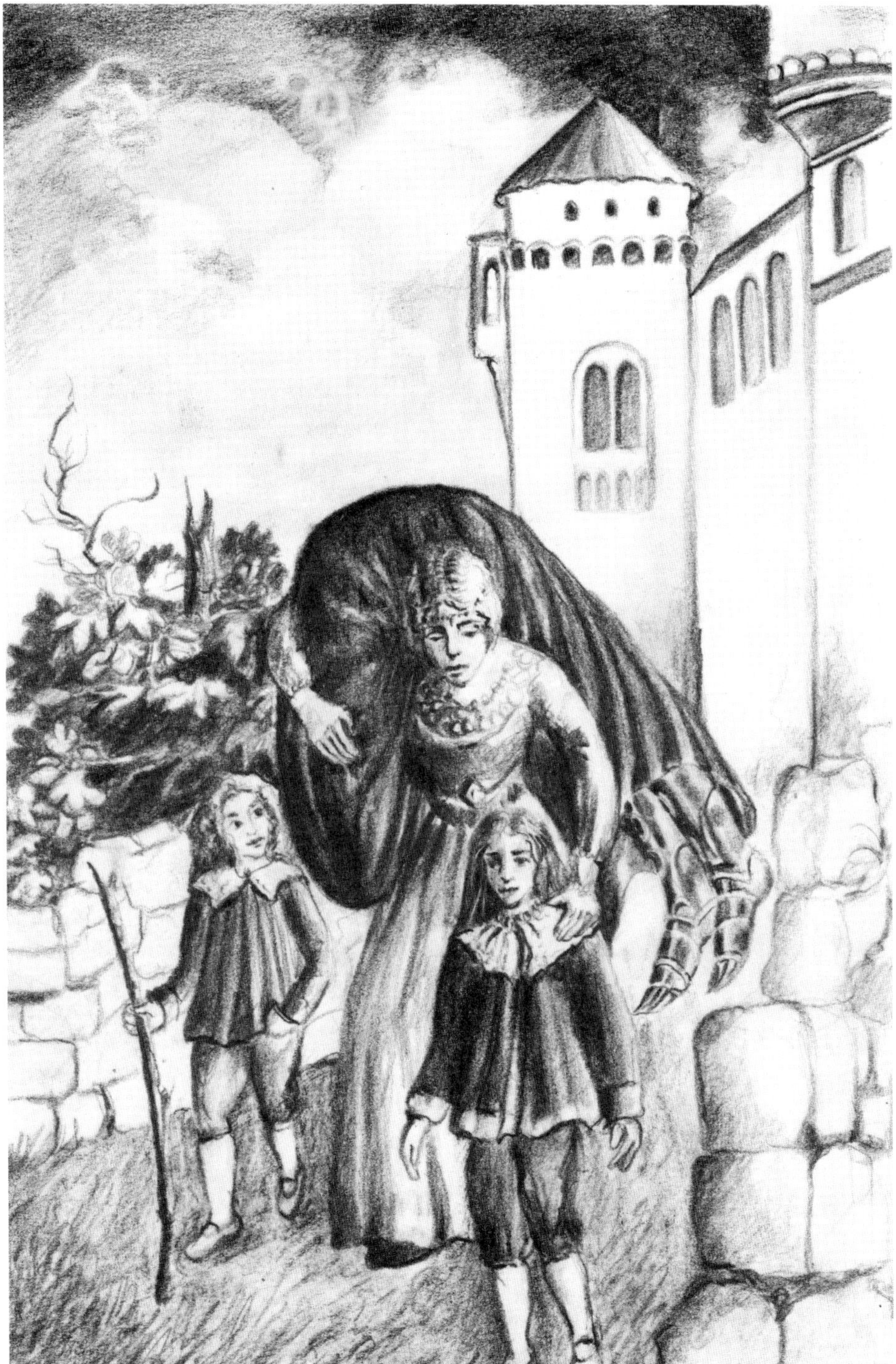

Spähtrupp in das Schloßinnere gelangte und sich nach einer Meuterei unter dem Dienstmann und Ritterknappen mit dem Burgwächter Hirtel von Hoxberg verband, und die Zugbrücke herabgelassen werden konnte, war der Fall der Burg unabwendbar. Ritter Clemens Thilemann, durch List und Tücke überwunden, entschloß sich, in der obersten Turmkammer des Bergfrieds verschanzt, zur Übergabe der Burg und sah mit Wut und Trotz seiner Gefangennahme und Verurteilung entgegen.

Die Burgfrau, die auch in der Stunde der Bedrängnis nicht von der Seite ihres Gemahls wich, erbot sich, Botschaft und Schlüssel der Übergabe an die Heerführer, den Fürstbischof von Trier und den Herzog von Lothringen zu überbringen.

Diese sagten Maria von Verney, bevor die Burg von den Belagerern geplündert und gebrandschatzt und der Raubvogel, falls er sich nicht ergebe, in seinem luftigen Nest ausgeräuchert werde, freies Geleit für sie, die Söhne und die Burgdienerschaft zu. In der Unterredung mit den Bezwingern der Burg in deren Feldherrenzelt am Schloßberg erwirkte sie, mit Brief und Siegel verbürgt, die Zusicherung, vom wertvollen Familienschatz so viel auf ihren Schultern mitnehmen zu dürfen, als sie zu tragen vermöge. Dieses Ansinnen vermochte weder der Herzog der unglücklichen Freundin seiner Tochter abzuschlagen, noch wollte der gerechte Erzbischof das Leid der Schloßherrin von Hagen vermehren, und so wurde ihrer Bitte stattgegeben.

Wie verwundert aber waren die Belagerer, Heerführer, fürstliche Offiziere, ritterliche Hauptleute und der ganze Anhang von Truppe und Troß, als die Burgfrau das Schloß verließ. Auf ihrem Rücken trug sie, die beiden Ritterknaben an der Seite, ihren Ehegemahl aus dem Burgtor heraus und den Schloßberg hinab.

Das Wort war gegeben, und das Erstaunen über so viel Liebe bezwang den Groll über die List in den Herzen der Machthaber und Rechtsträger. Sie gaben der treuen Burgfrau das versprochene freie Geleit samt der seltsamen Schatzberge.

Die Ritterfamilie derer von Hagen zur Motten bestieg die Reisekutsche und fuhr unverzüglich nach Saarbrücken in den Hagenschen Erbhof am Schloßplatz.

Durch die Fürsprache der Burgfrau bei der Regentin der Grafschaft wurde der ehemalige Raubritter, Strauchdieb und Wegelagerer, Clemens Thileman, nachdem er seine Untaten bereute und durch Wohltätigkeit sühnte, in herrschaftliche Vogtdienste genommen. Die Adelsfamilie auf dem Herrensitz der Hagen am Triller, ein schöner Renaissancebau mit eigenartigem Rundturm am Ostgiebel, in der Quergasse am Schloßplatz gelegen, soll der Stammbaum vornehmer Saarbrücker Stadtgeschlechter sein, die, über weibliche Namensträger verbürgerlicht, noch heute in der saarländischen Metropole wohnen und die Geschicke der Messe- und Universitätsstadt mitbestimmen, allerdings nicht über Magistrat und politische Parteien, sondern durch wirtschaftlichen Einfluß und kulturelle Impulse.

Die Burg des Raubritters Clemens Thilemann von Hagen zur Motten auf dem Schloßberg von Reisweiler aber wurde, nachdem sie zur Plünderung für die Soldaten des herzoglich-erzbischöflichen Heeres und die bestohlenen Bauern freigegeben und von allem, was nicht niet- und nagelfest war, ausgeräumt worden war, dem Feuer überantwortet und brannte mit lodernden Flammen, ein mahnendem Menetekel, vollständig nieder.

Der Schloßberg, ein weithin ins Land sichtbarer Bergkegel bei Reisweiler, ist heute baumlos und von hohem Strauchwerk, Brombeerhecken und Rispengras überwachsen. Wer als Beerensucher die leuchtenden, kräftigen Wilderdbeeren von Reisweiler dort oben sucht und fest auf den Boden auftritt, vermag das dunkle Dröhnen und dumpfe Schallen unter der Erde zu vernehmen. Dort sollen die Burgverliese und Vorratskammern des Ritterschlosses liegen und die vergrabenen Schätze des Raubritters ruhen. Aber der Zugang zu dem tiefen Brunnenschacht, wo sie versteckt sind, gelingt nur durch den Geheimstollen, durch den die Belagerer in das Innere der Burg gelangen konnten und der bis auf den heutigen Tag verschüttet ist.

Die Kornfrau von Brotdorf
Flehruf gegen den Bannfluch

Im Sommer zog in frühen Zeiten
die Kornfrau über Ackerfluren,
um Frucht und Hafer zu bewachen
vor frevler Kinder Fuß und Hand.
Der Bauer lobte bei der Nacht
der Schutzfee sonderbare Hilfe
und gab den Opferwein im Hofgrund
mitsamt der Kanne in den Brunnen.
So Schritt und Griff es dennoch wagte
nach rotem Mohn und blauer Rade,
ging bald ins Netz der Hüterin
das kecke Blut im Roggenfelde.
Nichts half das Klagen oder Suchen,
das Kind lag tot im Grab der Halme,
und Schnitter fanden's spät zur Ernte
mit Kranz und Strauß in Haar und Händen.

Bewahre, Gott, die Kinder uns
vor Freveltaten im Getreide!

Der verwunschene Ritter Hans von Kerpen im Hirschenhübel

Am Pfingstfest des Jahres 1444 sandte Elisabeth von Sierck auf Meinsberg und Montclair, Schloßherrin der Wasserburg Kerpen zu Illingen, zwei berittene Burgknappen mit einem geheimen Auftrag nach Schloß Linden bei Oberthal an die Bliesquellen. Ihr Gatte, Reichsritter Johann von Kerpen und Warsberg, war bei kriegerischen Auseinandersetzungen in Lothringen, in die er zu Gunsten seiner Sierckschen Verwandtschaft eingegriffen hatte, auf unerklärliche Weise verschwunden und nicht mehr in seine Stammburg zurückgekehrt. Das Gerücht, fahrende jüdische Kaufleute aus dem herrschaftshörigen Marktflecken an der Ill hätten den Junker mit der schönen Illinger Meierstochter Bettina in einer fürstlichen Reisekutsche über die burgundische Grenze fahren sehen, konnten auch die drohenden Anweisungen der Burgfrau Elisabeth nicht unterdrücken, gingen doch selbst im herrschaftlichen Gefolge und in den Gesindestuben auf dem Vorwerk Getuschel und Geklatsche darüber um.

Kaum, daß die Kuriere der Freifrau die Berghöhe des burgnahen Hirschenhübels, das schönbewaldete Jagdrevier der gräflichen Familie, erreicht hatten, vernahmen die beiden Reiter ein deutliches Seufzen, das immer stärker und jämmerlicher aus einer Erdspalte hervordrang. Sie sprangen von ihren Pferden, hingen die schweren Satteltaschen an einen kräftigen Birkenast und tasteten sich in bebender Neugier durch einen schmalen Gang in das Innere des Berges hinein. In einem riesigen Gewölbe, dem prachtvollen Rittersaal der heimischen Wasserburg nicht unähnlich, sahen sie einen Junker in voller Rüstung auf einem kunstreich geschnitzten Thronsessel sitzen. Neben der hoheitsvollen Rittergestalt, das kummerschwere Haupt mit ihren Händen stützend, stand unbeweglich und geheimnisvoll lächelnd eine wunderschöne Jungfrau. Eine merkwürdige Ähnlichkeit mit ihrem verschwundenen Herrn ließ die gebannt dastehenden Männer näher an das seltsame Paar herantreten. In demselben Augenblick verwandelte sich die Jungfrau in eine weiße Schlange, die den beiden einen glühenden Feuerstrahl entgegenblies. Von Angst und Entsetzen gepackt, entflohen die Rittergesellen dem Gewölbe, schwangen sich auf ihre Rosse, jagten in wildem Galopp den Berghang hinab und berichteten, knieschlotternd und außer Atem, der Burgherrin von dem unerhörten Vorfall.

Die beiden Satteltaschen indessen hatten sie bei ihrer eiligen Flucht ganz und gar vergessen, und als sie diese, mit unschätzbar wertvollen Dokumenten und Geschmeiden des Herrenhauses angefüllt, auf Geheiß der Burgfrau zurückholen wollten, waren diese verschwunden und blieben unauffindbar bis auf den heutigen Tag. Die Schloßherrin jedoch, durch den unglaublichen Bericht in höchste Erregung versetzt und voller Spannung, was da auf sie zukommen werde, machte sich denn auch nach Stunden banger Ratlosigkeit in Begleitung der Knappen auf, das Geheimnis des Berges zu ergründen. Auch sie vernahm sogleich das Wehklagen und Seufzen aus dem Berg-

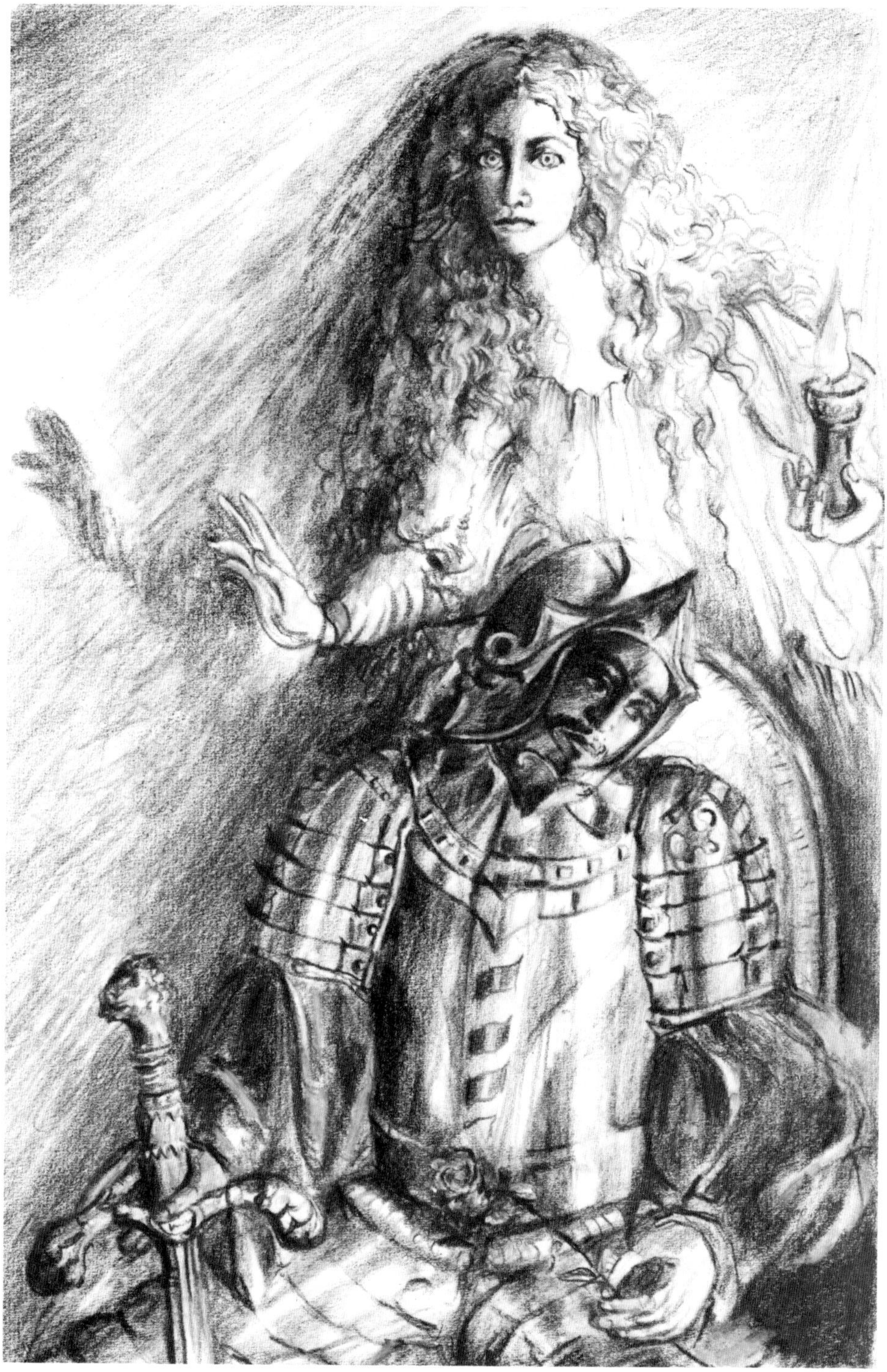

innern an der nämlichen Stelle, und nachdem sich der Hirschenhübel geöffnet hatte, trat sie, die Knechte als Wächter an den Ausgang verweisend, in die Gewölbekammer ein und erkannte alsbald ihren verschwundenen Gemahl.

Auf die bange Frage, ob und wie sie den geliebten Gatten wieder erlangen könne, nannte die hütende Jungfrau Antwort und Bedingung: Sie dürfe sich nicht eher nach dem hinter ihr schreitenden Ritter umdrehen, bis das volle Licht der Sonne sie beide bescheine. Entschlossen wandte sich die Edelfrau um und ging rasch dem Ausgang zu. Aber, ob sie nun plötzlich daran zweifelte, daß der Gemahl ihr wirklich folge oder ob sie die beiden wachenden Junker unsicher machten, noch auf der Schwelle und schon im Strahlenlicht des Tages, blickte sie sich um und wollte den Gatten umarmen: in einem Nu jedoch war der Ritter vor ihren Augen verschwunden. Unversehens schloß sich auch der Berg und blieb verschlossen für immer. Die gramgebeugte Burgherrin von Kerpen zog sich auf ihren Witwensitz Schloß Linden bei Oberthal zurück, lebte dort einsam und verstört und starb nach kurzer Zeit vor Reue und Kummer.

In den lieblichen Maiennächten zur Pfingstzeit aber hören verliebte Burschen und Mädchen, die in dem hellen Birkenwäldchen auf dem Hirschenhübel vertraute Zwiesprache halten, ein leises Wimmern und Stöhnen im Innern des Berges, und niemand vermag zu entscheiden, ob es die traurige Klage oder das zärtliche Geflüster des Ritters Hans von Kerpen und der schönen Meierstochter ist.

Bisweilen suchen auch einsame Wanderer verstohlen nach den verschwundenen Satteltaschen, die gute Berggeister dicht unter dem Erdboden vergraben haben sollen. Wer sie findet, wüßte das Geheimnis des Geschlechts der Herren von Kerpen und Warsberg und würde durch den kostbaren Fund reich und glücklich.

Scharfrichter Hans Freimann Carnifex

Schauer- und Trauerballade vom schändlich-ehrbaren Handwerk des reichsherrschaftlichen Henkers Hans Freimann Carnifex zu Saarbrücken und von der gräßlich-würdigen Hinrichtung des Räuberhauptmanns Franz Feuerbird aus Bübingen Saar
oder über das Leben und Wirken des Scharfrichters Carnifex, Henker und Schinder am Hochgericht der Grafschaft Nassau-Saarbrücken, der von 1499 bis 1529 in lebenswichtigen und todeswürdigen Angelegenheiten strengsten Amtes waltete und während seiner 30-jährigen Dienstzeit als Nachrichter zu Malstatt, St. Johann und Saarbrücken 999 Hinrichtungen nebst zahlosen anderen Strafarten wie Prangern, Brandmarken, Foltern, Handhacken und Einkerkern und sonstigen Züchtigungen vollzog.

Ein dramatischer Bänkelgesang in zwei Teilen*

Des Liedes 1. Teil
oder das schändlich-ehrbare Handwerk des reichsherrschaftlichen Henkers Hans Freimann Carnifex zu Saarbrücken

      Das Hochgericht von Nassau-Saar,
      Malstatt, St. J., Saarbrücken,
      verfolgte Unrecht und Gefahr
      von bösen Bubenstücken.

      Scharfrichter Freimann Carnifex,
      der hohe Henker des Grafen,
      war Schreckgespenst und Schandgewächs
      für Tod und Höllenstrafen.

      Er hauste links am Galgenberg
      mit Schwert und Rad und Strängen,
      Enthaupten hieß sein Tagewerk
      und Rädern sowie Hängen.

      Ob ämterstark, ob bettelarm
      Es gab kein Unterscheiden!
      Der eisenharte Henkersarm
      bracht' arge Todesleiden.

Ob schlankgehalst, ob knüppeldick:
Vom Rumpf die Köpfe weichen!
Denn Fürstenhaupt und Knechtsgenick
galt ihm kein Sonderzeichen.

Ob ahnenstolz, ob ehrenreich:
Es gab kein Herzerweichen!
Er brach die Glieder, wand sie weich
dem Rad um Nab' und Speichen.

Ob hochstudiert, ob dumm wie Stroh:
Der Strick wird Todesfaden!
Es ward des Lebens niemand froh
mit Galgenkameraden.

Wem Meister Hans zu Diensten war,
verging das freche Lachen!
Hieb, Bruch und Stoss warn klipp und klar
wie alle ernsten Sachen.

Scharfrichter Freimann Carnifex
im Dienst von Recht und Strafe
war Schreckgespenst und Schandgewächs
für alle Schwarzen Schafe.

Des Liedes 2. Teil
oder die gräßlich-würdige Hinrichtung des Räuberhauptmanns Franz Feuerbird aus Bübingen

Zum Galgen hoch am Reppersberg
flohn hungrig hundert Raben,
an Richterspruch und Henkerswerk
will sich die Menge laben.

Den Räuberhauptmann Feuerbird
fuhr'n Schergen kreuzgebunden,
es wird, wer andre drangsaliert,
am Ende selbst geschunden.

Er hat in dunkler Maiennacht
ein Fürstenkind gefangen,
den Vater tückisch umgebracht
aus heißem Blutsverlangen.

Drei Wächter schlug er blau und krumm
mit wilden Säbelhieben,
und Diener kamen gräßlich um
beim Schloßbrand ihrer sieben.

Das Hochgericht mit Schöffenrat
wies ihn den Gang der Gänge,
daß er für solche Schreckenstat
kopflos gerädert hänge.

Ein Mönch nahm ihm die Beichte ab,
damit der selig werde,
ruht' er im schwarzen Schindergrab
in ungeweihter Erde.

Die Henkersknechte drehten Rad,
das Volk sah's mit Ergötzen,
Gerechtigkeit im Gottesstaat
läßt sich durch nichts ersetzen.

Franz Feuerbird starb nicht sogleich,
Hans Freimann griff zum Schwerte
und hieb den Kopf mit einem Streich,
wie ihn der Vater lehrte.

Die Raben sangen hoch am Berg
das Totenlied im Kreise,
vollendet war des Henkers Werk
nach Seilers alter Weise.

Der Hauptmann baumelt' starr und stumm
am hohen Galgensparren,
und wär der siebte Tag herum,
läg er im Schinderkarren.

Die Menge zog hinab zur Stadt
vom Kuttenmönch geleitet,
das Herz in Furcht, die Glieder matt,
die Augen angstgeweitet.

Ein jeder ging an seinen Platz
in Werkstatt, Amt und Laden,
das Recht ist ihm ein großer Schatz,
es wendet Not und Schaden.

Scharfrichter Freimann Carnifex,
der Mann der letzten Dinge,
erhielt zum Lohn der Gulden sechs
nebst einer neuen Klinge.

So starb der Hauptmann Feuerbird
dreifach zu Tod gerichtet.
Was drüberhin berichtet wird,
ist schlechterdings erdichtet.

*Worte von Felix Aloysius Diversy,
Stadtschreiber und Hofpoet in St. Johann.
Weise im Moritatenton von Matthias Ernst
aus Saarbrücken.

Scharfrichter Freimann Carnifex

Des Liedes 1. Teil:

Das Hoch-ge-richt von Nas-sau-Saar hat statt, St. J., Saar-brük-ken, ver-folg-te Un-recht und Ge-fahr von bö-sen Bu-ben-stük-ken, ver-folg-te Un-recht und Ge-fahr von bö-sen Bu-ben-stük-ken.

Des Liedes 2. Teil:

lento

Zum Gal-gen hoch am Rep-pers-berg flohn
hung-rig hun-dert Ra-ben, an
Rich-ter-spruch und Hen-kers-werk will
sich die Men-ge la-ben, an
Richter-spruch und Hen-kers-werk will
sich die Men-ge la-ben.

Adventsspuk im Hüttersdorfer Vogteiwald

Die beiden saarländischen Adelsgeschlechter, die Freiherren von Hunolstein zu Hermeskeil, in den Hochwäldern des Hunsrücks ansässig, und die Reichsritter vom Hagen zur Motten bei Lebach, in den alten Flußniederungen von Theel und Prims beheimatet, teilten sich in alten Zeiten die Herrschaft des nördlichen Saarlandes mit ihren weiten Feld- und Waldgemarkungen.
Das Herrschaftsgebiet deren von Hagen aber war, wenn auch reich an fruchtbaren Talauen und Hügelfluren, kleiner als das der Hunolsteiner. Ein Zankapfel zwischen den rivalisierenden Adelssippen, die Frucht erzwungener Mitgift einer ertrotzten Ehe der Comtesse de la Haye mit Graf Hanno von Hunolstein, blieb durch die Jahrhunderte die Vogtei Hüttersdorf im Tal, deren Landstrich sich mit ausgedehnten Forsten wie ein Keil in den waldarmen Hagenschen Besitz hineinschob. Besonders der wild- und holzreiche Vogteiforst, Eigentum der Freisassen und Erbbauern von Hüttersdorf und Buprich, von den Hunolsteiner Herren in Pacht und Zins genommen, stach der Lebacher Reichsritterschaft ins Auge.
Der Vogt von Hunolstein, Junker Josquin zu Hüttersdorf-Buprich, war verheiratet mit der Tochter des Burgmannen Hahn von Thanneck, der in Diensten der Herren von Lebach stand, und so blieb es, teils durch die Grenznähe zum Territorium der Ritter vom Hag, teils wegen der Blutsbande zu einem Hagenschen Vasallen, nicht aus, daß der Vogt von Hunolstein oft und gern im Lebacher Land weilte, mit den Rittern und Knappen auf Schloß La Motte zechte, an den Parforcejagden in den Aschbacher Jagdrevieren am Höchsten teilnahm und auch die berühmten Lebacher Windspiele mitmachte, bei denen es galt, die gute Schaumberger Luft bei Tholey mit Netzen einzufangen und in Säcken nach Lebach zu tragen.
Freigraf Tronje vom Hagen, Schloßherr zur Motten, aber sann Tag und Nacht, wie er mit List den schönen Hüttersdorfer Herrenwald in seinen Besitz bekäme. Sein Amtmann Diepald de Haga, des Teufels Advokat, bauernschlau und rechtskundig, ein ausgemachter Fuchs in der Verwaltung der Hagenschen Güter, ins Vertrauen gezogen, wußte Rat und Hilfe. In geheimen Besprechungen heckten die beiden Edelleute einen Plan aus, der, würde der Hunolsteiner Landvogt Josquin in die Sache eingeweiht und das Spiel mitmachen, zum Erfolg führen mußte.
Am 12. September 1515, dem Fest Mariä Geburt, im Kirchspiel Lebach seit eh und jeh mit einem großen Herbstmarkt begangen, bei dem die Talbauern ihr Vieh auftrieben, die Händler Gerätschaften für Haus und Hof, Waren aller Art, schönen Trödel und alles, was Küche und Keller brachte, zum Kauf anboten, saßen die Herren von Hüttersdorf und Buprich im Alten Rittersaal auf Schloß La Motte beim Gastmahl. Der Vogt von Hunolstein, die Schultheißen und Meier der beiden Primsdörfer und alle Freisassen des Tales tafelten und zechten mit dem Schloßherrn und seinen Dienstmannen bis tief in die Nacht. Zu später Stunde verwickelte der Gastgeber, durch die

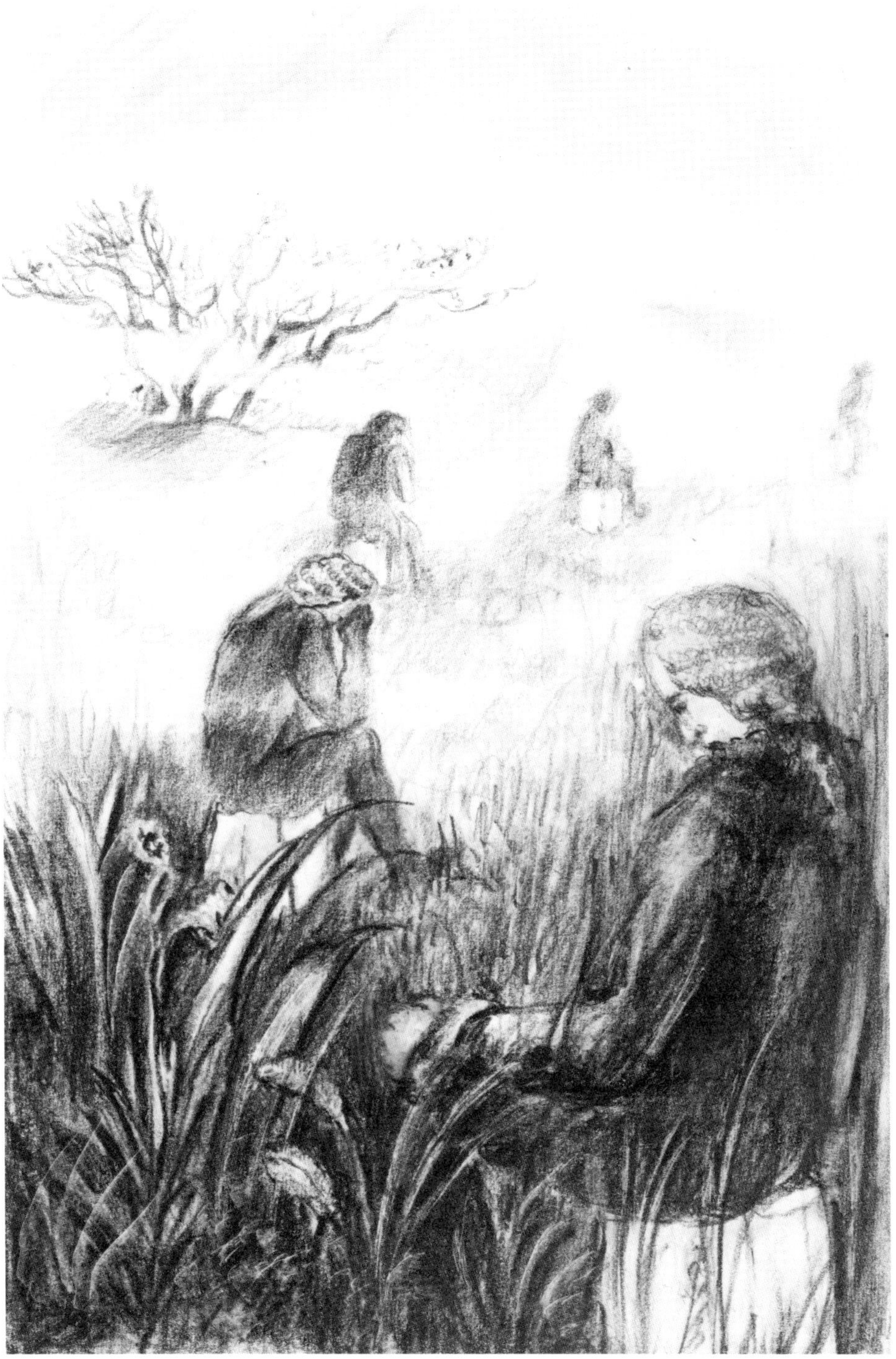

Schützenhilfe des Amtsmanns Diepald de Haga eingefädelt, die Hüttersdorfer Gäste in ein Gespräch über die Lebacher Eier, erzhaltige Gesteinskugeln aus den Steinbrüchen am Hasenberg, einem Höhenzug westlich des Hagenschen Herrenbesitzes, der die beiden Herrschaften voneinander trennte. Sie weckten bei den geldhungrigen Männern Neugier und Interesse auf die Eisengewinnung aus Lebacher Erzsteinen, die, geschmolzen und verhüttet, aus ihren Eigentümern reiche Werksinhaber und Fabrikanten machten.
Der Sagenfreund kann sich leicht vorstellen, daß die Herren des Theeltals, die sich beim Trinken zurückhielten, den wein- und goldtrunkenen Bauern von der Prims Wege und Mittel zu nennen vermochten, wie sie es anfingen, durch Eisenwerk und Gießware zu Reichtum und Ansehen zu gelangen. Ein Waldgebiet, von Edelleuten auf einer fernen Burg in Holz und Jagd genutzt, von dem aber die eigentlichen Besitzer nicht viel hätten, sagte der Anwalt des Amtes, gegen die Schürfrechte am Hasenberg einzutauschen, sei nur durch die nachbarlichen Beziehungen der beiden Marktflecken möglich und komme fast einem Geschenk des Herrn von Hagen an die Vogteibauern gleich. Die Einwände und Bedenken hinsichtlich der freiherrlichen Jagd- und Holzrechte wußte der Vogt von Hunolstein mit dem Hinweis herunterzuspielen und auszuräumen, daß diese durch List und Tücke erworben wurden.
Nach zauderndem Hin und zögerndem Her kam, als Bubenstück des edlen Schelms und eines dienstbeflissenen Schurken, ein Kuhhandel zwischen Ritter und Bauer zustande. Die Hüttersdorfer kündigten in dem Vertrag, vom Amtmann de Haga aus der Tasche gezogen und bedeutungsvoll verlesen, die Hunolsteiner Forstrechte auf, verkauften, gegen die Nutzungsrechte an den Erzeiern vom Hasenberg, die Vogteiwälder an die Herrschaft Lebach und erhielten obendrein noch eine beträchtliche Geldsumme aus der Lebacher Amtskasse, die sie für die Notleidenden und Armen in den Dorfsäckel stecken könnten. Die Urkunden, von Vogt und Amtmann als Notaren beglaubigt und von beiden Parteien unterschrieben, wurden gegenseitig ausgehändigt und für die Amtstresore von Hüttersdorf und Lebach versiegelt. Nach Handschlägen, Zuprosten und Hochrufen steigerte sich das Festmahl zu einem wüsten Saufgelage, das bis in den Morgen dauerte.
Im Dämmerlicht des folgenden Tages zogen der Vogt von Hunolstein und die Bauern, unter lautem Gröhlen, Arm in Arm, über den Hasenberg ins heimatliche Tal, doch vergaßen sie nicht, sei es Übermut, sei es aus erwachendem Gerechtigkeitssinn, die Grenzsteine mit den eigenartigen Wolfsangeln zu Gunsten der neuen Waldbesitzer zu versetzen.
Die Gelder, die Landvogt, Ratsherren und Gemeindeväter erhielten, wanderten keineswegs zu Nutz und Frommen der in Not geratenen Bürger in die Armenkasse, sondern wurden von ihnen bei üppigen Gastmählern und Trinkgelagen verpraßt.
Es kam zu eifrigem Suchen und Graben nach den Lebacher Eiern. Lange Wagenkolonnen brachten die aufgeschlagenen Eisensteine zwar zu den schnell errichteten Schmelzen und Hütten an den Wassern der Prims,

sie erwiesen sich aber als nicht sonderlich erzhaltig. So schlossen die Eisenwerke von Hüttersdorf und Buprich, kaum daß sie gegründet waren.
Die geprellten Bauern, von den Herren von Hunolstein wegen der eigenmächtigen Machenschaften in kostspielige Prozesse verwickelt, von den Dorfbewohnern angegriffen und verfolgt, mit Spott und Schimpf belegt, wurden ihres Lebens nicht mehr froh. Die ehemals reichen Freisassen und Erbbauern im Tal mußten ihren Besitz verpfänden oder veräußern und lebten als hörige Hintersassen, arme Taglöhner oder verachtete Kesselflicker. Die Anstifter und Wortführer des ehrlosen Rechtshandels starben allesamt, so steht in den Bupricher Kirchenbüchern zu lesen, in Not und Elend, teils durch gräßliche Unfälle als Holzfäller und Jagdtreiber im Lebacher Herrenwald, teils durch plötzlichen Tod an Schlagfluß oder Herzschlag.
Die frevlerischen Ratsherren, pflichtvergessen und gewissenlos zu Lebzeiten, wandelten nach ihrem Tode, irrlichternde, unruhige Seelen, im dunklen Tannenwald zwischen Hüttersdorf und Lebach und schreckten die ahnungslos Vorbeigehenden. Als geisterhafte Gestalten sahen Waldarbeiter und Beerensammler die Verdammten, gramvoll das Haupt in die Hände geborgen, auf den Marksteinen sitzen. In der Adventszeit erscholl ihr trauriges Klagen und Wimmern über die Prims ins alte Dorf herüber. Mit ängstlichen Blicken schauten die Bupricher zum jenseitigen Bachufer, wo die gottlosen Vorväter ihr Vergehen im Lebacher Wald als Fegefeuer abbüßten.
Der Vogt von Hunolstein aber, Junker Josquin von Hüttersdorf-Buprich, wechselte in jeder Nacht von einem Grenzstein zum anderen, saß auf jedem eine volle Stunde und zechte zur Strafe für die Anstiftung zur Verrückung der Markpfähle aus einem Pferdehuf. Er böte, so hieß es nach einer alten Sage der Dorfmuhme Griseldis, den vorbeieilenden Leuten seinen abscheulichen Trunk an. Doch einsame Wanderer oder verirrte Kinder hüteten sich wohl, den Becher anzunehmen und auszutrinken, müßten sie doch augenblicks sterben. Sie hätten zwar den Geist des ungetreuen Vogt erlöst, säßen aber an seiner statt auf den Stein gebannt fest – wer weiß für wie lange?!

Der Vogt von Hunolstein
Alter Bänkelsang aus Hüttersdorf im Tal*

Ich bin der Vogt von Hunolstein
und drücke alle Fenster ein,
am Abend, wenn zur süßen Nacht
die Schönen sich zu Bett gebracht.
Des langen Tages Müßigkeit
dem Hochgericht im Tal geweiht,
bringt wenig Lust in mein Gemüt,
weil's durch die Akten mufft und zieht,
und kein Prozeß, selbst kurz gemacht,
hat jemals Lieb in mir entfacht.

>Ich halt's mit den Gespenstern
>und geh' am Abend fenstern.
>In meiner Liebsten Kammer
>vergeß ich allen Jammer,
>des Tages Not und Pein,
>als Vogt von Hunolstein.

Ich bin der Vogt von Hunolstein
und lieb' des Försters Töchterlein.
Der karge Wald- und Wegezoll
macht weder Faß noch Beutel voll.
Des eignen Vorteils eingedenk,
mach' ich den Holzzins zum Geschenk,
den Rehbock geb' ich frei zum Schuß
und freu mich auf den Wildgenuß;
denn so ein schönes Försterkind
küßt innig zart und streichelt lind.

>Ich halt's mit den Gespenstern
>und geh' am Abend fenstern.
>In meiner Liebsten Kammer
>vergeß ich allen Jammer,
>des Tages Not und Pein,
>als Vogt von Hunolstein.

Ich bin der Vogt von Hunolstein
und lad' mich selbst beim Bauern ein.
Die Herrenfron beim Brückenbau
macht auch den dümmsten Dörfler schlau.
Ich gebe Nachlaß und Pardon
für einen süßen Hungerlohn.
Das Leben ist im Pflichtenkreis
weißgott nicht allzu ofenheiß,
und eine warme Bauernmaid
heizt mir das kalte Leibesscheit.

    Ich halt's mit den Gespenstern
    und geh' am Abend fenstern.
    In meiner Liebsten Kammer
    vergeß ich allen Jammer,
    des Tages Not und Pein,
    als Vogt von Hunolstein.

Ich bin der Vogt von Hunolstein
und treib die Wucherzinsen ein:
um acht beim Makler Mattenklon,
um zwölf bei seinem schwulen Sohn,
dem Plattfuß, der trotz dickem Geld,
um manchen Taler mich geprellt.
Doch wenn ich dann zu Lulu geh',
wird mir im Herzen wohl und weh,
denn meine süße Maklerbraut
ist wunderschön und wohlgebaut.

    Ich halt's mit den Gespenstern
    und geh' am Abend fenstern.
    In meiner Liebsten Kammer
    vergeß ich allen Jammer,
    des Tages Not und Pein,
    als Vogt von Hunolstein.

Ich bin der Vogt von Hunolstein
und mag auch edle Frauen frei'n.
Wenn ihre hochgebornen Herrn
von ihren stolzen Festen fern,
reit' ich in ihre Schlösser ein
und trink' den süßen Moselwein.
Ich küsse schöne Ritterfraun
als liebestoller Burgenfaun;
denn meine wilde Leidenschaft
ist eine wahre Himmelskraft.

    Ich halt's mit den Gespenstern
    und geh' am Abend fenstern.
    In meiner Liebsten Kammer
    vergeß ich allen Jammer,
    des Tages Not und Pein,
    als Vogt von Hunolstein.

Ich bin der Vogt von Hunolstein
und drücke alle Fenster ein,
am Abend, wenn zur süßen Nacht
die Schönen sich zu Bett gebracht.
Des langen Tages Müßigkeit
dem Hochgericht im Tal geweiht,
bringt wenig Lust in mein Gemüt,
weil's durch die Akten mufft und zieht,
und kein Prozeß, selbst kurz gemacht,
hat jemals Lieb' in mir entfacht.

    Ich halt's mit den Gespenstern
    und geh' am Abend fenstern.
    In meiner Liebsten Kammer
    vergeß ich allen Jammer,
    des Tages Not und Pein,
    als Vogt von Hunolstein.

*Worte von Johann Nepomuk Kunrath,
Schulmeister und Dorfpoet
zu Hüttersdorf im Tal.
Weise von Matthias Ernst
aus Saarbrücken.

Der Vogt von Hunolstein

Ich bin der Vogt von Hunol-stein und drück-ke al-le Fen-ster ein am Abend, wenn zur sü-ßen Nacht die Schö-nen sich zu Bett ge-bracht. Des lan-gen Ta-ges Mü-ßig-keit dem Hoch-ge-richt im Tal ge-weiht, bringt we-nig Lust in mein Ge-müt, weil's durch die Ak-ten mußt und zieht und kein Pro-zeß selbst kurz ge-macht, hat je-mals Lieb in mir ent-facht.

Kehrreim:

Ich halt's mit den Ge-spen-stern und geh' am A-bend feu-stern. In mei-ner Lieb-sten Kam-mer ver-geß ich al-len Jam-mer, des Ta-ges Not und Pein, als Vogt von Hunol-stein

Ritter Baumolt von Mehlenbach zu Numborn an der Köller

Am Vorabend des Martinstages, dem 11. November des Jahres 1522, saß Herr Baumolt von Mehlenbach im Großen Rittersaal seiner Burg bei Numborn, herrlich und hoch gelegen auf einer kegelförmigen, aus dem Köllertal aufsteigenden Berghöhe. Flankiert von den beiden Burgmannen Heinrich Mul van der Borg und Marsilius von Lisdorf, tafelte der Schloßherr mit seinen Spießgesellen und Zechkumpanen zum Gedenken des hl. Martin, dem berühmten römischen Reiterführer und ersten Bischof von Toul, der in trierischen Landen als Schutzpatron der Notleidenden und Schwachen gläubig verehrt wird. Sie ließen sich den herben Saarwein und das kräftige Zwickelbier munden und harrten unter Gesprächen, gelegentlich von einem Tanzlied der Spielleute unterbrochen, des Festmahls aus der herrschaftlichen Schloßküche.
Die Herren von Mehlenbach genossen, seit sie unter dem Wäppner und Vogt Gottfried von Saarbrücken, Sohn des Joffrid, eines alten saarwerdischen Grafengeschlechts, mit dem Köllertaler Lehen ausgestattet, 1350 eine feste Burg von schloßartiger Anlage und Pracht auf dem Kogel zu Numborn errichtet hatten, bei den Bauern, Händlern und Handwerkern aus der ganzen Umgebung Ansehen und Hochachtung.
Die Tage friedlichen Einvernehmens und herrschaftlicher Übereinstimmung zwischen dem alten Adelshaus zu Numborn und den Freisassen und Kaufherren waren längst vorüber, hatte sich doch der junge Herr Baumolt von Mehlenbach, die Freiheitslehren des Wittenberger Mönchs Martin Luther mißverstehend und abtrünnig von seinen Nassau-Saarbrücker Lehnsherren, zu einem gefürchteten Raubritter und Wegelagerer entwickelt, der das Land an der Köller in Angst und Schrecken hielt.
Die fetten Martinsgänse, vor dieser Zeit freiwillig und gern von den Bauern ins Schloß gebracht, mußte sich der Schnapphahn von Numborn, wie er in der ganzen Gegend genannt wurde, schon selbst holen, wenn er das ehrwürdige Martinsfest in der althergebrachten Weise feiern wollte. Die diesjährige Beute war dank Umsicht und Vorkehrung der Bauern, die sich listig, und wenn es sein mußte, mit Dreschflegeln, Mistgabeln und Getreidesensen der Übergriffe des gnädig-ungnädigen Herrn zu erwehren wußten, recht mager ausgefallen, drei nicht sonderlich kräftige Gänse waren dem Ritter und seinen Knappen in die Hände gefallen.
Früher, noch unter dem rechtschaffenden Vater des jetzigen Burgherrn, hatten es sich die Untertanen der Grafschaft nicht nehmen lassen, zur Martinszeit die schönsten Mastgänse, schlachtfrisch und von festem Fleisch, begleitet von ihren Frauen in der besten Bauerntracht, Körbe voll frischer Landeier und Köllerbacher Bauernschinken im Arm, auf die Kogelburg zu bringen.
Die Bewohner der Taldörfer und Waldweiler, oft in Not und Bedrängnis hinter die sicheren Mauern des Wasserschlosses Bucherbach bei Köllertal

geflohen oder im Schutze der Wehrkirchen kurtrierischer Pfarrorte sich verschanzend, bis der räuberische Edelmann von seinen Plünderungen und Brandschatzungen abließ, hatten hilfeheischende Bittschriften an den Fürstenhof zu Saarbrücken oder, soweit sie katholischen Glaubens geblieben waren, Schutztruppen und Wachmannschaften vom Trierer Kurfürsten und Erzbischof angefordert. Allein es gelang weder den raubritterlichen Vogel in seinem Burgnest zu fangen, noch bei seinen Streifzügen im Lande zu ergreifen. Einerseits von den reichsgräflichen Lehnsherren zu Saarbrücken bedrängt, andererseits vom kurfürstlichen Erzbischof zu Trier verfolgt, hatte Ritter Baumolt von Mehlenbach allerlei Listen ersonnen, um den Nachstellungen seiner Widersacher zu entgehen. So hatte er seinem Streitroß Welada und den Pferden seiner Dienstmannen, allesamt Strauchdiebe und Heckenschützen aus dem Köllerwald, die Hufeisen umgekehrt aufschlagen lassen, damit seine Verfolger, wenn er in das Burgschloß eingeritten, glauben mochten, er habe es eben verlassen, und von Umzingelung und Belagerung abließen, ehe sie damit begonnen. Auf diese Weise waren schon mehrmals die Häscher des lothringischen Herzogs und die Sendgrafen des deutschen Königs an der Nase herumgeführt worden und mußten unverrichteter Dinge abziehen.

Für das heutige Festgelage am Martinstage war der einzige Zugangsweg zur Burg wohl bewacht, die Zugbrücke hochgezogen und das Schloßtor dreifach verriegelt.

Eben hatte die Tafelgesellschaft die vollen Pokale, angefüllt mit neuem Saarwein, dem kräftigen Federweißen von Ockfen und Kanzem, auf einem verwegenen Ritt in die bischöflichen Schloßkellereien zu Saarburg erbeutet, kreisen lassen und unter freudigem Prosten und prustendem Gelächter des gelungenen Streiches gedacht, als die Haushälterin des Raubritters, Appolonia Kniesbeck aus Numborn, die drei gebratenen Gänse auf schweren Silberplatten hereintrug. Nach altsaarländischen Rezepten zubereitet, in Zwiebeln und Knoblauch gedünstet, mit allerlei Wildbret gespickt und fein garniert mit Brunnenkresse, Petersilie und Majoran, zog der köstliche Bratenduft durch den festlich erleuchteten Raum und kroch in die Nasen der zechenden Runde, die das dampfende Martinsgericht mit feuchtglänzenden Augen auf seinem Weg zur Festtafel verfolgten. Baumolt, der Burgherr, stieß den großen kupfernen Ehrenpokal, den er in einem langen Zug geleert hatte, auf die schwere Eichentischplatte und rief der Köchin entgegen: „Appollonia, holde Fettbiene von Numborn, wenn Väterchen Franz wüßte, daß ich eine Gans esse . . ."

Er hatte den Satz noch nicht zu Ende gebracht, als, wie von unsichtbaren Geistern hereingeleitet, der Sickinger, just mit einem gewaltigen Heer von seinen Burgen Landstuhl und Ebernburg gegen den Kurfürsten und Erzbischof von Trier, Balduin von Greiffenklau unterwegs, vor dem treulosen Freund und abtrünnigen Mitstreiter stand, den Wehrlosen mit einem gewaltigen Hieb zu Boden streckte und die Burgmannen und Dienstleute des Ritters gefangennahm oder, soweit sie reuig und willig waren, in seine kriegerischen Dienste zwang.

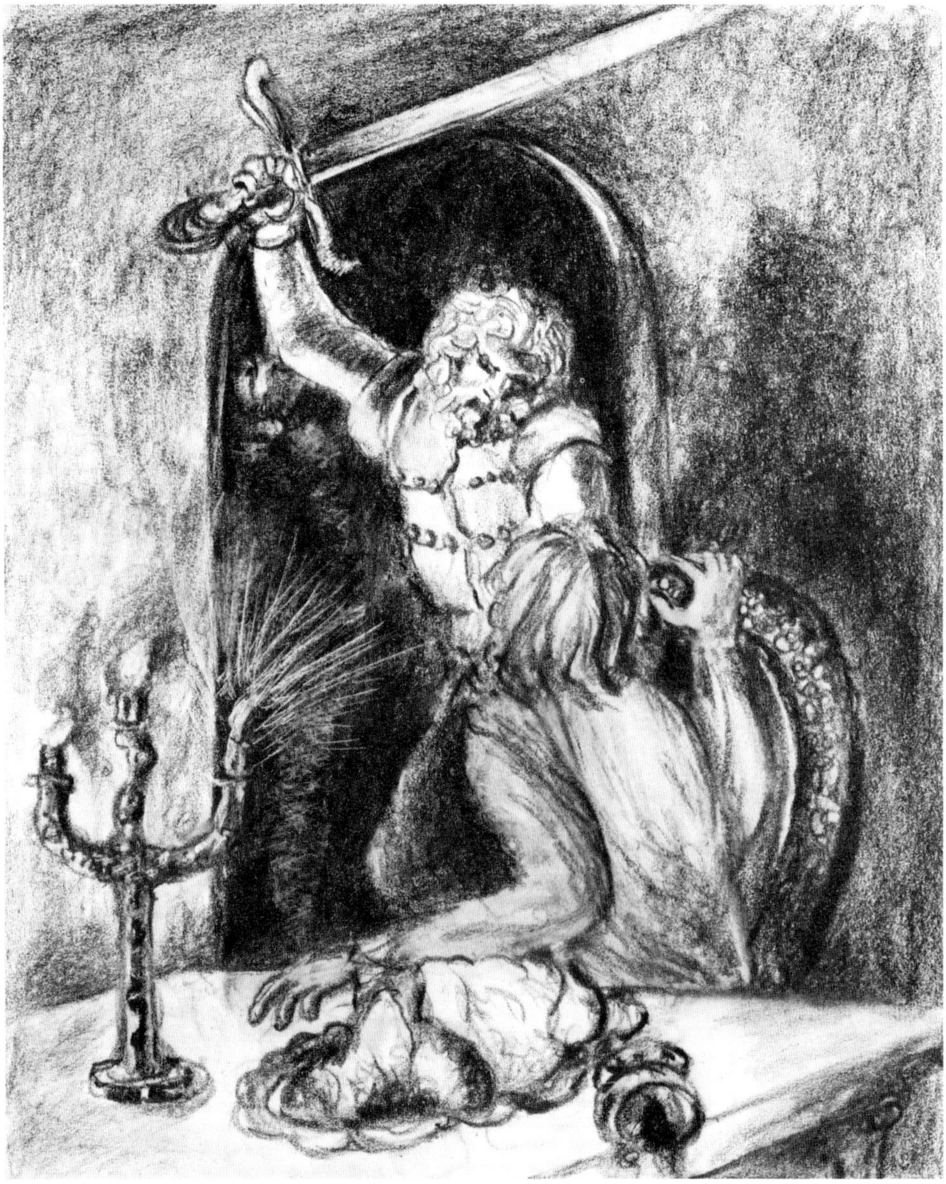

Apollonia, die schöne und reiche Tochter des Numborner Gutsbesitzers Konrad Kniesbeck, von Ritter Baumolt in jungen Jahren umworben und gefreit und auf seine Burg genommen, hatte im geheimen Einverständnis mit den Burgwächtern und dem Bauernführer Melchior Engelfang, der in Diensten des Franz von Sickingen stand, ihres unfreien Lebens als Haushälterin überdrüssig, die Zugbrücke heruntergelassen, das Burgtor geöffnet und den rachsüchtigen Reichsritter und seinen Anhang hereingelassen.

Die Burg aber ließ die „Gottesgeißel aus der Pfalz", wie der Sickinger durch die deutschen Lande in den Bauernkriegen genannt wurde, zerstören und gab sie den bedrückten Bauern und verarmten Talbewohnern frei zum Schleifen. Manche Grundmauern, Türstürze und Fenstersimse an den stattlichen Gehöften Numborner Bauern und Köllerbacher Bürgerhäusern zeugen noch in unserer Zeit durch Quaderwerk und Balkenzier von der ehemals stolzen Bergfeste der Mehlenbacher, von der kein Stein auf dem andern blieb und deren Adelsgeschlecht so ruhmlos erlosch.

Der Mehlenberg jedoch mit Wäldern von dichtem Baumbestand und üppigem Beerengesträuch und Wiesenhängen in kräftigem Berggras, an denen sich Obstgärten, reich an allerlei Früchten, hinziehen, gehört seit jener Zeit zum Familienbesitz der Engelfanger. Denn Apollonia Kniesbeck wurde die Ehefrau des Melchior Engelfang zu Numborn. Die Nachkommen aber dieses alten Köllertaler Bauerngeschlechts bewahren bis auf den heutigen Tag eine Urkunde, besiegelt vom Grafen von Nassau-Saarbrücken auf, aus der die Übereignung eines großen Teils des ritterlichen Grundbesitzes an die unerschrockene Haushälterin des wilden Baumolt hervorgeht, für eine Tat, durch die Frieden und Gerechtigkeit in das Land an der Köller kam.

Wer heute von den Talauen des Köllerbachs aus, die Berghänge des Numborner Kogels, gegen Westen gelegen und von bewaldeten Hängen rings umgeben, emporsteigt, auf dem flachen, kreisrunden Plateau des Kegelberges im Schatten mächtiger Eichen Ruhe sucht und die herrliche Aussicht auf den lieblichen Talgrund und das schöne Waldgebiet genießt, mag, wenn er die Geschichte des unseligen Mehlenbachers und seinen ehrlosen Untergang kennt, nachdenklich werden über das Geschick der Menschen und den Wandel der Dinge, sich in seinem Herzen freuen, daß er unter freien Leuten in einem freien Land lebt und achthaben auf Falschheit und Hochmut, die jäh heraufkommen in jeder Zeit und Not und Tod mit sich führen.

General Gallas und die weiße Dame vom Homburger Schloßberg

Daß im Jahre 1634 der Dreißigjährige Krieg, Höhepunkt und Halbzeit eines schrecklichen Totentanzes, in deutschen Landen wütete, Wallenstein, Herzog von Friedland und Führer der kaiserlichen Truppen, im erzgebirgischen Eger ermordet wurde und sein Stellvertreter und Nachfolger, der österreichische General und verwegene Haudegen Matthias Gallas, die Schweden unter ihrem Feldherrn Gustav Graf Horn und Herzog Bernhard von Weimar in der Schlacht bei Nördlingen im Ries besiegte, mag noch vielen als Schulwissen im Gedächtnis haften. Daß im gleichen Jahr das erste Passionsspiel in Oberammergau, mahnendes Gedenken an Pestzeit und Kriegsnot, stattfand, die Hohe Universität zu Utrecht in den Niederlanden gegründet wurde und der Flame Peter Paul Rubens in Antwerpen sein „Bildnis mit Gattin und Sohn" malte, wissen, durch Zufall oder Studien gefunden, sicher weit weniger Leute. Daß aber General Gallas mit seinen Soldaten nach dem Sieg von Nördlingen in den pfälzischen Westrich und die saarländische Pfalz eindrang, sich in der unwegsam moorigen Landschaft des Homburger Bruchs verirrte und am Schloßberg im Schatten der verfallenen Feste Rodenstein, unvermutet und unverhofft, in Lebensgefahr und Liebesnot geriet, ist wohl kaum oder vielleicht garnicht bekannt. Die Tatsachen von den Irrungen und Wirrungen eines Feldherrn in kriegerisch unruhiger Zeit sind leicht und schnell berichtet, das Geheimnis der rätselhaften Begegnung eines Kriegsmannes mit einer Zauberfee dagegen bleibt, nach menschlichem Ermessen, der wissenden Neugier für immer verborgen und mit einem Schleier bedeckt und enthüllt sich, Gunst und Geschenk eines Gottes, nur in traumgesichtiger Ahnung einem kindlichen Gemüt.

Als Gallas, der Reitergeneral, umgeben vom schützenden Ring seiner Leibschwadron, durch den Homburger Herzogenwald ritt, vorbei am Stumpfen Gipfel der Malachiashöhe, auf dem sich der hünenhafte Felsblock eines heidnischen Opfersteins, genannt „Malachtisch" unweit eines sesselartig vertieften Granitquaders, „Malachstuhl" geheißen, im uralten Eichenhain erhob, hinein ins „Donnerloch", einer sumpfigen Wiese im Limmtal zwischen Einöd und Kasbruch, spürte die berittene Vorausabteilung den Heereskurier des Herzogs von Weimar auf, der geheime, kriegswichtige Meldungen bei sich trug, und setzte dem fliehenden Schweden in einer wilden Hetzjagd durch die auwaldige Flußebene entlang dem Höhenzug des Schloßbergs in wildem Galopp nach.

Ein seltsames Ereignis, das dem verfolgten Reiter fürs erste zustatten kam und ihn immer wieder den Blicken seiner Verfolger entzog, wurde ihm aber am Ende zum Verhängnis.

In einem geheimnisvollen Schauspiel tanzten, der Donnerlochquelle, die bald in trägem Fluß, bald in kochendem Wallen floß, bald in dunklem Grollen, bald in schrillem Zürnen über den Quellrand sprang, aus der Tiefe des Sumpflands entstiegen, baumhohe bläuliche Lichtgestalten über den

Wiesengrund, hoben und senkten sich, kamen und verschwanden in neckischem Reigen. Es waren die Moorelfen, irrlichternde Feuerwesen, die der Feenkönigin Titania zu Ehren um den Wasserpalast im Donnerloch schwebten und, wenn es nottat, zornig und wild wie fletschende Hunde frechen Eindringlingen entgegenschlugen, ein Umstand, der den kaiserlichen Reitern arg zu schaffen machte in ihrem Bemühen, des feindlichen Boten habhaft zu werden.

Der bedrängte Offizier, von der Schwarzen Schwadron, an deren Spitze sich, von Jagdlust und Wagemut gepackt, General Gallas selbst setzte, fast gefangen, preschte in diesem Augenblick, dem Lauf der Limm folgend, den Hang hinab und verschwand in einer Waldschlucht am Schloßberg. Der Reiter, in die Enge getrieben, sprang, indem er seinem Rappen heftig die Sporen gab, mit einem gewaltigen Satz über den Bach und versank, ohne das rettende Ufer zu erreichen, vor den entsetzten Augen seiner Häscher unversehens in den Flußwogen.

„Mir schien", so erzählte der Reiterführer Gallas den herbeisprengenden Rittmeistern seiner Leibwache, „als würden Mann und Roß von unsichtbaren Armen in den Abgrund gezogen. Ich meinte auch eine helle Gestalt gesehen zu haben, die dem Unglücklichen über den gefährlichen Wassern zuwinkte und damit ins Verderben riß."

Die Bergung des Ertrunkenen und Nachforschungen über sein nasses Grab, die Gallas aus soldatischer Achtung und Ehrenhaftigkeit anstellen ließ, ergaben nur, daß selbst sieben aufeinandergestellte Wiesbäume, von Bauern auf Heuwagen herbeigeschafft, nicht auf Grund kamen.

Indessen war die merkwürdige Angelegenheit mit der glücklosen Verfolgungsjagd und dem bösen Ende des Geheimboten nicht vorbei und vergessen. Der General, dem seit jenem Vorfall eine gewisse Schwermut im Gesicht geschrieben stand, verweilte trotz günstiger Kriegsmeldungen und dringlicher Botschaften der kaiserlichen Heeresleitung aus der Wiener Hofburg in seinem Feldlager am Schloßberg oberhalb der Limmschlucht und schickte sich, trotz des Drängens seiner Berater, nicht an, zu einem Feldzug aufzubrechen und, nach der siegreichen Schlacht von Nördlingen, durch seine gefürchteten Reiterattacken den schwedischen Feind aus deutschen Landen zu vertreiben.

Matthias Gallas, habsburgischer Feldmarschall, der hoffen konnte, durch den nächsten militärischen Erfolg in den Fürstenstand erhoben zu werden, begab sich vielmehr, unter dem ausdrücklichen Verbot, daß niemand ihn begleite oder aus schützender Nähe beschatte, in der Frühe des 13. September 1634 an die Unglücksstelle am Limmbach, wo ihm, wie schon an den drei voraufgegangenen Morgen, eine weiße Dame erschien, die niemand anderes war als die Feenkönigin Titania und die an diesem Tag begehrte, daß er sie erlöse. Sie versprach ihm Jugend, Reichtum, Ruhm und unerhörtes Liebesglück, wenn er sie aus ihrer Verwünschung befreie, und nannte ihm deutlich die Lösung des Rätsels. Er solle, so sagte die Königin des Wasserreiches, zu einer gewissen Zeit an den bestimmten Ort kommen, wo sie, die Zauberfee, sich aber nicht in schöner menschlicher Leibsgestalt zeige,

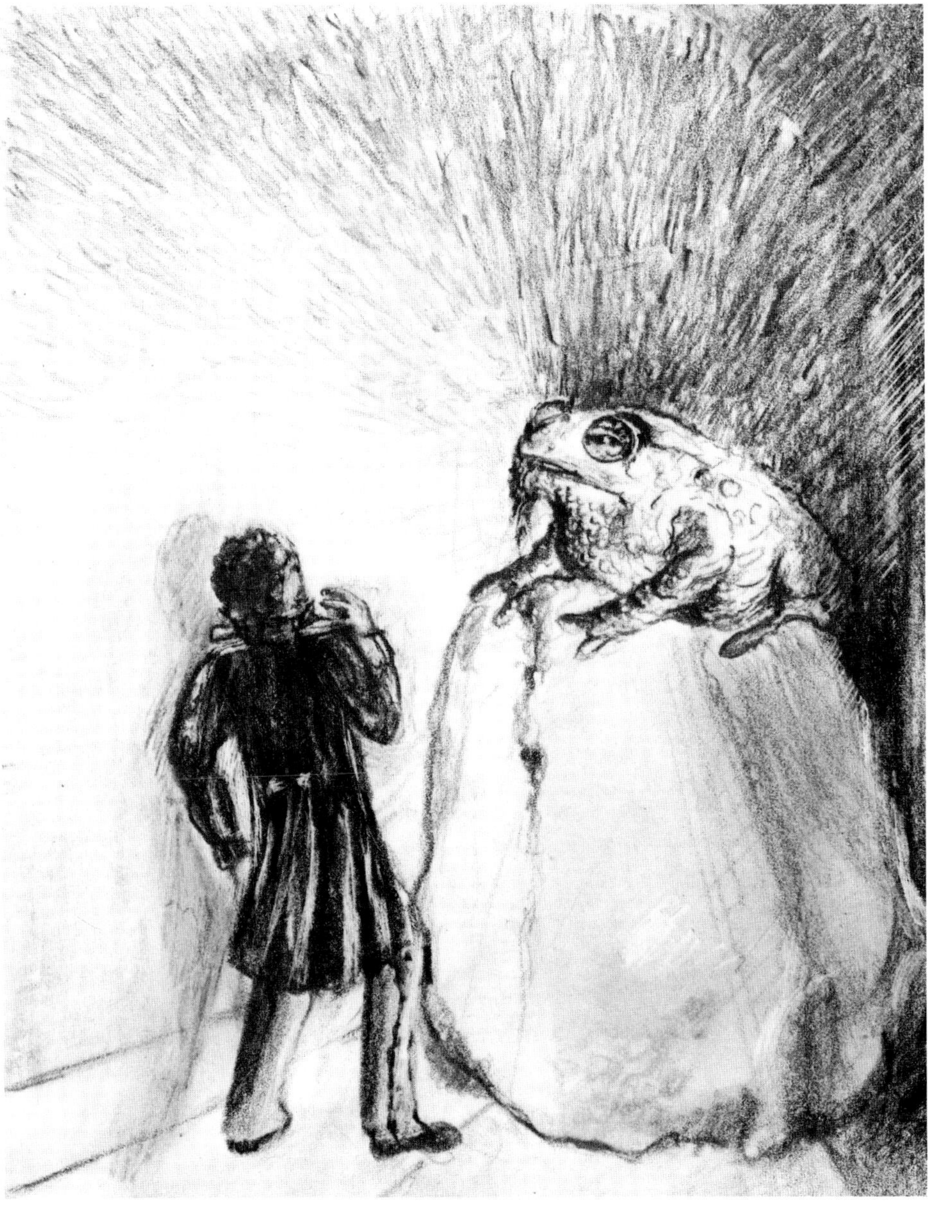

sondern als Untier im häßlichen Bild einer braungrünen, warzenbedeckten Kröte erscheine. „Wenn er, mutiger Kriegsmann und Soldat", so sprach die weiße Dame und sah den General mit unendlich traurigen Augen an, „Ekel und Abscheu überwinde und sie auf das giftgeifernde Maul küsse, sei sie erlöst, werde sie ihm mit dreifach versprochener Gabe beschenken, ihm als seine Gemahlin angehören, ihm folgen, wohin er wolle, und in unsagbar glücklich machen."

Zur siebten Stunde am folgenden Neumond, Mars stand günstig zur Venus, erschien Reitergeneral Gallas, unerschrocken und furchtlos, an der vorbezeichneten Stelle im Limmtal unterhalb des Homburger Schloßbergs und wartete beim frühesten Dämmerlicht in höchster Erregung der geheimnisvollen Dinge, indem er in den Gewölben und Gängen der verfallenen Feste Rodenstein auf und abging, damit er die verheißene Erscheinung ansichtig werde und die Gunst der Stunde nicht versäume.

Als er aber die riesige Kröte, scheußlich und kalt, mit glasig verquollenen Augen, Giftblasen und ekligen Schaum vorm Maul, plötzlich vor sich sah, schwanden Mut und Verlangen in einem Nu dahin, packte ihn Angst und Widerwillen, so daß er sich voller Grausen abwandte und ins Lager zurückfloh. Die weiße Dame vom Schloßberg zu Homburg im Westrich blieb unerlöst, wurde niemehr gesehen und harrt noch immer ihrer Erlösung. Sie hütet, so weiß die Sage zu erzählen, seither die reichen Schätze im Wasserreich am Donnerloch und in den Höhlen des Burgbergs und wartet auf den mutigen Mann, der sie erlöse und Jugend, Reichtum und Ruhm erlange und dem sie, als glücklich Befreite, Geliebte und Ehegemahlin zugleich wäre.

General Gallas jedoch brach, noch ganz im Bann der Begegnung mit der schönen Titania, verstörten Blicks und mit bleichem Antlitz, am gleichen Tag sein Feldherrnzelt am Schloßberg ab und verließ, fluchtartig, so schien es den Reitern der Schwarzen Schwadron, die Saarpfalz in Richtung Rheinland.

Aus den Annalen der Geschichte weiß man, daß Matthias Gallas in der folgenden Zeit als ungeschlagener, aber glückloser Heerführer immer mehr an Macht und Ansehen bei Kaiser und Truppen verlor, bis er schließlich alle Ämter als Armeegeneral niederlegte, sich auf seine österreichischen Güter im Salzburgischen zurückzog und noch vor Ende des 30jährigen Krieges im Jahre 1645, einsam, krank und gebrochen, ohne Nachkommen auf seiner Stammburg starb und das Herrengeschlecht mit seinem Namen erlosch.

Das Irrlicht von Gisingen
Flehruf gegen den bösen Blick

Für Betty Just-Becker

Einst herrschte hoch bei Wallerfangen
im Gaumoor zwischen Licht und Schatten
die blonde Fee Gisinghia.
Die holde Frau lag zaubertrunken
bei Tag und Nacht im Riedgrasbette.
Wenn früh der Dämmergott sie weckte
zur trauerschönen Abendstunde,
wie tanzte sie den Schleierreigen
im Koboldchor der Fackelmützen!
Jäh stieg aus dunklem Erdenreich
Sargovio, der Gnomenkönig,
und raubte keck den siebten Schleier,
voll bleichen Schreckens sank die Nymphe
ins grüne Grab am Ulmenhage.
Des Abends irrten Nebelschwaden
auf sumpfer Wiese Mondgelände.
Gebannter Gnom zog wirren Sinnes
im Kreise um die Frevelstätte.
Mit wehen Klagerufen lockte
das Irrlicht kühne Knaben an.
Gar viele fanden frühe Tode,
von Trauer trunken schweren Muts,
zu Gisingen im hohen Moore.

Gott schütze uns vor irrem Licht
im Flackerschein der Kerzen
und wahre uns vor Zwerg und Wicht
mit bösem Blick im Herzen!

Die goldenen Knöpfe des Grafen d'Aubry

Die Grafen von Frauenberg, aus dem alten französischen Fürstengeschlecht d'Aubry, hatten bis weit ins 18. Jahrhundert hinein ihren Adelssitz auf einem kleinen Bergrücken am Zusammenfluß von Blies und Mandelbach.
Ihr unermeßlicher Reichtum ließ sich an den Knöpfen aus purem Gold ablesen, mit denen sie ihre Kleider zu schmücken wußten, und noch heute zeugen sieben goldene Knöpfe auf blauem Grund im Dorfwappen von Frauenberg an der Blies von der stolzen Vergangenheit ihrer Herrschaft.
In der langen Folge blühender Geschlechter spielte der junge Graf Ferdinand von Frauenberg eine besondere Rolle. Hochgeboren, reich und von stattlichem Ansehen warb er um die schöne Isabell von Lothringen, Gräfin zu Sierck und Siersburg, bis er sie schließlich als Frau auf seine stolze Bliesfeste heimführen konnte. Das glückliche Paar hatte nur Augen füreinander, und vor allem die junge Burgherrin scherte sich nicht um die verliebten Blicke von Bewunderern ihrer Schönheit und Neidern der gräflichen Liebe. Das verdroß niemanden mehr als den Nachbarjunker und Freund des Frauenbergers, Harro von Bliesbrücken. Er hatte selber vergeblich um die schöne Isabell gefreit, und nun zerfraßen ihm Eifersucht und Begierde das Herz. Eines Tages lauerte er dem glückhaften Frauenberger nach einer Parforcejagd auf, erschlug ihn und verscharrte den Toten an einer unwegsamen Stelle des Gauwaldes. Um bei der Entdeckung der Leiche einen Raubmord vorzutäuschen, riß er die goldenen Mantelknöpfe ab und warf sie beim Nachhauseritt bei Bliesbrücken auf den Grund des Wassers.
Bis in den Abend hinein wartete die Gattin auf die Rückkehr ihres Gemahls in der ruhigen Gewißheit seiner glücklichen Heimkunft, denn es lag nichts Ungewöhnliches darin, daß er nach lustvoller Jagd die Waidgesellen und Treiber entließ und noch eine Weile allein durch den Forst streifte, um sein Blut und Gemüt zur Ruhe kommen zu lassen. Als sie aber an diesem Abend eine sonderbare Unruhe und dunkle Ahnung packte, schickte sie zu später Stunde die heimgekehrten Knappen und Knechte aus, den Herrn zu suchen und, so ihm ein Leid zugestoßen, ihren Beistand zu leisten. Der treue Hofhund, der Liebling des fürstlichen Paares, ein Hochzeitsgeschenk des Herzogs von Lothringen an seine schöne Verwandte, begann an dem ruchlosen Ort der Mordtat sogleich zu heulen und winseln und scharrte den Waldboden beharrlich beiseite. Die ausgeschickten Späher gruben nach, gruben tiefer und tiefer und fanden ihren toten Herrn.
Da waren die frohen Tage im gräflichen Hause vorüber, und Trauer herrschte auf Frauenberg. In der Kapelle der Bliesburg aufgebahrt, mußten während dreier Tage, bei strenger Totenwache und unter der wachsamen Aufsicht der Gräfin alle Burginsassen und Vorwerkbewohner zum Abschied und zur Probe dem Toten die letzte Ehre erweisen. Denn Isabell von Frauenberg wollte nach altem Glauben den Mörder ihres Mannes erkennen, wenn die Wunden des Erschlagenen zu bluten begännen.

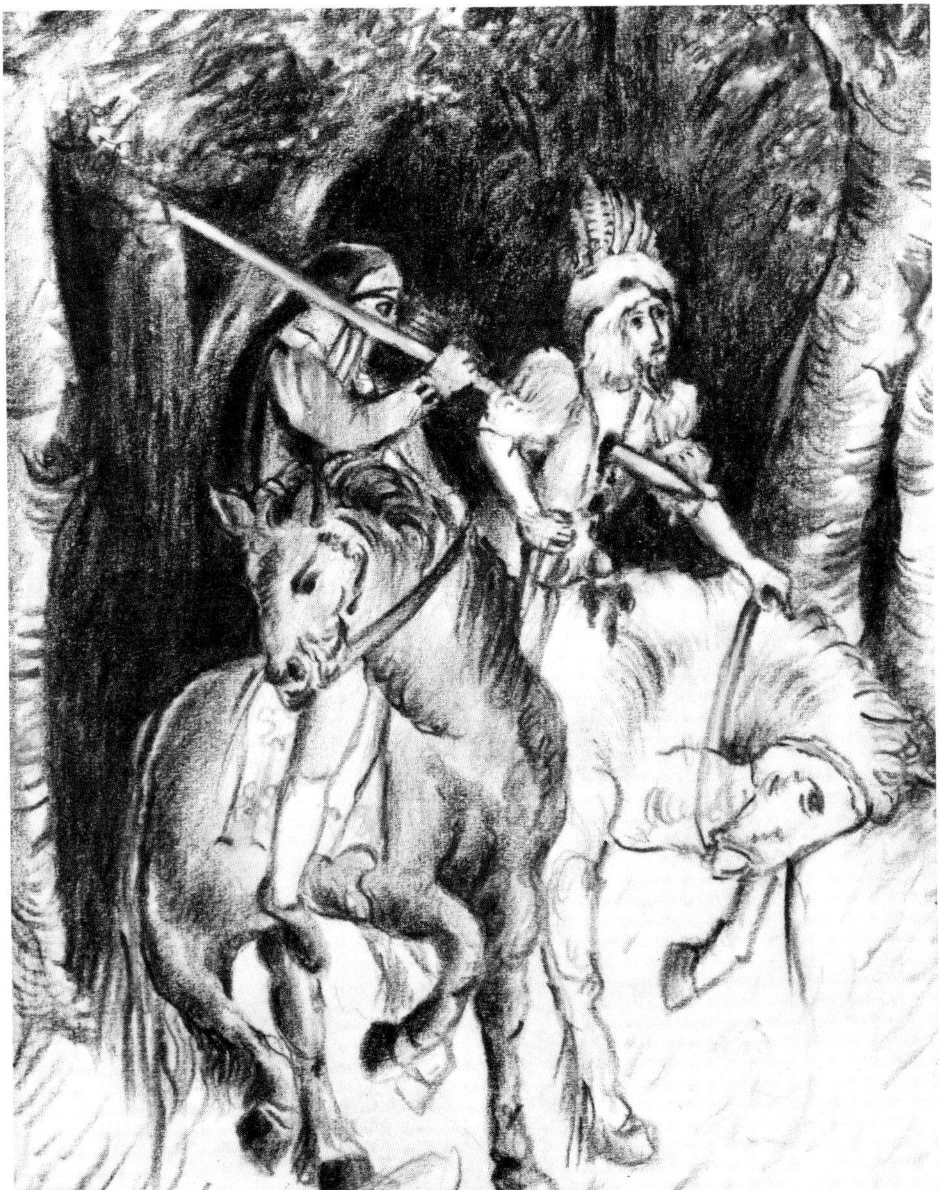

Allein, weder unter den Familienangehörigen und nahen Verwandten, noch unter dem Gefolge und Gesinde der gräflichen Herrschaft bestätigte sich der heimliche Argwohn, selbst nicht, wenn die untröstliche Witwe einem besonders Verdächtigen die Wunde zu berühren befahl.

Am Tag der Beisetzung in der Fürstengruft in der Schloßkirche zu Blieskastel, zu der die Großen und Grafen der ganzen Umgebung gekommen waren, brach, als Harro von Bliesbrücken sich vor dem Toten verneigte, die Todeswunde erneut auf und blutete und blutete.

Nachdem der gräfliche Schurke vor aller Augen den Mord bekannt und auch das Geheimnis der Goldknöpfe preisgegeben hatte, wurde er vom Scharfrichter gefesselt abgeführt und in das Burgverlies tief unter dem Rundturm der Frauenburg in Ketten gelegt, wo er nach jahrelanger Kerkerhaft elendiglich umkam.

Sein Geist aber spukt noch heute in der Ruine der ehemaligen Burgfeste herum, und wer das Ohr in hellen Mondnächten ganz nah an die Bodenplatten des Burgturms legt, kann das traurige Ächzen und Stöhnen des verruchten Ritters vernehmen.

Die goldenen Knöpfe jedoch, nach dem Geständnis des Mörders an der benannten Stelle der Blies vergeblich gesucht, wurden nie gefunden. Wenn Knaben und Mädchen, wohl auch ein Bettler, der vom versunkenen Schatz hörte, bei Sonnenuntergang am Bachufer stehen und nach den verschwundenen Kleinodien Ausschau halten, fällt ihnen ein gleißender Glanz in die Augen, aber so sie nach den begehrten Goldknöpfen greifen, halten sie blanke Kiesel in Händen.

Hartheu am Höchsten

Der Höchsten, ein lieblicher Bergrücken zwischen Rümmelbach und Dörsdorf, der nach Norden sanft ansteigend in das Hochwälder Hügelland übergeht, fällt gegen Süden hin steil ab zum Quellgebiet des Eschenbachs, einem kleinen Nebenflüßchen der Theel, von dem das schöne Tholeyer Abteidörfchen Aschbach seinen Namen hat.
An den Hängen des Höhenzuges wächst auf kargem Boden in trockenen Wiesen, an Holzschlägen und Feldrainen, unweit der Homesmühle, einer alten Ölkelter am Waldhag, das heilkräftige Johanniskraut, Hartheu genannt.
Die gelbblütige, etwa 70 Zentimeter hohe Heilpflanze mit kantigem Stengel, der aus einem starken Wurzelstock wuchtig aufsteigt, blüht im Monat Juni um das Märtyrerfest Johannes des Täufers herum. Wegen des Saftes von blutähnlicher Färbung auch Jesublutblume genannt, trägt sie im Saarland außerdem einen französischen Namen. Wer sich die Mühe machte und die kleinen grünen Blättchen durch das Vergrößerungsglas betrachtete, entdeckte gleich in den Blättern Tausende von kleinen Löchern und verstünde, warum die Franzosen die leuchtende Bergblume Millepertius, tausendmal gestochen, nennen. Johannisöl aber rühmten die Alten und Weisen als wirksamste Heilmittel gegen Verbrennungen durch Feuer und kochendes Wasser, Schürfwunden und Insektenstiche, sowie ätzende Gifte im Magen und Darm. Die offenen Blüten zerquetscht, in Rapsöl gelegt, von der Sonne kraftvoll bestrahlt und in Flaschen abgeseiht, stand ihnen allzeit als helfende Arznei in der Hausapotheke.
Weiß der Teufel, woher den weisen Männern und Frauen des Theeltals das geheime Wissen um die Heilung von Leibesbrand, Liebesfeuer und sonstigen glühenden Verwundungen und Vergiftungen des Lebens kam! Doch daß sie es besaßen und nutzten zu jedermanns Frommen, wußten die Leute in den Taldörfern zu berichten und den Jungen, so sie danach fragten, mitzuteilen, wenn es galt, Oleum millepertiusum innerlich oder äußerlich angewendet, eine höllisch brennende Wunde, einen verteufelt schwierigen Liebesbund mit dem rettenden Johanniskraut, genannt Hartheu, zu kurieren oder doch kräftig zu lindern.
In einem schönen Märchenbuch aus der Schweiz, den Engadiner Legenden, steht eine alte Teufelssage, die die gelbe Heilblume aus den Bergen mit dem leibhaftigen Satan in Verbindung bringt. Ein Mädchen, im Bund mit dem Teufel, eines Tages von ihm, es ganz in seine Gewalt zu bringen, verfolgt, lief um ihre Seele. Sie erblickte in ihrer Herzensangst am Wegrain die Jesublutblume und warf sich auf das gelbe Kraut. Luzifer, geblendet und machtlos, voll Zorn und Wut ausgerufen haben:

„Hartheu, du verfluchtes Kraut,
  entführest mir die Sommerbraut!"

Doch die arme Sünderin war auf ewig gerettet, und die Heilpflanze Millepertius wird seither überall als beseeltes, wundersames Wesen angesehen.

In den Spinnstuben des Theeltals aber erhielt sich bis in unsere Zeit hinein über das zauberhaft rettende Heilkraut eine Teufelssage anderer Art. Der Erzähler hat sie selbst von der Großmutter an einem milden Sommerabend auf der Bank unterm Holunderbaum gehört und aufgeschrieben.

Katharina, genannt Käthchen vom Holler, die jüngste Tochter des Gastwirts, Bäckers und Gerbereibesitzers Mathieß Könnecker, das schönste Mädchen weit und breit, hatte, so erzählt die Geschichte aus der Zeit des Dreißigjährigen Kriegs, schon manchen stolzen Freier abgewiesen. Der Sohn des reichsten Talbauern, Jakobus Ackermann aus Eggo Villare, dem heutigen Thalexweiler, konnte die Gunst der reizenden Gerberstochter ebenso wenig gewinnen wie der angesehene Lebacher Notar Anselm Lentulus, der an der Dorfschenke zweimal die Woche mit seiner einspännigen Kutsche vorfuhr, die stolze Schöne mit ehrlichen Worten und kostbaren Geschenken umwarb und, durch Ermutigungen, Zusicherungen und Versprechungen der Eltern in seinem Werbeeifer bestärkt, am meisten hoffte, Katharina Könnecker als seine Frau heimzuführen. So sehr die beiden auf das schöne Kind eindrangen, es fruchtete nichts; das Mädchen wollte keinen, wer es auch sei, von stattlicher Gestalt oder vollen Beutels, heiraten. Es schien, so meinten die ratlosen Eltern, als sei die Tochter vom Teufel besessen und wisse ihr Glück nicht zu machen.

Am meisten waren der Wirt und seine Frau darüber erbost, daß das blonde Käthchen lange und gern bei einem jungen Reitersoldaten saß, der, wie er sagte, Kaspar hieß und in fremden Kurierdiensten stand. Dieser, an Sprache, Kleidung und Haltung als Offizier höchster Herren erkennbar, stellte auf seinen Eilritten das Pferd zu Futter und Pflege im Gasthof, der auch die Posthalterei beherbergte, unter und kehrte oft in die Schenke am Totenwasser ein. Die siebzehnjährige Maid bediente den ungewöhnlichen Gast aufs herzlichste, machte ihm schöne Augen und saß, verzückten Blicks und mit glühenden Wangen, in trauten Gesprächen bis in den späten Abend bei dem schwarzhaarigen Burschen, dessen dunkle Gesichtsfarbe und blitzende Augen auf einen Mann südländischer Abstammung hindeuteten.

Mochte das Schäkern und Turteln in der Gaststube noch angehen und von den Eltern, wenn auch nicht gern gesehen, gelegentlich unwirsch getadelt, hingenommen werden, weitere Zeichen der Zuneigung gegenüber dem Fremden hätten sie keinesfalls zugestanden und mit einer Heirat wären sie niemals einverstanden gewesen. Zu zärtlichem Kosen, Küssen, innig und heiß, und kurzen wilden Umarmungen kam es nur auf Spaziergängen am Abend durch das liebliche Erlental oder bei sonntäglichen Wegwanderungen in den lichtschattigen Wäldern am Höchsten.

Das Mädchen, sittsamen Wesens und ernsthaft in ihren Gefühlen, wußte den stürmischen Freier in Schranken zu halten und freche Zudringlichkeiten allzeit abzuwehren. Denn, wie das Herz auch pochte und schlug in jugendlichem Übermut, der Sinn der schönen Wirtstochter stand nicht danach, einen Kurierreiter ferner Fürsten zum Manne zu nehmen. Ihr genügte, die Schönste vor allen im Dorfe zu sein und den schmuckesten Burschen am Arme zu führen.

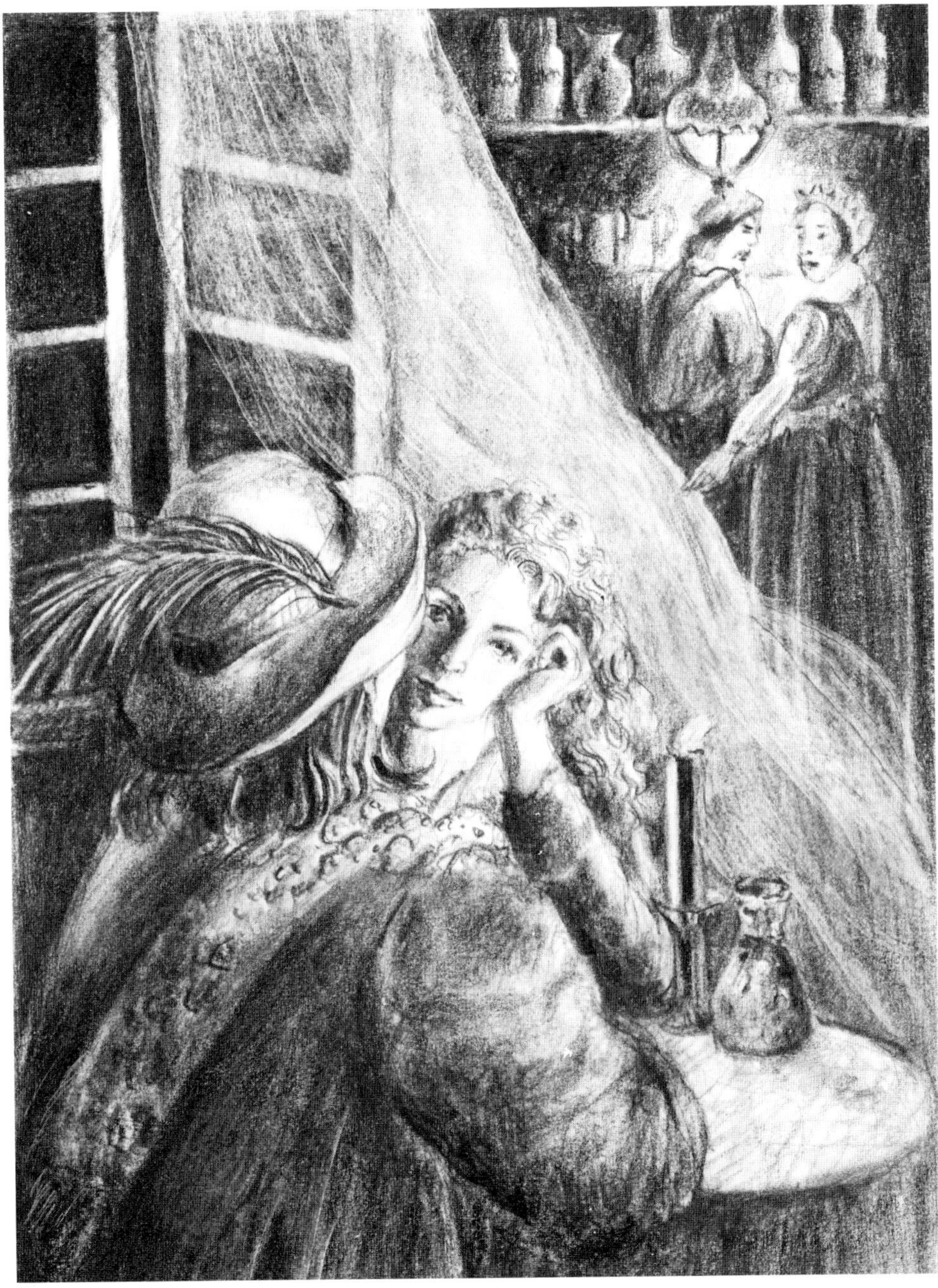

Eines Tages, es mochte um St. Johannis gewesen sein, Katharina weilte für eine Zeit bei ihrer Tante, der Homesmüllerin, die im Kindbett lag, auf der Ölmühle am Fuße des Höchsten, sprengte der Schwarze Kaspar, wie ihn die Dorfleute nannten, ans Hoftor und begehrte ungestüm Einlaß.

Dem Mädchen mißfiel das herrische Auftreten des Freundes, zumal im fremden gastlichen Haus, dem sie am Tag allein vorstand, da der Müller samt Mägden und Knechten zur Ernte im Feld weilte. Auch wunderte sie sich über den wild entschlossenen Zug um den Mund, den seltsam schweifenden Blick unter finster geschatteten Augen und rügte den heftigen Ton in der fordernden Rede. Dennoch freute sich die junge Könneckerin über den unerwarteten Besuch des Freiers und bewirtete ihn, unter fragend freundlichen Worten, mit herrlichem Mohnkuchen und kräftigem Apfelwein aus Küche und Keller der Mühle.

Die betörenden Liebesworte während des Zusammenseins, keck in Käthchens Ohr geflüstert, hatten heute nicht, so wollte es dem Mädchen scheinen, den Wohllaut und die süße Bedeutung früherer Neckreden, doch dachte sie, daß Mohn und Wein das Gemüt des Kaspar berauscht hätten.

Des Reitersoldaten trunkene Rede, Zeit und Gelegenheit des Mühlenaufenthaltes seien günstig, sie auf der Stelle zu entführen, damit er sie gänzlich in Liebe besitze, verbunden mit Worten von Pakt und Seele und unermeßlichem Reichtum, vermochten das reine Herz nicht zu fassen, verwirrten ihr vollends den Geist und die Sinne. Sie glaubte, sie träume, es spreche ein anderer als der, den sie bislang geliebt hatte, und sie bat ihn entschieden, die Rede zu lassen. Allein, eine dunkle Beklommenheit, unerklärlich wachsend, erfüllte die Stube und machte ihr Herz unruhig und bang.

Als die Kindswärterin, der Kleinen wegen, die sie betreute, den Raum verließ und in ein Zimmer des Obergeschosses ging, folgte ihr unvermutet der Schwarze, drang in ihre Kammer ein und forderte ungestüm von der angsterfüllten Jungfrau den vollen Tribut der Liebe.

Entsetzt über das unziemliche Ansinnen, verlor Katharina nicht den Kopf, sprang beherzt aus dem Fenster auf den niedrig gelegenen Mühlenhof und rannte, kundig des Wegs am Waldhag, in Richtung der Hangwiesen, wo sie sich in das gelbe Blumenfeld warf, und, wie wenn schützende Wellen über ihr zusammenschlügen, verschwand sie im rettenden Hartheu.

Kaspar, der, aus der ersten Verblüffung erwacht, ihr hastig nachsetzte, konnte nur noch den flüchtigen Schatten der Mädchengestalt erhaschen. Doch die Jungfer blieb, so sehr er auch raschen Blicks hierhin und dahin sah, vor den Augen des wilden Gesellen verborgen.

Da kam, wie gerufen, der Müller mit seinen Leuten vom Feld daher, und die Gefahr für das arme Käthchen war vorbei. Sie kehrte im Schutz der Heimkehrenden, Angst und Aufregung mühsam verbergend, in das Haus ihres Oheims zurück. Als die Gruppe das Hoftor vom Bach her erreichte, sahen die Männer und Frauen jenseits der Mühlenwehr einen Reiter in wehendem schwarzen Mantel auf einem Rappen in den nahen Forst davonjagen. Katharina schien es einen Augenblick lang, als flögen Roß und Reiter leibhaftig durch die Lüfte. Sie schlug das Kreuzzeichen, wandte sich ab, barg ihr Gesicht in der Schürze und weinte erlösende Tränen.

Der Schwarze Kaspar wurde von Stund an nicht mehr in der Gerberschenke am Totenwasser gesehen. Die junge Könneckerin, das blonde Käthchen vom Holler in Aschbach, gab ihr Wort darein in die Heirat mit Jakobus Ackermann, Talbauer zu Eggo Villare, und gilt als Ahnfrau eines fleißigen und klugen Bauerngeschlechts im Theeltal, das noch heute auf stattlichem Gehöft die Arbeit des Landmanns mit Kraft und Segen verrichtet.

Der Teufelsborn bei Einöd
Liebeszauber aus dem Jahre 1564

Bei Schwefeldampf und Fackelschein
ritt einst der Böse auf dem Besen
mit Hexen in die Maiennacht.
Es tanzte überm Karolsberg
der Satan selbst mit Helena
den Sabbattanz nach Höllenart.
Ein Wiesenbett in Sumpf und Bruch
zwölf Schritte lang und sieben breit
ward ihres Lustschlafs Wonnelager.
Grundloser Pfuhl mit klaren Brunnen
bracht' dort im Bann des Teufelsbundes
jedwedem Fluch und Untergang.

Hilf, Herr, dem Weib, das Wasser sucht
und Tod in seinem Liebeswahn!

Eine Moritat aus dem mittleren Bliestal*

Die schauerliche Geschichte von der Ermordung der Pfarrers Hieronymus Geigerlath aus Wiebelskirchen, welcher am Dreifaltigkeitssonntag des Jahres 1781 durch den Gardeleutnant Franz Riss unter Mithilfe der Pfarrhaushälterin Anna Katharina Lilienthal am hellichten Tag umgebracht wurde.

      Hört, Leute, diese Moritat
      aus Wiebelskirchen an der Saar,
      wo eine böse Mördertat
      am hellen Tag geschehen war.
      Ihr Menschenkinder, merket auf,
      wohin, wie sich's vor Gott gebührt,
      des Schurken schlimmer Lebenslauf
      durch Sündenlaster jählings führt:

          *

      Einst weilte ein stolzer Husar
      auf Urlaub am Strande der Saar.
      Das Kirchspiel an Oster und Blies
      war reich und die Pfründe sehr groß,
      der Pfarrherr galt kleinlich und fies,
      und Franz fand sich chic und famos.
      Katriena, die tüchtige Maid,
      im Pfarramt tat häuslichen Dienst
      und hoffte, ein Leben zu zweit
      mit Franz sei der Liebe Gewinst.
      Am Sonntag zur Vesper um drei
      da eilte der Freier herbei.

              Der lange Franz von Wiebelskirchen
              war Gardeleutnant in Berlin,
              er aß im Sommer schwarze Kirschen
              und schlief im Winter bei Katrien.
              Am End saß er für Schurkerei'n
              in Potsdam lebenslänglich ein.

Franz Riss hat nur eines im Sinn:
das Geld und des Geldes Gewinn.
Die Truhe mit Kelch und Monstranz,
die Steine am güldenen Kreuz
begehrte der schändliche Franz.
Katriena, die Maid, nimmer freut's,
den Schlüssel am ledernen Bund
beschafft' sie am Ende ihm doch,
und Franz, dieser elende Hund,
stach frech in das richtige Loch.
Der Pfarrer trat plötzlich heran;
ein Schuß – mausetot war der Mann.

> Der lange Franz von Wiebelskirchen
> war Gardeleutnant in Berlin,
> er aß im Sommer schwarze Kirschen
> und schlief im Winter bei Katrien.
> Am End saß er für Schurkerei'n
> in Potsdam lebenslänglich ein.

Die Freude an Gold und Gestein
genossen sie kurz und in Pein.
Sie trugen gemeinsam den Schatz
hinauf in die Kammer der Maid;
im Schatten zu sicherer Hatz
die Häscher schon standen bereit.
Husarenfranz, Holzfällersohn,
baumlang und mit Scharfsinn begabt,
hat tüchtig in nächtlicher Fron
den Sarg aus dem Stamme geschabt.
Dem Fuhrknecht als Mitgift und Fracht
lud Franz einen Toten zur Nacht.

> Der lange Franz von Wiebelskirchen
> war Gardeleutnant in Berlin,
> er aß im Sommer schwarze Kirschen
> und schlief im Winter bei Katrien.
> Am End saß er für Schurkerei'n
> in Potsdam lebenslänglich ein.

Nun schlägt bald die rächende Zeit
dem Franz und der hehlenden Maid.
Es rumpelte der grausige Stamm
der Ladung auf holprigem Weg,
der Holzknecht fährt über den Damm
und weiß nichts vom toten Kolleg.
Da plötzlich – die Pferde im Lauf
sie scheuen, der Stammsarg fällt ab,
der Deckel, o Schrecken! springt auf,
entdeckt ist das schändliche Grab.
Es meldet der Fuhrmann zur Stund
den Häschern den gräßlichen Fund.

> Der lange Franz von Wiebelskirchen
> war Gardeleutnant in Berlin,
> er aß im Sommer schwarze Kirschen
> und schlief im Winter bei Katrien.
> Am End saß er für Schurkerei'n
> in Potsdam lebenslänglich ein.

Der Franz saß mit schlotternden Knien
im Zimmer der bleichen Katrien.
Die Häscher erschienen sogleich
und nahmen die beiden in Haft,
der Mörder ward bänglich und weich,
Katriena verließ alle Kraft.
Franz Riss kam vors Standesgericht
der Garde im fernen Berlin,
des Leutnants Soldatengesicht
mußt' gänzlich im Kerker verblühn.
Katrienas Gefangenenuhr
schlug fünf volle Jahr Lerchesflur.

> Der lange Franz von Wiebelskirchen
> war Gardeleutnant in Berlin,
> er aß im Sommer schwarze Kirschen
> und schlief im Winter bei Katrien.
> Am End saß er für Schurkerei'n
> in Potsdam lebenslänglich ein.

Dies war, ihr Leut, die Moritat
von einer bösen Mördertat,
die eines Tags geschehen war
in Wiebelskirchen an der Saar.
Der lange Franz und seine Maid,
die taten und erfuhren Leid.
Habt acht auf arge Sinnesart,
so bleibt Gefängnis euch erspart,
ihr seid, was allen wohl gefällt,
geachtet in der ganzen Welt,
und nach der harten Erdenfron
erhaltet ihr den Himmelslohn.
Wer nicht des anderen Leben ehrt,
der ist das eigne auch nicht wert,
er muß im Kerker untergehn,
dann nur die Tugend bleibt bestehn.

*Worte von Gotthold Ephraim Lisseng,
Stadtpfarrer und Hofprediger
zu Ottweiler.
Weise von Matthias Ernst
aus Saarbrücken.

Pfarrersmord in Wiebelskirchen

Hört, Leute, diese Moritat aus Wiebelskirchen an der Saar, wo eine böse Mördertat am hellen Tag geschehen war. Ihr Menschenkinder, merket auf, wohin, wie's sich vor Gott gebührt, des Schurken schlimmer Lebenslauf durch Sündenlaster jählings führt.

Rezitativ:

Einst weilte ein statzer Husar auf Urlaub am Strande der Saar. Das Kirchspiel an Oster und Blies war reich und die Pfründe sehr groß, der Pfarrherr galt klein tick und fies, und Franz fand sich dic und famos. Katrina, die tüchtige Maid, im Pfarramt tat häuslichen Dienst und hoffte ein Leben zu zweit mit Franz bei der Liebe Gewinst. Am Sonntag zur Vesper um drei da eilte der Freier herbei

Kehrreim:

Der lange Franz von Wiebelskirchen war
Gardeleutnant in Berlin. Er
aß im Sommer schwarze Kirschen und
schlief im Winter bei Katrien. Am
End saß er für Schurkerein in
Potsdam lebenslänglich ein.

Der versunkene Schloßschatz von Eppelborn

Reichsritter Kaspar Heinrich von Ippelbrunn, Komtur des Johanniterordens und Träger des Goldenen Vlieses, über seine schönen Zwillingsschwestern Kunigunde und Rosalinde gleichermaßen verschwägert mit dem Herrengeschlecht derer von Kerpen und Warsberg und den Gutsherren auf Buseck zu Calmusviller, teilte am Beginn der neuen Zeit Land und Herrschaft an der Ill mit den beiden uralten Adelssippen.
Sein Wasserschloß im Talgrund, gegen den Hierscheider Hang gelegen, konnte sich, was Pracht und Trutz betraf, mit der stolzen Wasserfeste der Kerpenritter zu Illingen und, so die Größe und Anlage in Vergleich genommen wurde, mit dem herrlichen Buseckschen Landschloß bei Calmesweiler messen. Durch friedliebende Herrschaft und glückliche Heirat hatte sich das Adelshaus der Ippelbrunner einen unermeßlichen Reichtum, vor allem in Schmuck und Geschmeiden, im Laufe der Zeit erworben, so daß, wollten die reichen und mächtigen Kaufmannsgilden der Fugger und Welser dem Kaiser für seine ehrgeizigen Eroberungspläne und kriegerischen Machtkämpfe kein Geld hergeben, dieser die altsaarländische Reichsritterherrschaft Ippelbrunn um Anleihen und Darlehen anging und sie auch bekam.
Als jedoch die Wogen des Dreißigjährigen Krieges, in dem sich kaiserlichkatholische Truppen und die Schwedenheere der Protestanten seit jenem denkwürdigen Fenstersturz zu Prag mit wechselndem Kriegsglück gegenüberstanden, in langen und heftigen Fehden auf vielen deutschen Schlachtfeldern ausgetragen, im Sommer 1632 in die Rheingaue herüberschlugen, blieb auch das Saarland nicht mehr vom Toben und Wüten der Kriegshorden verschont. Der Reichsritter von Ippelbrunn weilte, in habsburgischen Diensten stehend, mit seinen Dienstmannen im fernen Friedland und bewährte sich unter dem kaiserlichen Heerführer Wallenstein im Kampf gegen abtrünnige Fürsten und fremde Eroberer. Die einzige Tochter, Clarissa Maria mit Namen, schön und mutig zugleich, blieb allein im Wasserschloß zu Eppelborn, dem herrschaftshörigen Marktflecken an der unteren Ill. Nachdem die prächtige Schloßburg, abseits der großen Heerstraßen gelegen, von einer schwedischen Reiterschwadron ausgekundschaftet war, kam es zu einer langen und heftigen Belagerung der trutzigen Wasserfeste. Das tapfere Schloßfräulein leistete mit wenigen Getreuen aus dem Rittergefolge und vielen rüstigen Männern von der Eppelborner Bürgerwehr erbitterten Widerstand, hatte sie doch erfahren müssen, daß ihr Verlobter, Graf Konrad von Sickingen und Lausberg, Adjudant des Führers der Katholischen Liga, dem Fürsten Tilly, bei der Eroberung der Stadt Braunschweig ums Leben gekommen war.
Als es aber doch nach monatelanger Verteidigung zur Erstürmung der Burg durch die Übermacht der Feinde kam, trug das Edelfräulein in Not und Eile alle Kostbarkeiten, Goldgeschmeide, Silbermünzen und Edelsteine von unermeßlichem Wert, in ihrer Schürze auf die Brustwehr der Wasserburg und schüttete den gesamten Schloßschatz in den Burgweiher, in dessen

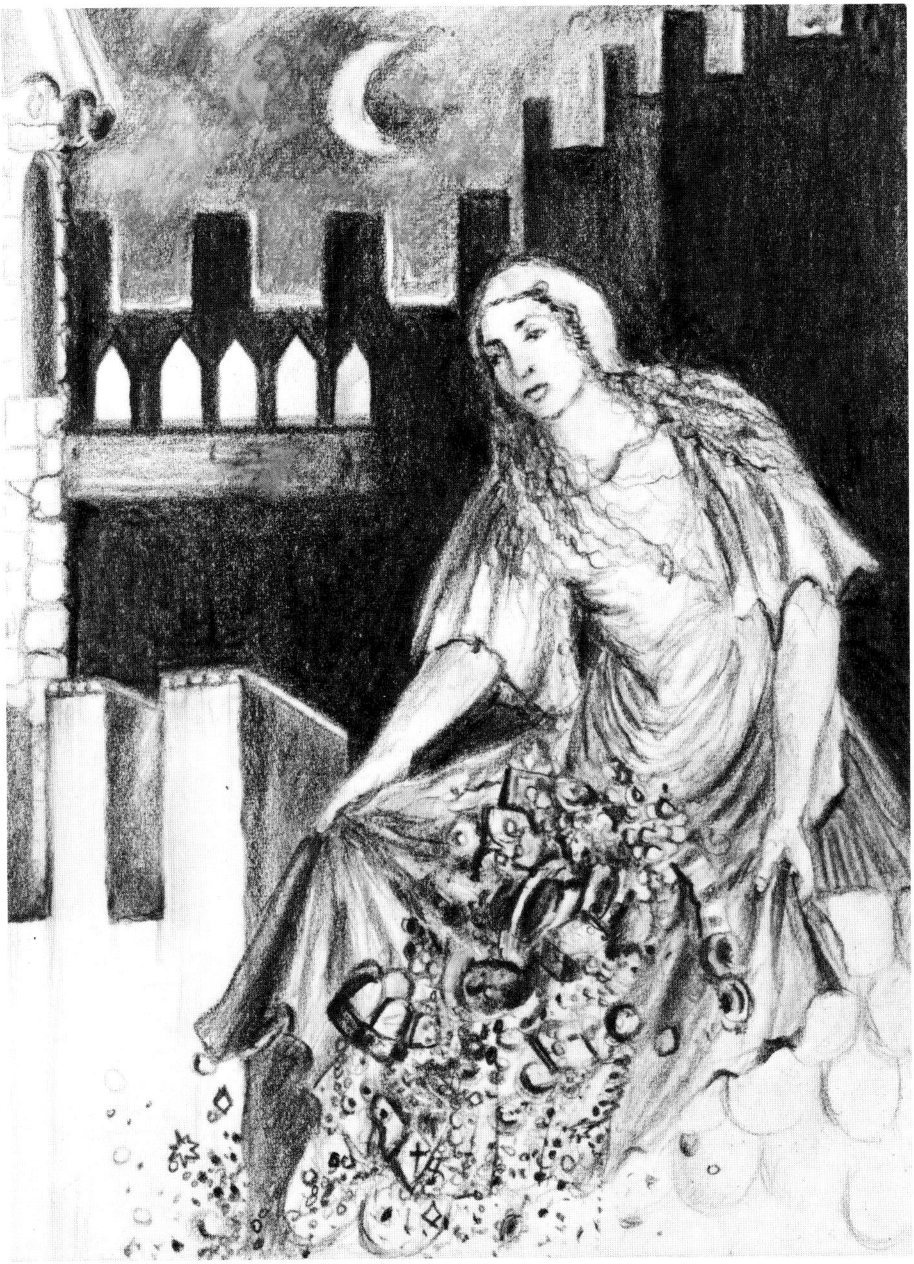

wohl zehn Klafter tiefen Wassern die wertvollen Kleinodien vor den Augen der beutegierigen Eindringlinge versanken. Die Kriegsknechte, so um Beutegut und Reichtum gebracht, stürzten in rasender Wut das mutige Mädchen auf der Stelle von der hohen Mauer hinab in den dunkelwaßrigen Abgrund. Das Ritterfräulein Clarissa Maria von Ippelbrunn, der letzte Sproß des reichsritterlichen Herrschaftsgeschlechts zu Eppelborn, ertrank in den Strudeln des Schloßteiches.

Als der Vater nach dem Westfälischen Frieden, geschlossen zu Münster im Jahre 1648, ins Illtal zurückkehrte, fand er die geliebte Tochter tot und sein stolzes Wasserschloß gänzlich zerstört und verwüstet. Er schenkte den gesamten Besitz, Herrenhäuser, Ländereien und alle Markt- und Jagdrechte den treuen und fleißigen Bürgern von Eppelborn, entsagte der Welt und trat in das Chorherrenstift St. Arnual ein, wo er kurze Zeit später starb. „Im Schloß", einem weiten morastigen Talgrund, liegen, teils zerstört, teils versunken, die ehemaligen Wasserburganlagen verborgen. Von Geröll und Sand überlagert und mit Sauergras und Sumpfpflanzen bedeckt, erheben sich auf dem festeren Erdboden heute stattliche Bürgerhäuser.

In ihrem unterirdischen Reich aber hütet das Schloßfräulein von Eppelborn noch immer die Schätze des Ippelbrunner Herrenhauses, und wer an nebligen Herbstabenden vom Illtal aus über den Hierscheider Hang nach dem Höhendorf Humes wandert, kann die helle Gestalt der Schatzbewahrerin samt den tanzenden Gnomen mit ihren Glitzerhüten geistern sehen. Kaspar Rudolf Spaniol, Stellmacher und Sargschreiner zu Eppelborn, aber ist, so steht auf dem verwitterten Steinkreuz im feuchten Wiesengelände zu lesen, indem er den Irrlichtern der schönen Clarissa Maria von Ippelbrunn nachging, um in den Besitz des Schatzes zu gelangen, am Allerseelentag 1909 im Schloßmoor eingesunken und elendiglich umgekommen.

Der Bauernrebell von Lockweiler

Graf Georg von Öttingen zu Hohenbaldern in Schwaben, Sohn der Freifrau Sidonia von Sötern, durch Erbschaft in den Besitz der kurtrierischen Herrschaft Dagstuhl gekommen, hatte seinem Schloßvogt auf dem Herrensitz an der Prims, Heinrich von Hame, einen Kurierbrief zukommen lassen. Der Amtmann, strenger Gutsverwalter und harter Hochgerichtsverweser, erbrach, noch im Beisein des berittenen Eilboten, Fähnrich Falko von Freisen, das Siegel des Sendschreibens und überflog in gespanntester Aufmerksamkeit dessen Inhalt:

> An den hochwohlgeborenen Herrn d'Hame,
> Schloßvogt zu Dagstuhl und Sötern, Amtmann daselbst!
>
> Was für Verdrießlichkeiten der Rädelsführer unserer rebellischen Untertanen, Heinz Martin Bärwanger aus Lockweiler, seit Jahren macht und mit welch ehrvergessenem Betragen er sich gegen die Herrschaft von Dagstuhl benimmt, ist eine bekannte Sache. Sie würde unsere Ahndung schon lange verdient haben, hätten wir uns nicht aus Gnade und Hoffnung auf Beßrung damit zurückgehalten. Da aber dieser ungezügelte Mensch keineswegs von seinem boshaften Wesen abläßt, vielmehr darin keck fortfährt, ja sich sogar erdreistet, vor unseren Augen herumzugehen und seinen respektlosen Unternehmungen ohne Scheu obliegt, so sehen wir uns genötigt, seiner Person habhaft zu werden und ihm eine engere Wohnung zuzuweisen.
> Ihre Allergnädigste herrschaftliche Hoheit,
> Reichsgraf Georg von Öttingen zu Baldern,
> Burg Hohenbaldern, den 14. April 1764

Herr von Hame sah unter bedeutsamem Kopfnicken zu Baron Falko, dem Überbringer des herrschaftlichen Schreibens und Hauptmann des Hochgräflich Öttingschen Reiterregiments, hinüber und legte den Brief, in Spannung erwartet und mit Vergnügen gelesen, auf den Schreibtisch. Er faltete den Haftbefehl sorgfältig zusammen und steckte ihn in sein rotes Wams. Gefolgt vom Offizier, verließ er den Amtsraum der Vogtei und begab sich zu den gräflichen Soldaten in den Schloßhof.
Wenig später rückte das Hochgräflich Öttingsche Reiterregiment, verstärkt durch die Dagstuhler Fußtruppe, insgesamt 40 Mann stark, befehligt von Fähnrich Falko von Freisen und angeführt durch den Schloßvogt hoch zu Roß, gegen das herrschaftshörige Lockweiler vor, drang in das Rathaus ein, besetzte die Amtsstuben der Dorfmeierei. Nachdem das gräfliche Exekutionskommando unter Vorweis des herrschaftlichen Haftbefehls und im Ansinnen gütlicher Hilfeleistung vom Schultheißen Matthias Kannengießer vergeblich verlangt hatte, daß der Kreisdeputierte im Rheinländischen Provinzialrat, Heinz Martin Bärwanger, vom Dorfbüttel festgenommen

und durch Beschluß der Bürgerschaft der Primsgemeinden ausgeliefert werde, verfügte der Befehlshaber der gräflichen Dragoner den Marsch zum Haus des Bauernrebellen, von den Hochwaldleuten, halb aus Stolz und Bewunderung, halb aus angstvoller Besorgnis, Galgenhans genannt. Sie stürmten bei anbrechender Dunkelheit dessen Anwesen, an der Grenze von Allmende und Grafenforst gelegen, ergriffen den aufrührerischen Mann, jagten seine Angehörigen aus dem Haus und warfen alles, was nicht niet- und nagelfest war, auf die Gasse.
Bärwanger aber, baumlang und gliederstark, konnte sich in dem abscheulichen Tumult mit Gewalt von seinen Bewachern losreißen, floh unterm Schutzmantel der nun vollends hereingebrochenen Nacht in den Waderner Wald und hielt sich beim Köhler von Dagstuhl versteckt.
Von hier aus, in der Sicherheit einer Erdhöhle mit Geheimgängen und Fluchtwegen, die ein Auffinden und Gefangennehmen für Verfolger aussichtslos machte, führte er zusammen mit zwei anderen Führern des Lockweiler Bauernbundes, dem, wie es in den herrschaftlichen Beschwerdebriefen an das Reichskammergericht zu Wetzlar hieß, gottvergessenen Grenzsteinverrücker Johann Baptist Matthießen aus Wadern und liederlichen, ehebrecherischen Johannes Wendel Meier aus Krettnich, den Kampf gegen die nahe Herrschaft Dagstuhl und den im fernen Schwaben residierenden ausbeuterischen Reichsgrafen weiter. Zusammen mit Schulmeister Hans Adam Flickenschild, der mit den in den Augen des Vogts unbotmäßigen und gottlosen Untertanen unter einer Decke steckte und seine Rechtskenntnis und Schreibfertigkeit in den Dienst der gerechten Sache stellte, verfaßten die Aufständischen aus dem Hochwald Flugschriften und Sendschreiben gegen Willkür und Schikane, Briefe, die von den Gemeindeboten in den Ortschaften der Dagstuhler Herrschaft heimlich unter die Türen von Bauern, Holzfällern und Fuhrleuten geschoben, zu erfolgreicher Widersetzlichkeit gegen den Öttinger Grafen führten und dem Vogt von Hame und seinen Soldaten viel zu schaffen machten.
Der Hochwälder Bauernbund unter seinem rebellischen Anstifter und Wortführer Heinz Martin Bärwanger hatte im Widerstand gegen die eigenmächtigen Auflagen der Adelsherrschaft und durch glückliche Beschwerden zum Kurfürsten und Erzbischof von Trier alte Rechte und neue Sicherheiten ertrotzt. Es war den Bauern mit Brief und Siegel zugesichert worden, keine unangemessenen Fronden zu leisten, kein Frongeld, einschließlich Leibeszins für Juden und Brückenzoll für Fuhrleute, zu entrichten, dem Amtmann des Grafen auf Dagstuhl kein Brennholz zu fahren und ihre Söhne und Töchter nicht ohne Lohn zu einem erzwungenen Arbeitsjahr in den herrschaftlichen Dienst zu geben.
Manche Weinfuhre von Mosel und Saar, mit Fudern voll Zeltinger Himmelreich und Wiltinger Gottesfuß, geriet, oft unter Mitwisserschaft der bestochenen Wagenlenker, in die Falle von Wegelagerern, und die köstliche Fracht verschwand in den Viezkellern der Dorfbewohner um bei Bauernhochzeiten und Holzfällerfesten wieder ans Tageslicht zu kommen. Einmal sogar gelang es dem Rebellentrio aus dem Waderner Wald, die gräfliche

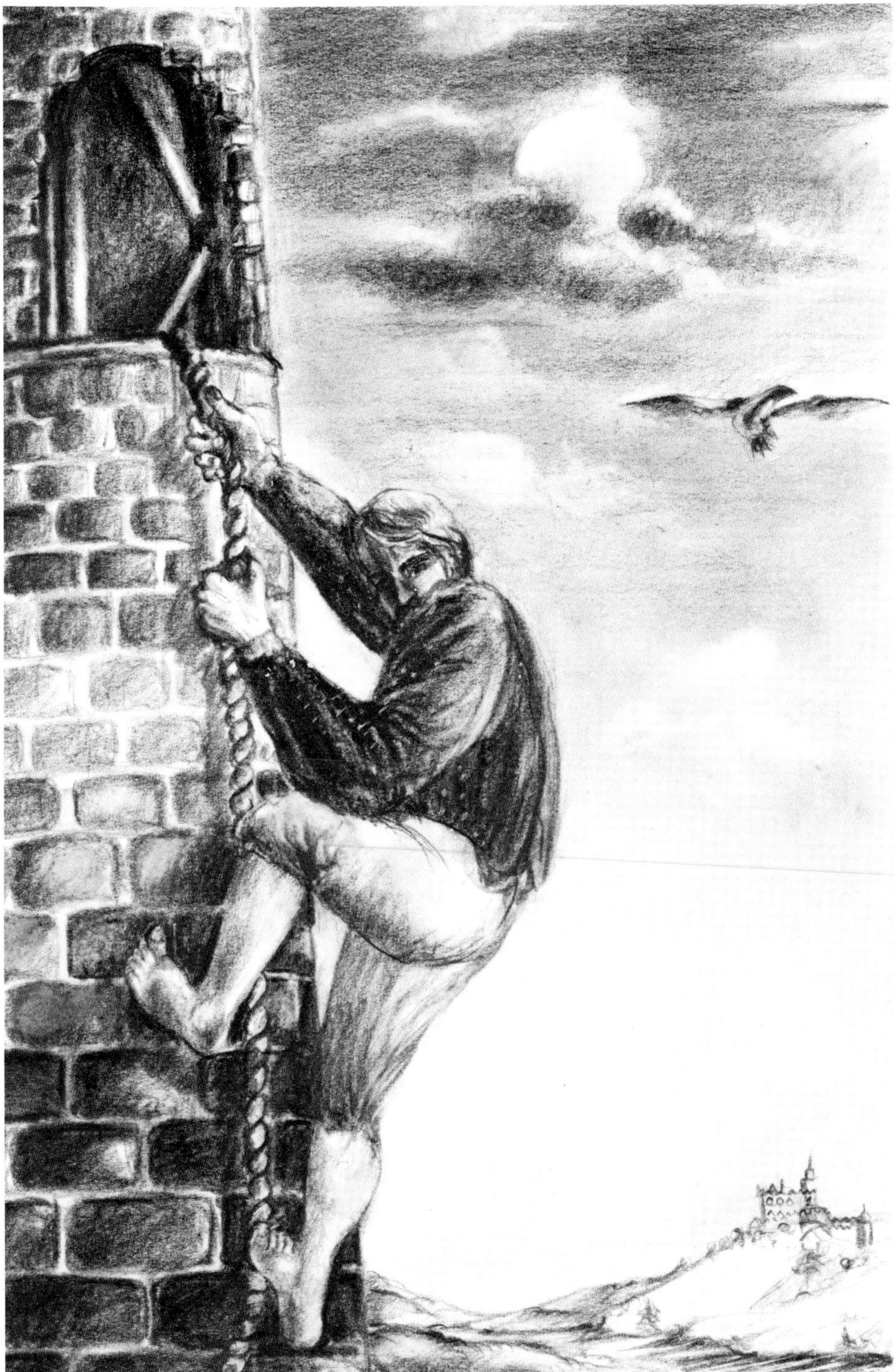

Kurierkutsche mit der gesamten Vogteikasse abzufangen und auszuplündern, worauf Kutscher und berittene Begleiter es für ratsam hielten, nicht in die herrschaftliche Burg zurückzukehren, sondern bei den Aufständischen unterzutauchen und mit ihnen gemeinsame Sache zu machen.
Unterdessen quartierten sich die vierzig Soldaten in den verschiedenen Häusern von Lockweiler und Umgebung ein, um den flüchtigen Vogel und seine Helfershelfer doch noch zu fangen und gemäß der hochgräflichen Anordnung auf Burg Katzenstein an der Donau zu bringen oder im Vogtverlies von Dagstuhl festzusetzen. Offiziere wie Mannschaften führten sich wie die Herren des Landes auf, lebten auf Kosten der armen Bauern in Saus und Braus, ließen sich Gesottenes und Gebratenes auftischen und die besten Weine im Übermaß herbeischaffen. Sie lärmten angetrunken durch die Gassen, nahmen den Leuten die Pferde aus den Ställen und galoppierten damit von einem Ort zum anderen. Sie führten sich auf, als ob sie in Feindesland seien, und es hätte nicht viel gefehlt, so wäre es wegen der Gewalttätigkeiten und Raufhändel zu Mord und Totschlag durch die aufgebrachten Bauern gekommen.
Doch versäumten es die Soldaten des Vogts nicht, in Streifzügen und Hausdurchsuchungen des Bauernrebellen Bärwanger habhaft zu werden.
Der Vogel ging seinen Häschern in Netz. Er wurde, nachdem sein Versteck durch den Roten Dieter, Kesselflicker zu Steinberg, verraten war, in seinem Erdnest gefangen, als er von einem Ausflug in den Dagstuhler Grafenforst, mit einem kapitalen Rehbock beladen, mehrere Schnepfen und einem Feldhasen am Gürtelriemen zurückkehrte und die geheime Bodenburg betrat.
Die beiden Bundesgenossen Matthieß von Wadern und Meier von Krettnich, samt den drei Räuberliebchen, blondzopfigen Bauernmädchen aus dem Hochwald, standen gebunden, kreuzweis gefesselt und schwer bewacht in der Küche und schauten mit trotzigen Gesichtern zu Boden.
Die Gefangenen, von Fähnrich Falko und seinen Soldaten unter lautem Allotria durch die Dörfer geführt, kamen nach Schloß Dagstuhl in Arrest. Während die Kumpanen des Rädelsführers im Burgkerker der Vogtei verschwanden, wurde der Galgenhans unter schärfster Bewachung mit der vergitterten gräflichen Gefangenenkutsche ins ferne Schwabenland transportiert. Im Katzenturm, dem mächtigen Bergfried der Burg Katzenstein an der Donau schmiedete der Roßbeschläger Richard Haßlinger den Aufwiegler mit einer schweren eisernen Kette um den Hals an die Mauer des düsteren Raumes, wo er, bei Wasser und Brot, Tag und Nacht bewacht wurde. Bei Kälte und Frost heizte ihm der Burgwächter auf eigene Kosten ein. Um den ränkevollen Gefängnisinsassen durchgreifend zu rühren und zur Reue über seine Lebenstaten, schandvoll und unrühmlich, zu bekehren, erschien, hochgräflich angewiesen, der Pfarrer von Dunstelkingen von Zeit zu Zeit in der Kerkerzelle.
Aber weder die Haftbedingungen im Katzenturm noch die Mahnreden des Geistlichen, hart und eindringlich, konnten den Mann aus dem Hochwald mürbe machen. Der Amtmann von Katzenstein, Hans zur Nieten, und sein Burgverwalter Henning Rispe von Hundhausen kümmerten sich nicht um

den Dagstuhler Bauern, und so konnte er sich, vom biederen Gefängniswärter Franz Bollinger durch manchen Dukaten genährt, in Freundschaft allerlei Hafterleichterungen und Essensvergünstigungen verschaffen.
Weil aber ein Freund aus der fernen Heimat, einer der hinkte, wie es im Fluchtprotokoll hieß, für ihn wirkte, gelang es dem Eingekerkerten nach wenigen Monaten, aus dem Gefängnis zu entkommen und sich den Nachforschungen der hochgräflichen Fahnder zu entziehen. Als Georg von Öttingen zu Hohenbaldern von der abenteuerlichen Flucht durch das Gitterfenster des Katzenturms erfuhr, soll der jähzornige Graf so getobt haben, daß er in Ohnmacht fiel. Er warf den Amtsknecht Bollinger an Bärwangers Stelle in den Kerker und jagte Amtmann und Burgverwalter mit Schimpf und Schande davon.
Der Bauernrebell von Lockweiler aber kehrte, von den Hochwaldleuten als Sieger und Held gefeiert, in seine geliebte Saarheimat zurück, tauchte, von guten Bekannten und mächtigen Freunden unterstützt, im sicheren Versteck geheimer Schlupfwinkel unter und wirkte, die Sache der Bauern vertretend, aus dem Verborgenen heraus.
Der glückliche Umstand, daß der schwäbische Lehnsherr das Danaer-Geschenk aus der mütterlichen Erbschaft im Jahre 1717, voller Unmut über die schwierigen Untertanen der Herrschaft Dagstuhl, an seinen Schwager Franz von Schönborn zu Buchheim, den späteren Kurfürsten und Erzbischof von Trier, verkaufte, ließ den Galgenhans, nach einem hochherzigen Gnadenakt des neuen Landesherrn, die Luft der Freiheit atmen.
Sein ältester Sohn Johann Heinrich Nikolaus Bärwanger, der die Hohe Domschule zu Trier besucht und mit glänzendem Examen abgeschlossen hatte, und bei der kurfürstlich-erzbischöflichen Kirchenbehörde gut angeschrieben war, wurde, nachdem Schloßvogt von Hame zum Burgverwalter von Katzenstein avancierte und bei Nacht und Nebel die Saarlande verließ, der erste bürgerliche Amtmann der Herrschaft Dagstuhl.
Die Erlebnisse der Kindheit im Elternhaus zu Lockweiler, die leidvollen Erfahrungen der Hochwaldbauern und die Taten und Ratschläge seines mutigen Vaters, den er oft aufsuchte, bewahrten den jungen Landvogt und Amtsrichter vor Hochmut, Härte und Ungerechtigkeit bei der Ausübung seines hohen Amtes.
Die Große Bodenburg im Waderner Wald, das Geheimversteck des Bauernrebellen von Lockweiler, verschüttet und überwachsen, wird heute von Dachs und Fuchs, Marder und Wiesel besetzt gehalten, von Tieren, die im sicheren Erdreich das Geheimnis wachen Widerstands hüten.

Die Katze der Galhau

Daß Willkür und Unterdrückung, Ketten und Kerker, nicht immer Bestand haben und früher oder später, nach Aufstand und Empörung, zu Freiheit und Frieden führen, vermag die Menschengeschichte aller Zeiten und Zonen, leidvoll und dunkel zu beweisen. Daß zwischen der feierlichen Verkündigung heiliger Ideen und der edlen Zusicherung von Hilfe und deren unseligen Verwirklichung, durch Umstände tragisch verkettet und Personen schuldhaft ausgelöst, mit Tränen und Blut, teuer erkauft, eine tiefe Kluft besteht, davon wissen die Geschicke aus aller Herren Länder, warnend und mahnend, zu erzählen.
Wer den berühmten Beschluß des Nationalkonvents der französischen Republik vom 19. November 1792 vernimmt, dem weiten Hoffnung und Zuversicht das Herz:
> Der Nationalkonvent erklärt im Namen des französischen Volkes,
> daß er brüderliche Unterstützung und Hilfe allen Völkern
> gewähren will, die ihre Freiheit wiedererlangen wollen,
> und beauftragt die ausübende Gewalt, den Generälen die
> notwendigen Befehle zu geben, damit sie diesen Völkern Hilfe
> bringen und die Bürger verteidigen, die um der Freiheit willen
> bedrückt werden oder in diese Gefahr kommen.

So er jedoch die Stelle aus dem großen und schönen Nationalepos der Deutschen, Hermann und Dorothea, liest, wo Johann Wolfgang von Goethe als Zeitgenosse über die revolutionären Ereignisse berichtet, senken sich Trauer und Verzweiflung auf das verzagte Gemüt:
> Und es praßten bei uns die Obern und raubten im großen,
> und es raubten und es praßten bis zu den Kleinsten die Kleinen:
> jeder schien nur besorgt, es bleibe was übrig für morgen.
> Allzu groß war die Not, und täglich wuchs die Bedrängung;
> niemand vernahm das Geschrei, sie waren die Herren des Tages.

Die Bastille, das Pariser Stadtgefängnis und Bollwerk der Könige von Frankreich, gefürchtet und gehaßt, war, von gräßlichen Straßenszenen und schändlichen Mordtaten begleitet, am 14. Juli 1789 gestürmt. Wie ein furchtbares Wetter von Westen zog die Revolution herauf. Die Blitze des Aufstands schlugen in allen Städten und Dörfern der Franzosen ein und ließen überall die Flammen der Empörung gegen Fürstendienst und Herrscherwillkür auflodern.
Das Feuer der Befreiung von Knechtschaft und Unterwerfung, in den weiten französischen Provinzen ausgebrochen, griff, drei Jahre lang in den deutschen Reichslanden mit Macht eingedämmt oder mit Gewalt unterdrückt, über die Grenzen hinaus ins Saargebiet über und steckte, durch das verführerische Wort von der Freiheit entfacht, nicht nur die Köpfe hitziger junger Leute in Brand. Auch die maßvoll besonnenen Kräfte der freiheitsliebenden Völker an der Westgrenze unseres Vaterlandes bekannten sich, von den großen Ideen aus dem Nachbarland entzündet, zu den neuen Ent-

würfen und Gesetzen eines menschlichen Zusammenlebens und traten, mutig und entschlossen, für die revolutionäre Sache ein.

Das Saarland, von jeher Drehscheibe europäischer Kraft und Bewegung, wurde eine Bühne großartiger Bilder von mitreißender Gewalt. Der erste Schauplatz des dramatischen Geschehens stellte seine Bewohner über Nacht in den Brennpunkt historischer Ereignisse.

Am 14. November des Jahres 1792 rückte, durch Eilboten der Nationalversammlung in Paris angekündigt, das von General Gaston Ligneville befehligte Revolutionsheer, ein buntes Gemisch von Nationalgardisten und Freischärlern, Fußtruppen und berittenen Soldaten, 10.000 Mann stark, in die reichsgrafschaftlichen Lande Fürst Ludwigs von Nassau-Saarbrücken ein und bezog, geleitet von Offizieren der Schloßwachen und Abgeordneten der Bürgerschaft, teils Quartiere in den Städten St. Johann und Malstatt, teils Feldlager auf den Saarwiesen bei Altsaarbrücken.

Die Leidenschaften der Menschen an der Saar erwachten, und das Feuer der Begehrlichkeit wuchs unter ihnen heran, gedemütigte Städter und unterdrückte Bauern, Unzufriedene wie Wohlmeinende, kamen aus ihren Häusern, Hütten und Höfen und eilten, die Trikolore entfaltend, durch die Straßen und Gassen. Sie strömten in hellen Scharen auf die Märkte und Plätze und schrien die Parolen der Revolution, Freiheit, Gleichheit, Brüderlichkeit aus ehrlich begeistertem Herzen.

Tapfere St. Johanner traten aus ihren Bürgerhäusern, Kaufläden und Werkhallen heraus, erhoben ihr stolzes Haupt und zeigten kühn das freie Antlitz. Sie steckten sich die Kokarde an den Hut, zogen, die Marseillaise singend, zum Marktbrunnen, pflanzten auf dem Rathausplatz die schönste Fichte aus dem Stadtwald als Freiheitsbaum auf und ließen den Ruf erschallen: Es lebe die Republik!

Weder die Reiter des Nassau-Saarbrückischen Regiments noch die Soldaten der fürstlichen Schloßwachen wagten gegen die Demonstranten vorzugehen, und die herrschaftsvereidigte Bürgerwehr wurde vom Magistrat, teils aus Unsicherheit, teils aus Klugheit, zurückgehalten. Unter dem Schutz des allgegenwärtigen französischen Armeekorps konnte sich der aufgebrochene Freiheitswillen der Untertanen ungehindert kundtun, und der regierende Fürst der Grafschaft wie die Ratsherren der Saarmetropole ersehnten unterschiedliche Ziele der Hoffnung im Auge, daß Spuk oder Erwartung recht bald vorüber seien. Nach acht Tagen verließen die Franzosen ihre Stadtquartiere, brachen die Zeltlager auf den Saarwiesen ab und zogen den Fluß hinunter, um einen Vorstoß auf Trier zu unternehmen.

Ein Reiterbataillon, zusammengeschart aus mutigen Söhnen der Stadtgeschlechter und ausgestattet von reichen Patriziern, ein kleines Heer von Köllertaler Bauern – seit jeher die streitbarsten Grafschaftler – sowie ein Püttlinger Freikorps schlossen sich den Revolutionstruppen an, die sich, wohlgeordnet und diszipliniert, die alte Flußstraße entlang zur Mosel hin bewegten.

Sie kehrten jedoch unverrichteter Dinge von ihrem gescheiterten Zug gegen die Kurfürsten- und Bischofsstadt Trier zu Anfang des Jahres 1793

zurück; zerlumpt, krank und elend, ihren tödlich verwundeten Feldherrn im Lazarettwagen, im Saartal angekommen, bezogen die Revolutionssoldaten, enttäuscht und unzufrieden, teils in den Städten, teils auf den umliegenden Dörfern, Winterquartiere und Standlager.
Nachdem die Vorräte aus dem Armeetroß und den Marketendereien aufgebraucht, Wild in Wald und Feld vertilgt waren, griffen die Soldaten das Eigentum der Bürger an und raubten, was sie fanden. Von Tag zu Tag riß größere Zügellosigkeit unter den französischen Truppen ein, Befehle und Verbote der Vorgesetzten fanden bei den Soldaten immer weniger und schließlich keine Beachtung mehr.
Die Lage an der Saar wurde immer bedenklicher, und die Bewohner der Städte und Dörfer fingen an, die Befreier aus Frankreich, heißersehnt und freudig begrüßt, zu meiden und zu verachten.
In dieser Zeit der Auflösung von Sitte und Gesetz, einer Epoche wachsender Unsicherheit, scharte ein hocherfahrener junger Mann aus Sarrelibre, bislang Saarlouis genannt, mit Namen Malepart Ickelsamer, dem Trunk nicht abhold und der Bestechlichkeit zugänglich, eine Kompanie marodierender französischer Söldner und saarländischer Freischärler zwielichtigster Herkunft um sich. Er besetzte Rathäuser der Städte und Dörfer und machte ihre Amtsstuben zu Krämerläden, wo man Verrat handelte und Befehle verkaufte und von wo aus Steuern eingetrieben und Standgerichte ausgeführt wurden. Wo immer der selbsternannte Statthalter der Revolution ein Bürgermeisteramt oder eine Schultheißerei besetzt hielt, breitete sich eine Gewaltherrschaft aus, die Angst und Schrecken unter der Bevölkerung hervorrief, waren doch seine Taten von Mord und Totschlag, Raub und Vergewaltigung begleitet.
Am 14. Februar 1793, dem Valentinstag, verließ die „Kupferkokarde", wie der Bursche aus Sarrelouis-Roden wegen seines rostroten Haarschopfes überall hieß, das Dillinger Rathaus, wo er den Sitz seines Revolutionsrates eingerichtet hatte, und sprengte mit einem Reitertrupp in Richtung Fremersdorf an der unteren Saar.
In raschem Ritt dort angekommen, sahen die erschreckten Dorfbewohner, angstvoll in die Häuser geflüchtet und verstohlen hinter den Vorhängen stehend, bald, wohin der Weg des Ickelsamer führte. Der frühere Hausdiener und Schloßgärtner des Freiherrn von Galhau, wegen Trunksucht und Diebstahl in Unehren aus herrschaftlichen Diensten entlassen, schickte sich offensichtlich an, den Herrensitz derer von Galhau in seine Gewalt zu bringen.
Nachdem die Schloßwache überwältigt, teils gefesselt als Gefangene abgeführt, teils erschossen oder erstochen in den Parkweiher geworfen, die schweren Gartentore aufgesprengt waren, drang die marodierende Meute, Revolutionäre und Rebellen von der übelsten Sorte, falsch und nichtswürdig allesamt, in das Innere des Schloßgebäudes, trieben Dienerschaft und Gesinde unter Fluchworten und Lanzenpüffen in den Burghof und suchten die Gemächer nach der gräflichen Familie ab. Da der Freiherr mit seinen Kindern vor einigen Tagen das Haus verlassen hatte, um sie auf sei-

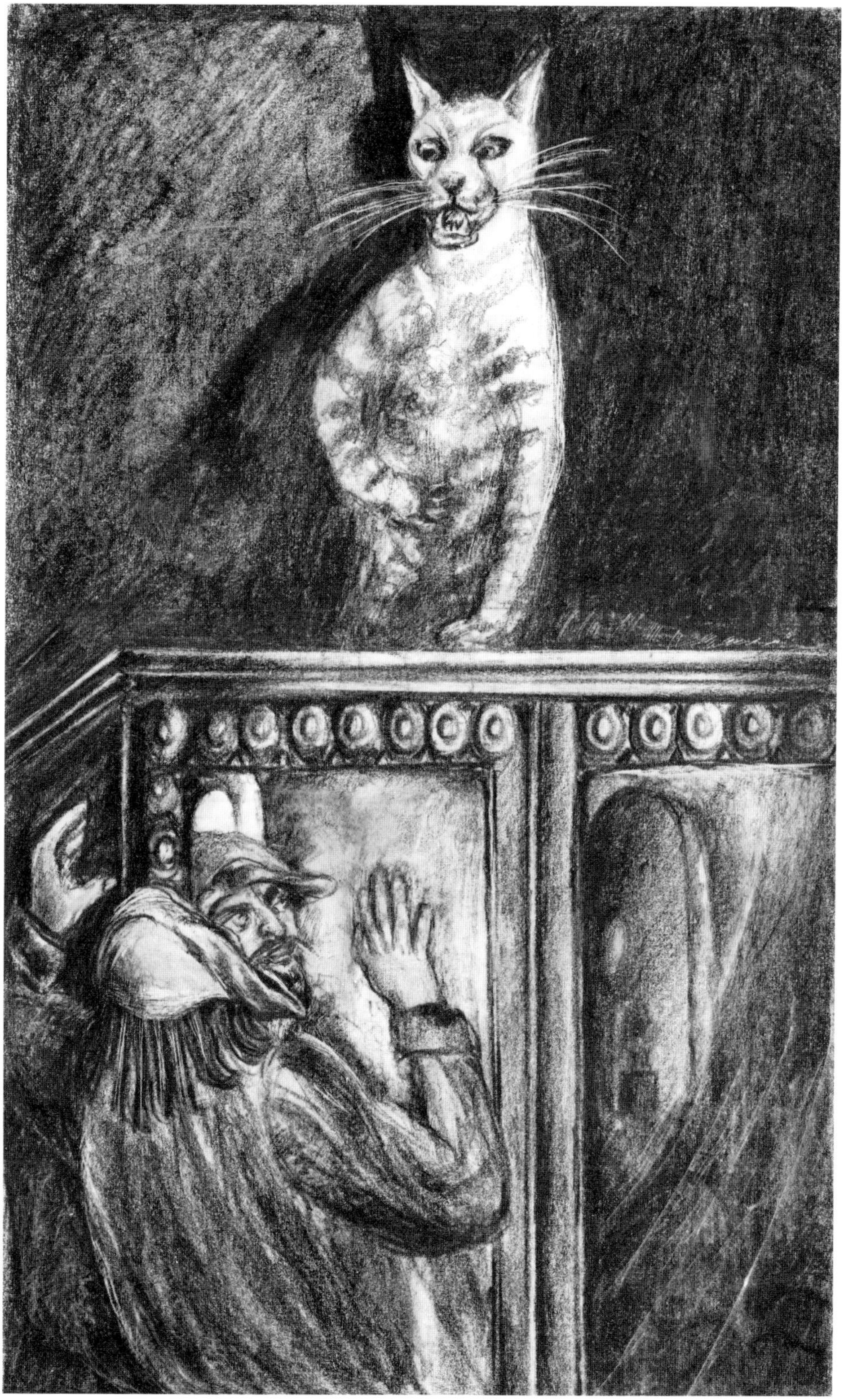

nen rechtsrheinischen Besitzungen in Sicherheit zu bringen, stießen die Eindringlinge nur auf die junge Baronin von Galhau und ihren alten, fast achtzigjährigen Vater, die sich mit einer edlen, tigerartigen Katze, dem Lieblingstier der Schloßherrin, ins Erkerzimmer des Wehrturms geflüchtet hatten und angstvoll der Dinge harrten. Malepartus Ickelsamer, der sich als Kommissar des Revolutionsrates zu Paris ausgab, von den bedrängten Edelleuten mit Entsetzen wiedererkannt, verlangte kaltschnäuzigen Tons und haßsprühenden Blicks, mit gebieterischer Stimme, die Schlüssel zu Schatztresor und Weinkeller herauszugeben. Die Gefangenen verweigerten, sei es, daß sie keinen Bescheid zu geben wußten, sei es, daß ihr Aristokratenstolz der schamlosen Dreistigkeit des ehemaligen Schloßdieners die Stirn bieten wollte, jede Auskunst. Aufgebracht und wutschnaubend gab der Bandenführer Malepartus den Marodeuren den Befehl, den Alten auf der Stelle zu töten. Schon vorher, unter gröbsten Beleidigungen und Verhöhnungen, mit Fußtritten und Säbelstichen traktiert, streckten sie den Wehrlosen zu Boden und peinigten ihn auf gräßlichste Weise zu Tode.

Als der begehrliche Anführer Hand an die junge Frau legte, ging die Tigerkatze, die bislang den Mann mit dem bedrohlichen Rotschopf nicht aus den Augen ließ und fauchend zu Füßen ihrer Herrin saß, den Schurken mit einem gewaltigen Satz an, biß sich an seinen Händen fest und zerkratzte dem wild um sich Schlagenden das Gesicht. Der wüste Gesell ließ sich von seinem Vorhaben, der Baronin Gewalt anzutun, nicht abbringen. Es gelang ihm, das verwünschte Tier von sich abzuschütteln, er stürzte sich auf die Edelfrau und verübte das Schändliche an seinem willenlosen Opfer.

Vor Entsetzen über die Gewalttaten, die der Schloßherrin und dem alten Vater zugefügt wurden, sprang die Katze auf einen hohen Schrank, reckte sich hoch empor und erstarrte zu Stein. – Von Angst und Schrecken über die unheimliche Verwandlung des Tieres gepackt, verließen die Schurken in heilloser Flucht Zimmer und Schloß, warfen sich auf ihre Pferde und stoben, als sei der Teufel hinter ihnen her, in alle vier Himmelsrichtungen.

Vom Revolutionsführer Malepartus Ickelsamer fehlte seither jede Spur. Seine Spießgesellen, ohne Haupt und Führer, kopflos und versprengt, wurden teils gefaßt und an Straßenbäumen aufgeknüpft, teils tot aus der Saar gefischt und am Schindanger verscharrt. Das Gerücht, daß Maleparte, genannt Kupferkokarde, als Mitglied der Pariser Kommune bei der Beendigung ihrer Bluts- und Schreckensherrschaft unter das Fallbeil gekommen sei, hielt sich lange in der Gegend um Saarlouis und Dillingen und galt, ungeachtet der unverbürgten Tatsache, als Aufweis und Bild für die Wirklichkeit der Geschichte und die Wahrheit der Sage.

Im Schloß von Fremersdorf aber steht bis auf den heutigen Tag auf einem hohen Schrank in dem zur Saar gelegenen Ahnensaal die große weißmarmorne Katze, das Lieblingstier der Freifrau, die ihr Leben so früh unter entsetzlichen Umständen aushauchte. Die Bildnisse der langen Geschlechterfolge saarländischer Edelleute, Männer und Frauen von Adel, die sich um Land und Volk an der Saar verdient machten, schauen, würdig und ernst, zu dem edlen Tier hinüber und mahnen in geheimem Einverständnis von

Standbild und Familienportrait an ein grausiges Frauenschicksal, wie es zu allen Zeiten und an allen Orten den Menschen ereilen kann. Mag der aufgeklärte Zeitgenosse auch die Sage von der Katze der Galhau belächeln und die Wirklichkeit der Verwandlung der schönen Tigerkatze in Stein für die listige Erfindung eines kunstfertigen Erzählers halten, die Wahrheit der Geschichte wird er wohl kaum leugnen können.

Der ungestorbene Erbprinz

In den frühen Morgenstunden des 14. Mai 1793, durch lautes Pochen und Rufen am Hauptportal des fürstlichen Jagdschlosses zu Neunkirchen aus dem Schlaf geschreckt, konnte sich Prinz Heinrich von Nassau-Saarbrücken in letzter Minute vor den Häschern des französischen Revolutionsrates retten, indem er, eilig angekleidet und kurz entschlossen, aus dem Fenster seines Erkergemachs in den Schloßpark sprang und in den nahen Fürstenwald floh.
Nach kurzem Aufenthalt bei der regierenden Fürstin Katharina von Nassau-Saarbrücken, Herzogin von Dillingen und Gräfin zu Ottweiler, in deren Residenz an der Blies, seit der Besetzung von Saarbrücken Domizil der fürstlichen Familie, begab sich der Erbprinz, ausgestattet mit einem Pferd, zwei Dienern und den nötigen Geldmitteln, auf das nassauische Besitztum Jugenheim in der rheinhessischen Pfalz. Die jugendliche, frische Gestalt von hohem, schlankem Wuchs mit einem leutseligen, gewinnenden Wesen und einem Gesicht von ausgeprägter Gutmütigkeit, wohlaufgenommen von seinen Untertanen, nahm Wohnung im Hause des Saarbrücker Jugendfreundes, des Geheimen Rats Mandel, Amtmann zu Jugenheim. Von diesem freundschaftlich in die Rheinmetropole Mainz geleitet, meldete sich der Fürstensohn von der Saar kurze Zeit später im Hauptquartier der preußischen Rheinarmee zu Mainz und trat wie viele seiner Adels- und Altersgenossen, halb aus Herrschaftsinteressen, halb aus nationaler Begeisterung, als Freiwilliger in die Ludendorffsche Reiterschwadron unter Herzog von Braunschweig ein. Der Prinz von Nassau nahm an den linksrheinischen Feldzügen gegen die französischen Revolutionstruppen, die das saarländische Fürstentum besetzt hielten und die Schlösser und Herrensitze seiner Vorfahren zu ihren Hauptquartieren und Kommandostellen gemacht hatten, pflichttreu und unerschrocken teil und zeichnete sich in vielen Reitergefechten und Stellungskämpfen, von wechselndem Schlachtenglück getragen, durch besondere Tapferkeit vor dem Feind aus. Zum Obersten der Kavallerie befördert, suchte er durch persönliche Einsatz und Mut, unterstützt durch hervorragendes Militärwissen und ortssichere Lagekenntnis, seinen Beitrag zu leisten, die Reichlande an der Saar zurückzuerobern und die Feinde zu besiegen.
Indessen kam es nicht zur entscheidenden Schlacht zwischen den vereinigten Heeren der monarchistischen Mächte und der republikanischen Revolutionsarmee im deutsch-französischen Grenzland.
Sieben Wochen lang lagen die preußischen Truppen unter dem Oberbefehl des Braunschweigischen Herzogs, der jedem raschen und energischen Eingreifen abhold war, in den Wäldern und Tälern bei Saarbrücken, brachten die Zeit mit kleinen Scharmützeln, unbedeutenden Plänkeleien und nutzlosen Patrouillen, hin.
Der Fürstensohn aus Saarbrücken, von seinem Gefechtsstand auf dem Eschberg die siegsgünstige Kriegslage im Saartal überblickend und mit

seinen Offizieren manchen Spähritt und Streifzug auf wohlbekannten Pfaden weit hinter die feindlichen Linien unternehmend, konnte nicht begreifen, warum die kampfgeschulten preußischen Elitetruppen nicht ihre Stellungen verließen, die Saar überschritten und die beiden französischen Heere, die Moselarmee und das Vogesenkorps unter den Generälen Chuquet und Commerell über die Reichsgrenze bei Forbach und St. Avold nach Lothringen abdrängten und die Eindringlinge im eigenen Land schlügen.

Der mutige Sproß aus dem alten walramschen Königshaus der Nassauer, dessen Schwadron auf den St. Johanner Höhen stand, während einer Attacke der französischen Reiterei im Spätherbst 1793 von bedrängten preußischen Schützen auf den Ludwigsberg gerufen, mußte, trotz unerschrockenen Angriffen und Ausfällen, der feindlichen Übermacht weichen und mitansehen, wie die Franzosen das dortige Lustschlößchen mit der ganzen fürstlichen Herrlichkeit, der Orangerie, Fasanerie, dem reizenden Dörfchen Schöntal und den Wohnungen der Bedienten in Brand setzten.

Am 29. September 1793 ließ sich der Oberst der Kavallerie, Prinz Heinrich von Nassau-Saarbrücken, beim Adjutanten des Herzogs von Braunschweig, dem Oberbefehlshaber der preußischen Rheinarmee, in dessen Hauptquartier auf dem väterlichen Schloß Halberg melden und erbat eine Unterredung mit den Generälen Kalckreuth, Knobelsdorff und Blücher. Vergebens forderte er die Heerführer auf, den Saarfluß zu durchschreiten und erbot sich, ihnen eine Furt bei St. Arnual, von Buschwerk und Riedgras wohl verdeckt, zu zeigen und die Soldaten selbst über die Spicherer Höhen auf sicheren Wegen zu die Saarbrücker Residenz zu führen.

Eine Woche später, am Abend des 7. Oktober 1793 ging vor den Augen des unglücklichen Prinzen, der einen Aufstand der altsaarbrücker Bürgerwehr gegen das jakobinische Stadtregiment vom Halberg aus verfolgte, das schöne Barockschloß seiner Väter in Flammen auf und brannte gänzlich aus. Zorn und Schmerz durchwühlten sein Herz, doch ohnmächtig stand er dem Verhängnis gegenüber.

Inzwischen ging Belgien den Österreichern verloren, wurde die Bischofs- und Kurfürstenstadt Trier geräumt, rückten die französischen Truppen in Aachen, Köln, Bonn und Koblenz ein. Nach Niederlagen und Rückschlägen zogen sich die vereinigten Heere des habsburgischen Kaisers und der verbündeten deutschen Könige und Herzöge auf das rechte Rheinufer zurück. Der Friede von Basel, im Jahre 1795 geschlossen, gab das ganze linksseitige Rheinland in die Hände der Franzosen, die Grafschaft Saarbrücken, die Erblande des nassau-ssarbrückischen Fürstenhauses, gehörten zur Republik Frankreich. Prinz Heinrich mußte, durch widrige Kriegswirren und unselige Zeitläufe gezwungen, seiner geliebten Heimat den Rücken kehren. Er führte das Ludendorffsche Reiterregiment über das herzoglich-zweibrückische Homburg und die reichsgräfliche Herrschaft Ottweiler, sicher und besonnen, in die Mainlande und verließ, als er nach dem Tode seines Vaters, des Regenten Ludwig von Nassau-Saarbrücken, den Fürstentitel angenommen hatte, die ungeschlagene, aber glücklose Rheinarmee.

Mit dem Rechtstitel seiner reichsunmittelbaren Regentschaft und den Erbansprüchen auf angestammte Besitztümer versehen, aber in bescheidenen Verhältnissen lebend, von fürstlichen Verwandten und mächtigen Freunden gestützt, hielt er sich als herrschafts- und heimatloser Flüchtling an wechselnden Orten Süddeutschlands auf. Er reiste zu Hauskonferenzen ins nassauische Weilburg, führte, von dem St. Johanner Jugendfreund Geheimrat Handel rechtskundig und diplomatisch beraten, Gespräche über die verlustigten Besitzungen an der Saar, deren Entschädigung in den Friedensverhandlungen von Campoformio im Jahre 1797 einiges erhoffen ließ und besuchte seine Mutter, Fürstin Wilhelmine, Prinzessin von Schwarzburg, in Rudolstadt. Des Wohlwollens und der Gnade König Wilhelm II. von Preußen gewiß, zum ‚Wirklichen Offizier der preußischen Armee' ernannt und mit dem Schloß Kadolzburg bei Ansbach als persönlichem Lehen ausgestattet, empfing er Besuche von Freunden und Bekannten des Fürstenhauses, Ratsherren und Kaufleuten aus der Residenzstadt Saarbrücken und der ganzen Grafschaft, die dem liebenswürdigen und wohlmeinenden saarländischen Edelmann die Anhänglichkeit und Zuneigung seiner Untertanen versicherten. Der Fürst lebte in der Kadolzburger Zeit, einzig beseelt von dem Wunsch, einmal das Wohl seiner Untergebenen fördern zu können, in der zuversichtlichen Hoffnung, bald in seine Heimat zurückzukehren.

Allein, die Schicksalsmächte, dunkel und unerforschlich, wollten es anders, das Ziel seines Lebensweges war erreicht. Am 27. April 1797 starb, an den Folgen eines Blutsturzes, den er sich beim Fall von seinem stolpernden Pferd, einem unbändigen Rotfuchs, im Kadolzburger Herrenwald bei Ansbach zuzog, Erbprinz Heinrich von Saarbrücken, der Letzte seines Stammes, im Alter von 29 Jahren. Wenige Monate davor hatte er, in der Vorahnung baldigen Todes, sein Testament niedergeschrieben, in dem er seine Diener und Freunde reichlich bedachte und erklärte, daß er nun zu jeder Stunde von dieser Welt scheiden könnte.

Für Karl August Kriechmeyer indessen, angesehener St. Johanner Kaufmann und Ratsherr aus altem Stadtgeschlecht, hochbetagt im Alter von 99 Jahren 1818 verstorben, war der Tod seines Landesfürsten keine Frage des Leichenscheins und der Beisetzung in der Familiengruft. Im Herzen dieses nassau-saarbrückischen Untertans lebte der Erbprinz von Saarbrücken-Nassau, auf den so viele fürstentreue Bürger in Residenz und Grafschaft ihre Hoffnungen gesetzt hatten, ungestorben weiter. Angetan mit einer altertümlichen Landestracht, wohlgepudert und zünftig gezopft, schritt er bis zu seinem Tod, ungeachtet der Schreckensnachricht aus dem Ansbachischen, die Mainzer Straße hinab zu dem nach Osten gelegenen Stadttor, um, wie er die neugierigen Fragen kopfschüttelnder Passanten zu beantworten pflegte, dem geliebten Erbprinzen Heinrich entgegenzugehen, wenn er zurückkommt.

Den Traum vom in seine angestammte Grafschaft wiederkehrenden Fürsten, der von seinem Oheim Carl Wilhelm von Nassau-Usingen nicht nur die rheinischen Lande geerbt hätte und dem auch das nassauische Her-

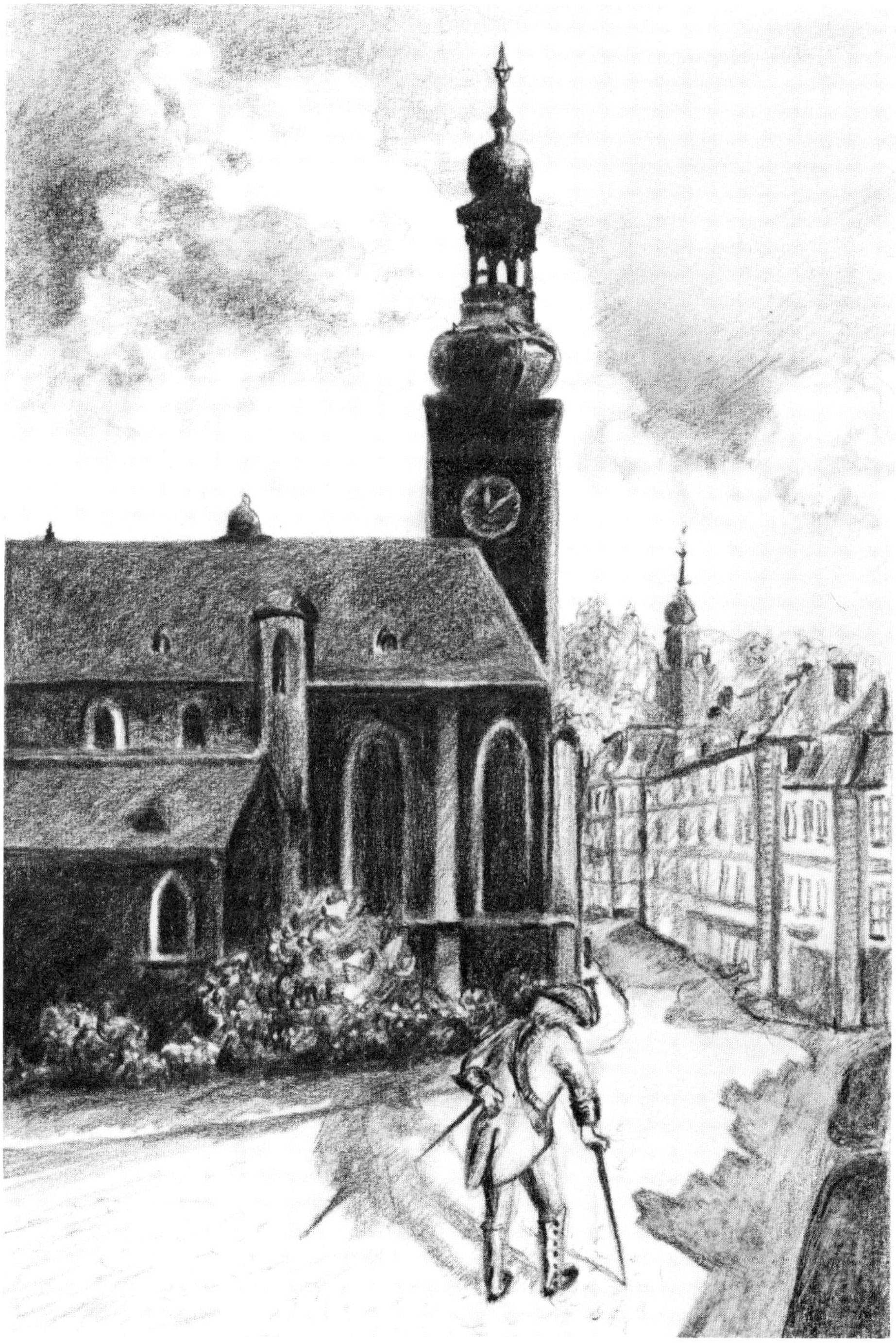

zogtum Luxemburg zugefallen wäre, nahm der alte Kriechmeyer aus St. Johann an der Saar mit ins Grab.

Das heute freie und selbständige deutsche Bundesland Saar aber ist ein Stück der Verwirklichung der alten, in den Tagen des Lotharingischen Kaiserreiches gezeugten und durch die Jahrhunderte getragenen saarländischen Staatsidee.

Der Leibkoch des Kaisers

Napoleon Bonaparte, Korse von Geburt, Korporal unter Jakobinern und Royalisten, Kommandant von Toulon im Zeichen der Kokarde, Kaiser aller Franzosen, berühmt als Feldherr siegreicher Schlachten und glänzender Niederlagen, bei großen Anlässen die rechte Hand mit stolzgelassener Gebärde unterm Rockaufschlag, ein Mann, der sich selbst die Herrscherkrone aufs Haupt setzte, Eroberer vieler Reiche, des europäischen Flickenteppichs neuer Staatenschneider, der seinen zahlreichen Verwandten und dem großen Freundeskreis Fürstenmäntel, Richterroben und Generalsuniformen zuwarf, Napoleon Bonaparte kann nicht als Kenner der Küche, o Schande im Lande der Feinschmecker, nicht als Liebhaber lukullischer Genüsse angesehen werden; denn er galt als einer, der, wie der edle Kochkünstler Jean Anthelme Brillat de Savarin, Verfasser der „Physiologie des guten Geschmacks oder der Gedanken der höheren Gastronomie", sagte, nur aß, um sich den Magen vollzuschlagen, ein gekrönter Kostverächter, dem das Essen eine ärgerliche Nebensache war und der zu den unmöglichsten Zeiten Nahrhaftes verlangte, um es hinunterzuschlingen.

Auf seinem Zug nach Rußland im Jahre 1809 kam der mächtige Franzosenkaiser auch nach Saarbrücken, der ehemals nassauischen Fürstenresidenz und nunmehr französischen Provinzmetropole, die er liebte und die am Heeresweg, der von Paris über Metz nach Mainz führte, lag, einer Straße, die dem natürlichen Fluß der Landschaft folgend, durch Täler schlingerte und über Höhen stampfte, die er durch seine Militärgärtner mit Pappeln als bewährten Landstraßenbäumen säumte und die schon zu Lebzeiten Napoleons Kaiserstraße genannt wurde.

Der kaiserliche Quartiermacher, in eiligem Vorausritt auf dem St. Johanner Markt angelangt, wo er sein Pferd am Brunnengitter festband, hatte wenig Mühe, in dem malerischen Saarstädtchen Herberge zu finden für den berühmten Mann; denn Bonaparte ließ es sich, wie immer, wenn er seine Reisen und Züge kreuz und quer durch Europa machte, nicht nehmen, im „Gasthof zum goldenen Gockel", französisch „Coq d'Or", abzusteigen und einzukehren bei Konrad Keltermann in der Kappengasse zu St. Johann am Markt.

Zwar munkelten die Offiziere in seinem Gefolge und alle Marktweiber rund um den Johannesbrunnen, er tät's wegen der schönen Josefine, der blonden Joschy, wie er sie nannte, der reizenden Tochter des Schankwirts, aber in Wahrheit tat er's um der einfachen Küche willen, der kräftigen Kost, die ihm der junge Keltermann, von Gästen Hans Balder gerufen, aufzutischen wußte, wenn schon der stolze Bursche auch anderes zuzubereiten verstand, war er doch, ausgebildet beim ‚Grand Chef' der Kaiserzeit Antoine Maria Carême, schon mit 17 Jahren Pasteten-Chefkoch im Haus des berühmten Konditors Bailly zu Paris.

Im Coq d'Or zu St. Johann konnte der Kaiser, vor den Speisekarten der Hofküche, den Festmählern seiner zahlreichen Gastgcbcr in aller Herren

Länder fliehend, auf all die vielen Leckereien seines weiten Kaiserreiches verzichten, die ihm seine Untertanen, ehrenvoll und freudig genötigt, anzubieten nicht müde wurden; mit Myrthenbeeren gemästete korsische Wachteln, Drosseln aus den Pyrenäen, Schwarzwälder Kirschwasser, Schinken aus Mainz, Gänseleberpasteten aus Straßburg, Marzipan von der Hansestadt Lübeck und Curacao aus Amsterdam.

In der altsaarländischen Bauernstube aß der hohe Gast, der das Saarfränkische wohl verstand und leidlich zu sprechen wußte, aufgetragen von Joschy dem Blondkind, einen Reibekuchen aus Griesborner Kartoffeln, krustig und knusprig in der Gußpfanne gebacken, mit Speckwürfeln von Köllertaler Schinken gespickt, Dippelappes oder Schales genannt, je nachdem, ob er aus kräftigen Kuchenlappen im Topf entstand und durch Umrühren zu goldbraunen krachigen Bratschalen geriet. Dazu das köstliche Apfelmus aus herbbissigem Obst vom Bliesgau und eine Kanne Zwickelbier, dunkel und würzig, frisch und schäumend geholt aus der Sudpfanne der Brauerei J. M. Bruch zu St. Johann, des tüchtigen Nachbarn von Konrad Keltermann, der durch Heirat seiner ältesten Tochter Stine dem Stammhaus der saarländischen Biere verbunden war.

Des Kaisers Aufenthalt an den Ufern der Saar hatte auch noch einen anderen Grund. Seiner Majestät Leibkoch, Joaquino Palermo, der es nicht mehr aushielt, niemals seine Kochkunst unter Beweis zu stellen, sondern stets nur warmen Kaffee, zartfleischige Hähnchen und fettarme Koteletts bereitzuhalten, war weggelaufen, hatte sich auf und davon gemacht. Nach einem langen ernsten Gespräch mit Père Keltermann, zu dem später Hans Balder, der Sohn, hinzukam, stand fest, daß der Bürger Johannes Balthasar Keltermann aus St. Johann, teils aus jugendlichem Tatendrang in kriegerisch-unruhiger Zeit, teils aus dem nicht unhonorigen Ehrgeiz, eines Kaisers Leibkoch zu sein, als „Grand Chef de la Cuisine seiner Majestät Napoleon Bonaparte", mit dem erblichen Baronstitel versehen, in dessen Gefolge sich auf Rußlandreise, wie er scherzend den Freunden mitteilte, begab.

Am 8. September 1812, dem Tag nach der Schlacht von Borodino, einem kleinen Dorf südwestlich von Moskau, bei der Napoleon einen verlustreichen Sieg über den russischen Feldmarschall Kutusow erfocht, saß der Kaiser, von seinen Generälen im entfernten Halbkreis umstellt, das rechte Bein auf ein niedriges Tischchen gelegt, sorgenvoll und abgespannt vor einem rauchenden Lagerfeuer. Plötzlich straffte sich der nach vorn geneigte Körper des Feldherrn in dem seltsam dunklen Schattenspiel der Gegenstände und Gestalten, das ihn strahlenförmig umgab. Bonaparte verlangte entschieden nach seinem Leibkoch, der sogleich erschien, und sagte zur Verblüffung des um ihn versammelten Generalstabs zu diesem: „Balder, donne-moi Dippelappes!"

Der tapfere Saarländer, der seinen Kaiser liebte und die Not eines Phyrrussieges wohl einzuschätzen wußte, stammelte verlegen und kurz: „Ja, mein General", und zog sich rasch in die Feldküche zurück.

„Niemand", erzählte Hans Balder später oft und gern in seiner Schenke am Markt den gespannt lauschenden Zuhörern am Stammtisch, niemand

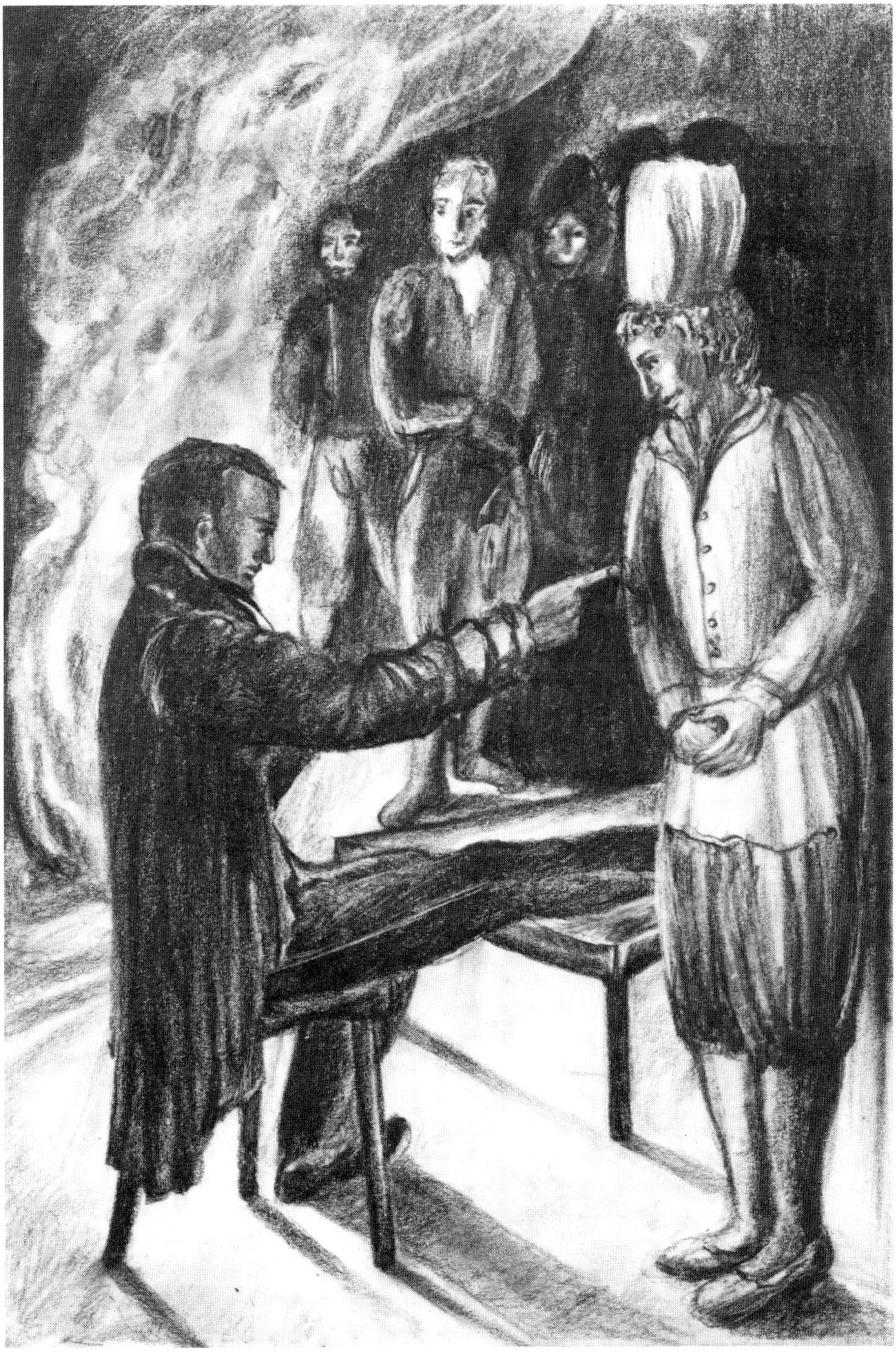

konnte ahnen, in welches Bedrängnis, in wieviel Verzweiflung ich mich gestürzt sah, als ich ins Küchenzelt eintrat. Zwar besaß ich noch einen kleinen Sack Kartoffeln, aber ich hatte weder Fett noch Butter noch Öl. Nach einigem Kopfzerbrechen, das mich immer ratloser werden ließ, fiel mein Blick auf eine Unschlittkerze, Unschlitt, sag ich, Talg aus schlechtestem Schafsfett, gerade gut genug, Seifen und Kerzen zu machen. Den Talg in die Pfanne, den Kartoffelbrei mit viel Würzkraut aus dem Borodiner Pfarrgarten dazu in den Tiegel und eine Köllertaler Hartwurst, in Würfel geschnitten, hinein – mon Dieu, ob das gut geht?!"
Der Balder rief in die Küche nach Joschy der Schwester, ob Braten und Kuchen bald gar seien und fuhr in seiner Rede fort, indem er einen Schluck Saarwein nahm und der Runde zuprostete: Der Kaiser schien meinen Borodiner Dippelappes mit sichtlichem Appetit zu essen. Kaum daß er die Gabel aus der Hand gelegt hatte und den Zinnbecher zum Nachfüllen mit Merziger Viez hinhielt, fragte er unvermittelt: ‚Balder, womit hast du den Reibekuchen zubereitet?' Zu Tode erschrocken, antwortete ich bestürzt: Majestät, ich wag's nicht zu sagen. ‚Balder', meinte der Feldherr, ‚nur heraus mit der Sprache, den Kopf wird's nicht kosten'. Gut, Majestät sagte ich drauf, ich hatte weder Fett noch Öl, und da hab ich Unschlitt genommen. ‚Bravo, mein Junge', rief lachend der Kaiser, ‚ich habe nie so guten Reibekuchen gegessen'. Unterdessen hatte die blonde Joschy zwei große Pfannen mit Dippelappes und Schales aufgetragen, die Herren am Stammtisch richteten die glänzenden Augen auf das dampfende Gericht und überließen sich mit sichtlichem Behagen den Wonnen wohlvertrauter Genüsse.
„Denkt's, Leute, und laßt es euch schmecken!", sagte der Schankwirt vom Markt, wandte sich um und ging hastig zum Zapftisch, wo er sich mit der leinenen Wirtsschürze die dicken Tränen wischte, die ihm immer über die Wangen liefen, wenn er diese Episode vom Rußlandfeldzug des Franzosenkaisers erzählte, denn er war trotz des unrühmlichen Endes des großen Korsen ein Bewunderer des kleinen Korporals geblieben.
Vielleicht wären dem Kaiser der Franzosen die Niederlagen von Borodino und Waterloo, die Aufenthalte auf Elba und St. Helena erspart geblieben, wenn er nicht so grob gekaut, so hastig geschluckt, sondern mit feinerer Zunge, am empfindsameren Gaumen Speise und Trank genossen hätte?!
Wie sagte doch der berühmte Brillat de Savarin, Chefkoch seiner Majestät des Kaisers, Eßkritiker der Empire-Epoche und Lehrmeister der Tafelfreuden, der durch Wort und Tat die Menschen seiner Zeit vom gedankenlosen Fressen abzuhalten und zur kultivierten Gaumenlust hinzuführen versuchte: Richtig essen hat etwas mit richtigem Leben zu tun. Hans Balthasar Keltermann jedenfalls, nach abenteuerlicher Flucht aus russischer Gefangenschaft zurückgekehrt, hielt, nachdem er den Gasthof von seinem alten Vater übernommen hatte, viel auf gute Küche, volle Kammern und gefüllte Keller, empfing Gäste, hochgestellt und niedrig aus nah und fern, bewirtete sie aufs beste und gab, ohne gefragt zu sein, die Antwort auf seinen Lebenszweck als Küchenmeister und Schankwirt: Wenn alle Künste untergehn, die edle Kochkunst bleibt bestehn.

Lob der Pfannengerichte
Altes Schenkenlied aus St. Johann am Markt

Pfanne für Waffeln und Kuchen und Fleisch,
Topf aus gegossenem Eisen,
König der Küche im Speisereich,
dich will ich loben und preisen.

Kräftig mit Schinken und Wurst oder Speck,
köstlich mit Zucker und Früchten,
gibst du der Gabe des Eisens erst Zweck,
stillst du den Hunger nach Süchten.

Flach auf der Platte aus Holz oder Stein
oder gerollt auf dem Teller,
Pfannengerichte sind herzhaft und fein,
preiswert auf Pfennig und Heller.

Schenkt mir die Wirtin noch Wein oder Bier,
trefflich gekühlt in der Kammer,
zu meinem himmlichen Pfannenpläsier,
pfeif ich auf Sorgen und Jammer.

Steigt mir das Loblied aus seliger Brust,
sing ich zu Speise und Tranke:
Freude und Wonne, o göttliche Lust,
die ich der Pfanne verdanke!

Pfanne für Waffeln und Kuchen und Fleisch,
Topf aus gegossenem Eisen,
König der Küche im Speisereich,
dich muß ich loben und preisen.

Worte von Johannes Balthasar Keltermann, genannt Hans Balder vom Markt, Schankwirt und Speisemeister zu St. Johann (1785 - 1856).
Weise nach einem altfranzösischen Reitermarsch von Matthias Ernst aus Saarbrücken
(entnommen aus: Saarländischer Zupfgeigenhansl, Fürstlich Nassauische Verlagsbuchhandlung Friedmann Quaysser, Malstatt 1872)

Lob der Pfannengerichte

Einleitung und Kehrreim

Pfan-ne für Waf-feln und Ku-chen und Fleisch,
Topf aus ge-gos-se-nem Ei-sen,
Kö-nig der Küche im Spei-se-reich,
dich will ich lo-ben und prei-sen!

1. Strophe

Kräf-tig mit Schin-ken und Wurst o-der Speck,
köst-lich mit Zuk-ker und Früch-ten,
gibst du der Ga-be des Ei-sens erst zweck,
stillst du den Hunger nach Süch-ten.

Die Feuerkutsche von Nennig

Der feurige Belloc, erzählte der Zöllner Maletzke noch in der Nacht dem Zollhauptmann von Perl im Turmhaus der Nenniger Moselbrücke, sei kurz vor Mitternacht mit funkensprühendem Flammenschweif und rotglühender Hängezunge von Schloß Meinsberg im Lothringischen durch's Flußtal gerannt, habe, ein leibhaftiger Höllenhund, den Remicher Schloßberg genommen und sei, potzblitz, mit einem gewaltigen Satz, als würd' er von unsichtbaren Flügeln getragen, über die Mosel gesprungen. Und wie ich den gräßlichen Cerberus den Nenniger Hang hinaufhecheln höre, versicherte der Zollmann, indem er die erkaltete Pfeife entzündete und paffte, sehe ich plötzlich den feurigen Mann durch den Sinzer Hahnengraben hasten. Den Pferdefuß, wahrhaftig, ich sah ihn, mit festem Tritt in die Erde gestoßen, läuft er feldein nach der Feste Schloß Berg, wo er zur gleichen Zeit mit dem Flammenhund ankommt und vor der Reisekutsche des verdammten Wucherers Simon im Schloßhof haltmacht.

Teufel, Teufel, was du nicht sagst, warf der Hauptmann ein, und was dann? Nun, sprach Jakob der Zöllner, der Feuerrote, was sag ich, der Satan leibhaftig, ergriff den Bellock von Meinsberg, den ungetreuen Junker, beim Schwanz und trieb ihn mit wilden Stößen in die Schere des Einspänners, wo er, ein wahres Feuerroß mit schwefelrauchigen Nüstern, den Deichselbaum rieb und die Hoferde scharrte.

Der Hahnrei der Hölle, ich hör noch sein höhnendes Lachen, hieß den armen Simon, der die Seele dem Wucherzins setzte, in die Kutsche steigen, schwang sich, hejo, auf den Sitz, knallte die Peitsche, und auf ging die nächtliche Fahrt über Hang und Heide hoch in die Lüfte.

So einen feurigen Elias, schloß der Herr Jakob die Rede im Zollhaus zu Nennig, indem er den Weinkrug mit Perler Bockssprung leerte, hab ich mein Lebtag nicht gesehen. Geradewegs durch das dunkle Wolkenloch, droben bei Besch an den Eichen, raste das Feuergefährt mit funkenstiebenden Rädern zur Hölle. Gott sei der Seele des Simon vom Berge gnädig, rief der Hauptmann vom Zollamt, schlug dreimal das Kreuz vor das Leder der Dienstjacke und verließ eilig das Brückenhaus.

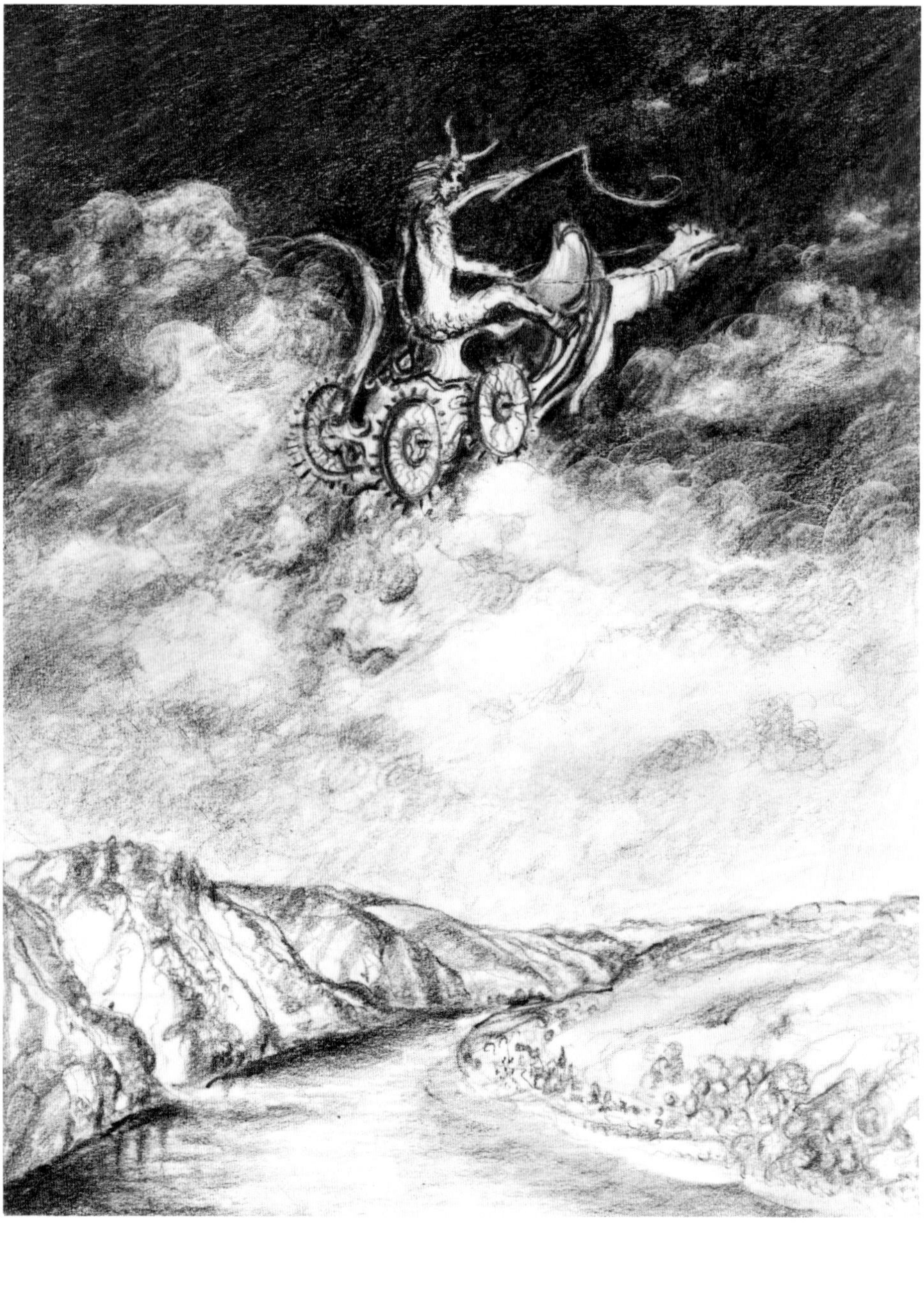

Sauschüsseln auf der Saar

Am 16. Dezember 1858, als die erste Lokomotive mit wehender Dampffahne und schrillen Pfiffs auf der neueröffneten Eisenbahnstrecke Saarbrücken-Merzig die Saar entlang fuhr, begann das Ende der saarländischen Treidelschiffahrt, die, mühselige Uferarbeit und lebhafter Warenhandel, durch Jahrhunderte blühte und in dem Marktflecken und Adelssitz Rehlingen einen bedeutenden Anlegeplatz besaß.
Übers Jahr, in der Zeit zwischen Blüte und Ernte des Apfels, wenn die Wasser der Saar niedrig standen, glitten kleine Schiffe und leichte Kähne den Sargowefluß hinab. Wenn aber im Spätherbst und Frühlenz, durch Novemberregen oder Schneeschmelze, die Saar zu einem mächtigen Strom anschwoll, schoben sich die Fürsten der Schiffahrt ins Bild auf den Wassern. Die großen Flußschiffe von Rhein und Mosel, mit Erzen randvoll beladen, fuhren ins Land der Kohlen und Wälder. Mit Fettkohle von Rossel und Köller, Hüttenkoks aus Völklinger Essen und Hölzern aus den Herrenwäldern der Grafschaft Saarbrücken angefüllt, schwammen die bauchigen Riesen aus funkelndem Dickblech mit eiliger Strömung zu Tale. Die leicht gebauten, schnellen Weinschiffe von der Ruwer, von den losen Mäulern Rehlinger Dorfbuben wegen ihrer langmuldigen Trogform als hölzerne Sauschüsseln verspottet, nahmen sich dagegen wie Nußschalen aus.
Trieben die Saarschiffe, von erfahrenen Steuerleuten gelenkt, zur Mosel hin auf den strömenden Wassern von selbst, so wurden sie, wenn sie flußaufwärts zogen, von starken Gäulen auf den Treidelpfaden in der Fahrrinne geschleppt, zwölf bis fünfzehn an der Zahl, in Dreiergruppen hintereinander gekoppelt, von Schiffbauern, Halfen genannt, geführt. Zur Mittagszeit ankerten im Rehlinger Hafen, der sich von der Saar ins wasserreiche Nieddelta hineinzog, gut vertäut und kontrollsicher, große und kleine Schiffe aus vieler Herren Länder, gingen Schiffseigner, Kaufherren und Bootsleute zu kurzer Rast für Mannschaft und Bespannung an Land und kehrten ins Gasthaus Mader, der Schenke zum Leinpfad, ein.
Bis die Dunkelheit hereinbrach, legten, bei starkem Schiffverkehr in wasserständigen Zeiten, wohl dreißig Schiffe, von der Saarfähre bis zur großen Tuchbleiche stattlich aufgereiht, nach Größe und Ladung zur Zollabfertigung geordert, an der Rehlinger Reeling an. Die Pferde, an manchen Tagen fünfzig und mehr, starke Gespanntiere vom Saargau und aus dem Niedtal, standen in den herrschaftlichen Stallungen des Picardischen Anwesens, und die Schiffsbesatzungen und Fuhrleute übernachteten im Gutshof Andreas Mader in der Ufergasse. Nachdem die Flußschiffer und Pferdeknechte aus eignem Geschirr, Neuwieder Blechzeug, stückgestanzt und verzinkt, die mitgebrachten Speisen (der Wirt stellte Teller, Löffel und Wein) in der Schiffsschenke verzehrt hatten, verbrachten die Werkleute, unter die sich einheimische Kaufherren, Obstbauern und Handwerker mischten, die langen Abende unter Gesprächen, leutselig und lustig miteinander. Von den Schanktischen unter schattigen Linden im Freihof, das

Windlicht neben Krügen und Gläsern, wanderten die Blicke der Zecher zur Hausenschen Talburg hinüber, wo Freiherr Gustav Adolf von Hausen, der dem Rehlinger Adelshaus seit 1750 als regierender Zollgraf vorstand, mit seinen Gästen, saarländischen Edelleuten, lothringischen Landjunkern und moselländischen Weinbaronen, im offenen Pavillon des Schloßgartens saß, Abendgesellschaften, bei denen die Äbte und Oberen der umliegenden Klöster selten fehlten. Während die Niedbauern und Saarschiffer, im schweren Wohllaut ihrer moselfränkischen Mundart, Handel und Wandel besprachen, die schweren Humpen mit starkem Bruchschen Zwickelbier aus St. Johann hoben und die Zinnbecher, gefüllt mit kräftigem Merziger Saarviez, anstießen, genossen die edlen Herrschaften die köstlichen Weine von Saar, Ruwer und Mosel, die der Schloßherr von Hausen, 10 Fuder das Jahr und 5.000 Flaschen, als Flußzins und Schiffszoll von den Ordensleuten der Wadgasser Abtei und des Chorherrenstifts St. Arnual bei Saarbrücken, erhielt und die pünktlich und voll erfüllt, zu Pfingsten in Rehlingen an Land und ins Schloß gebracht werden mußten. Denn die Freiherren von Hausen, altsaarländische Edelleute, zu Rehlingen an der Niedmündung ansässig, den pfahlweis gestellten Anker mit goldenem Tau, dreifach gesichelt, im Wappen, waren seit dem späten Mittelalter die Herren der Treidelschiffahrt auf der Saar.

Ihr Renaissanceschlößchen, auf einer überschwemmungssicheren Anhöhe in den Talauen gelegen, bot zwar den Pferdeknechten auf dem Leinpfad und den Flußschiffern in der Fahrrinne einen herrlichen Anblick, den die Werkleute zu Wasser und zu Land in den kurzen Zeiten der Rast wohl zu genießen wußten, aber den Standort des schönen Herrensitzes mit dem hochaufragenden Rundturm zur Saarseite hin hatten die Edlen von Hausen gewählt, daß sie den Ausblick auf die Wasserstraße gewännen, deren Zins ihnen zufiel, und die Übersicht über den Schiffsverkehr behielten, dessen Zoll sie erhoben.

So prächtig sich auch die Frachtschiffe, beladen mit Eisenerz, Steinkohle und Stapelholz, für die Menschen am Ufer ausnahmen, wie gern die Hausenschen Zolleinnehmer deren Ladung, noch bevor sie an der Reede von Rehlingen anlegten, nach Gewicht und Handelswert einschätzten, es waren doch die lustigen Winzerboote, denen die Augen der Schiffsbauern, Saarflößer und Talwanderer folgten. Von den Weinschiffen, allesamt den Rebengott Bacchus als Gallionsfigur im Kielspriet, klang liebliches Lautenspiel und fröhlicher Gesang herüber, und die Matrosen, Winzer und Passagiere, die von der Bischofsstadt Trier in die Fürstenmetropole Saarbrücken wollten, prosteten, einen vollen Pokal oder die ganze Flasche in Händen, von Saufspäßen, Trinksprüchen und Kaufrufen begleitet, freudig den Uferleuten zu.

Die besten Weingebinde von den Rebenhängen an Saar, Mosel und Ruwer, das wußten nicht nur der Pfarrherr von Rehlingen und Burgkaplan von Siersburg, sondern auch alle Bewohner des Treideldorfs an der Niedmündung, lagen, Faß auf Faß im Heck, kielwärts Flasche an Flasche, als Probsteiweine für die Praemonstratenser in der Abtei Wadgassen und als Stiftsweine für die Chorherren von St. Arnual in den Schiffsbäuchen. Diese kostbare Fracht, gewachsen unter mosselländischer Sonne, gereift in den fürstbischöflichen Weinkellern im Dreistromland, wurden nicht von den Weinbaronen und Rebgrafen flußaufwärts in die Klosterkeller transportiert, sondern von boots- und weinkundigen Mönchen an Ort und Stelle gebracht. Nur so sahen die Klosteräbte und Stiftsoberen gewährleistet, daß der Meßwein, den die geistlichen Herren, den Reinheitsgeboten der Kirche gemäß, zur Feier des heiligen Opfers für sich und die klosterhörigen Pfarrkirchen brauchten, unverfälscht bleibe und nicht unterwegs in die Hände von Weinpanschern gerate. Auch mochten die Ordensleute und Weltgeistlichen in der Klosterrunde, bei Weißbrot, Karpfen und Wildbret oder bei pfarrlichen Gastbesuchen im Kirchspiel einen edeltrockenen Tropfen genießen.

Weiß der Himmel, welch schöner Zufall es kurz vor Pfingsten des Jahres 1771 fügte, daß sich die Küchen und Keller der Rehlinger Bürger wohlfeil und reichlich mit edelsten Weinen von der Ruwer anfüllten.

Seit Tagen brauten sich dunkle Wetterwolken gefürchteter Maigewitter überm Saargau im Westen zusammen, drangen in immer neuen Anläufen, von pfeifenden Sturmwinden getrieben, über die Wasser und Wälder der Saarlande und entluden sich, unter gräßlichen Blitz- und Donnerschlägen, in heftigen Regengüssen, so daß die Flüsse binnen weniger Stunden mächtig anschwollen, die Fährnisse strudelnden Wassers bedrohlich anwuchsen. Zwei schmucke Weinschiffe aus dem Ruwertal, die „Meerkatze" der Klosterabtei Wadgassen und der „Seehund" des Chorherrenstifts St. Arnual, die größten und schnellsten Sauschüsseln auf der Saar, randvoll gefüllt mit Fässern und Flaschen des begehrten Ruwerweins, erreichten, indem die Fuhrleute mit unbarmherzigen Peitschenhieben auf die Schiffsgäule einschlugen, mit Mühe und Not die Reede von Rehlingen, unweit des Hausenschen Schlosses am Auwald. Die Schiffe mußten, da sie in die reißende Fahrrinne abzutrudeln drohten, auf Geheiß des erfahrenen Hafenmeisters Johann Nepomuk Kind, nachdem die erschöpften Gespannpferde ausgewechselt waren, eine Strecke in den Niedlauf hineingezogen werden, damit sie im Schutze der flußnahen Häusermauern und Bachhecken das Ende des Unwetters abwarteten. Sei es, daß bei diesem gefährlichen Anlegemanöver, durch Blitz und Donner verschreckt, die Schiffspferde scheuten, dorfwärts galoppierten und die Bootsplanken herausrissen, sei es, daß die Frachtkähne von Blitzschlägen, die ringsum in die Bäume und Wasser einschlugen, getroffen wurden und zerbarsten, die beiden hölzernen Weinschiffe lösten sich in einem wilden Getöse fast gleichzeitig auf und gaben die Ladung frei. Während die Schiffsbesatzungen, Weinmönche wie Steuerbrüder, in Rettungsringen hängend, an schwimmende Bohlen geklammert, von den Treidelknechten mit Stangen gezogen, das Ufer erreichten, schwammen die Fässer und Flaschen auf den Niedwassern umher und trieben hierhin und dorthin ans Niedgestade.

Noch hingen die Gewitterwolken, ein dunkler Vorhang aus Tagfinsternis und schweflichem Licht, von Blitzen in den Himmel gezeichnet, über dem

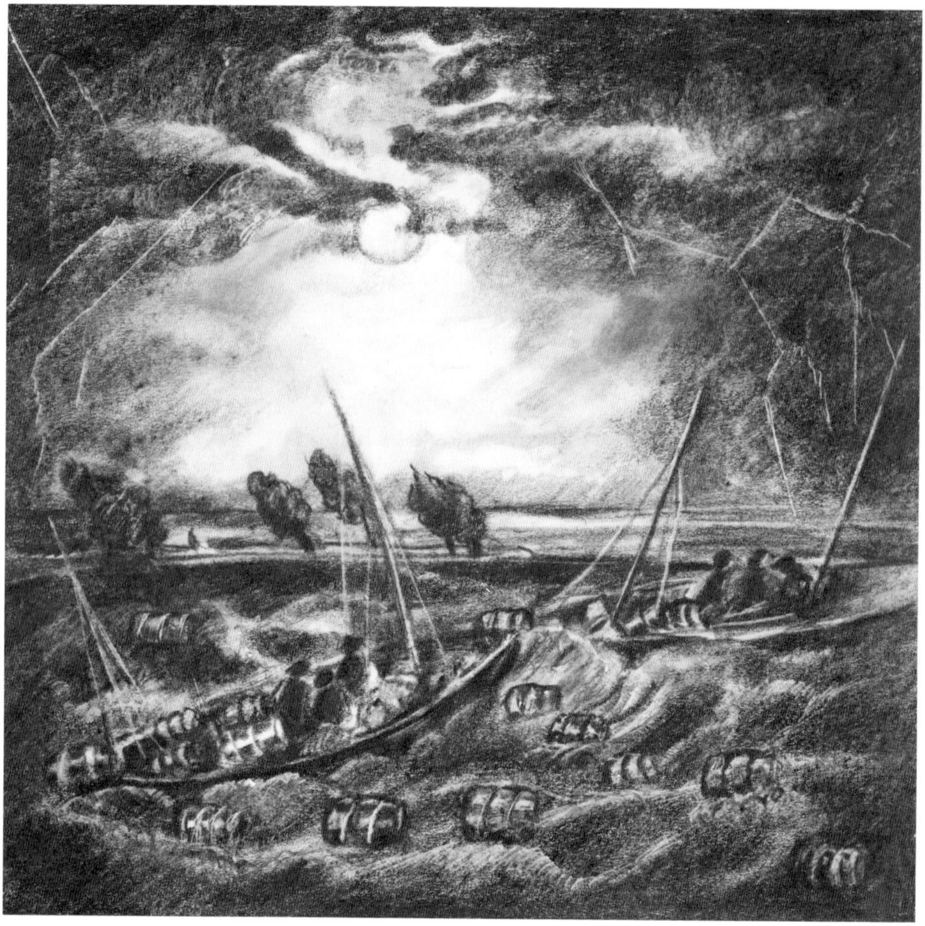

weiten Talkessel, noch schnürte der warme Mairegen in langen dicken Fäden auf das Land herab – die triefenden Schiffsleute der gestrandeten Weinschiffe hatten die Uferbewohner ins nahe Schloß gebracht, wo sie mit Decken und Branntwein versorgt, auf den Ofenbänken in der Gutsschenke saßen – als die Rehlinger Männer und Frauen, jung und alt, mit Stangen und Netzen bewaffnet, Karren und Körbe mit sich führend, an die Unglücksstelle eilten.

Das war ein Fischen und Raffen, ein Rollen und Tragen, ein Rufen und Helfen, wie es der Hafenort Rehlingen, dessen Bewohner nicht als träge und faul galten, noch nie erlebt hatte!

Kaum daß die düsteren Wolkenfelder jenseits der Saar über den Hügelwäldern des Haustädter Tals verzogen waren, die Sonne brach aus der aufgerissenen Himmelsdecke hervor und goß ihr Licht, strahlend und hell, über die naßgrüne Flußlandschaft, auf Häuser, Bäume und Wasser herab, lag die Nied wie geputzt, wie gekehrt, alle Flaschen und Fässer waren verschwunden, nur Schiffsplanken und sonstiges Bootsholz trieben in der Ferne auf der Saar flußabwärts.

Der herbeigeeilte Zollherr von Hausen, der mit seinen Leuten zur Rettung der Ladung mit allerlei Geräten und Wagen nicht schnell genug durch die verstopften Dorfgassen gelangte, konnte, als er die Niedwiesen endlich erreichte, nicht ein Fäßchen, keine einzige Flasche im Hafenbecken oder an den Ufergestaden entdecken. Die wertvolle Weinfracht der Mönche, die auch die Zollstücke des Treidelfreiherrn enthielt, als Strandgut an die Rehlinger Ufer-Allmende geschwemmt, lag, sicher und fest, in den Kellern und Küchen der Dörfler.

Auch der Pfarrherr von Rehlingen, Dechant Hieronymus Lonnendonker, und der Schloßkaplan von Siersburg, Hochwürden Felix Lafontaine, der gerade zur Vorbereitung des pfingstlichen Dreiherrenamtes in der Dorfkirche zu Rehlingen weilte, hatten bei der fröhlichen Weinberge mitgeholfen und ihr Schäfchen ins trockene gebracht, will sagen, drei stattliche Fässer Saarburger Schloßbergs, Jahrgang 1762, in den Pfarrkeller eingelagert. Die beiden Geistlichen, durch Priesteramt bei der Feier der Heiligen Messe mit Meßwein vertraut und als Verehrer des Rebengottes Bacchus bekannt, Weinkenner von hohen Gnaden, seien, so erzählte der Madersche Schankwirt Valentin Meinrad später oft und gern in froher Zecherrunde, bei der Probe des Tropfens in Streit geraten. Der alte Pfarrer habe, den gefüllten Römer vorm Auge und unter der Nase, nach innigem Schlürfen und Kauen, gefunden, das schöne Gebinde schmecke ein wenig nach Leder, während der Amtsbruder, nicht unerfahren im Kosten edler Getränke, fand, daß ein Eisengeschmack auf der Zunge verbleibe. So leicht ließ sich der Weinstreit nicht schlichten, sie prüften und prüften, füllten Glas um Glas und leerten, in stets erneuertem Forschergenuß, das Faß während der langen Nacht bis auf den Grund. Noch standen die Urteile unverrückt fest und nebeneinander, die seligen Weintrinker hoben gemeinsam das Faß, um auch den letzten köstlichen Tropfen dem Prüfgericht zu unterwerfen und den Streitpunkt zu klären. So wie das Weinfaß gänzlich auf dem Boden ruhte, hing aus dem Spundloch, an einem Lederriemchen baumelnd, ein erzenes Schlüsselchen heraus. Der Schlüssel am Leder mochte dem Küfer, beim Fässern abhanden gekommen, in den Faßbauch gerutscht sein. Hieronymus Lonnendonker und Felix Lafontaine fielen sich, eben krähte der Hahn den Morgen an, glücklich in die Arme und freuten sich ihrer hohen Weinkennerschaft.

Das Treidelfest an Nied und Saar, alljährlich im Hafendorf Rehlingen und auf dem Zollschloß von Hausen gefeiert, verlief, wie sich denken läßt, in jenem Jahr besonders ausgelassen und fröhlich. Leider verlor sich der festliche Brauch, der saarländischen Treidelschiffahrt mit Kirchgang und Maimarkt, bei Festspiel und Feiertrunk zu gedenken, im Laufe der Zeit. Wer weiß aber, ob nicht der Bürgermeister von Dillingen, der heute der Niedgemeinde vorsteht, oder ein findiger Ratsherr aus Rehlingen eines schönes Tages auf den Gedanken kommt, das Fluß-Fest der Treidler und Halfen von der Saar wieder aufleben zu lassen?!

Jagdstück

Johann Matthias Wangenroth, fürstlicher Schreiber zu Hahn in der Grafschaft Westernburg, glaubte, ihn treffe der Schlag, als er ins Schloß gerufen, vom Fürsten erfuhr, daß er zum ersten Jänner des folgenden Jahres in der Eisenhütte zu Neunkirchen an der Blies die Feder zu führen habe. Dem Leineweberssohn aus Wengerode im Westerwald, des Lesens, Schreibens und Rechnens kundig, in der Jägerei und Forstwirtschaft ausgebildet und vordem Büchsenspanner in herrschaftlichen Diensten, blieb aus der Bestürzung heraus weder Zeit noch Gelegenheit, eine fragende Einlassung zu machen, so bestimmt und unausweichlich hatte der gnädige Herr, von früh auf sein Förderer und Beschützer, gesprochen, zumal er, bei aller Betroffenheit im Augenblick, sehr wohl wußte, wie hoch ein junger Mann aus dem Volke die Ehre einzuschätzen habe, die ihm zuteil wurde. Kaufmännischer Direktor eines bedeutenden Eisenwerks, erst kürzlich durch Erbfolge aus dem Saarbrückischen Besitz an die Usinger Linie des nassauischen Fürstenhauses gefallen, war eine so angesehene Stellung, daß er bis zu dieser Stunde nicht gewagt hätte, von einem solchen Amte zu träumen.
So stammelte denn der ehrenvoll bestallte Hüttenschreiber, nicht ohne innere Festigkeit in der Stimme, die weder selbstbewußte Dankbarkeit noch unverfügbaren Stolz vermissen ließ, seine gehorsame Zustimmung und bat lediglich, ihm, untertänigst, den Wunsch zu gewähren, daß ihm seine Verlobte, die Kammerjungfer Auguste Christiane Sebastian, folgen dürfe, da sie sich die Ehe versprochen hätten und zu St. Bartholomae heiraten wollten. Der Fürst, wohlunterrichtet über alle Personenstände am Hof, Dienstvorkommnisse wie Privatangelegenheiten, kam diesem Verlangen huldvoll entgegen und versicherte, unter wohlwollendem Lächeln, daß er selbst die Patenschaft über den ersten Stammhalter der Wangenrother übernähme, und der neuernannte Erste Sekretär der Neunkircher Eisenhütte zog sich unter gebührender Hochachtungsbezeugung aus dem Audienzsaal zurück und ging festen Schrittes und erhobenen Hauptes durch die Schar der Bittsteller, Höflinge und Kammerzofen dem Schloßausgang zu.
Nachdem die Hochzeit gehalten, der Hausstand gegründet und durch den Notar der Grafschaft Ottweiler, Nepomuk Cerny, genannt Fingerhut, ein Hauskauf in Landsweiler getätigt war, bezog Johann Matthias Wangenroth, nunmehr Ehegatte der ehrsamen Auguste Christiane, Tochter des Pfarrers Ludwig Sebastian aus Wörsdorf bei Idstein im Taunus, mit seiner jungen Frau kurz vor Weihnachten des Jahres 1728 das stattliche Haus, ein ansehnliches Wohngebäude mit reichlichem Hofgrund im Wingrathsgraben zu Landsweiler. Der Hüttenschreiber von Neunkirchen, umsichtiger und entschiedener Büroleiter und Hauptbuchhalter der Geld- und Warengeschäfte in der Eisenhüttengießerei, wohlhabender Gemeindebürger und geachteter Christenmensch evangelisch-lutherischen Glaubens, galt im ganzen Kirchspiel Schiffweiler als ein stiller, friedfertiger Mann von zartem Gewissen. Er wußte sein Amt zur Erhaltung und Mehrung von Macht und Reich-

tum seiner Usinger Herren, zur Wohlfahrt und Sicherung der eigenen Familie, aber auch, wenn man seine Dienste im Lesen, Schreiben oder Rechnen in Anspruch nahm, zu Nutz und Frommen der Nachbarn zu führen und, mit Anstand und Stolz, das Ansehen seiner Person bei jedermann im Lande zu erhöhen. Eine zwielichtige Mischung aus Hochachtung und Furchtsamkeit, Ehrerbietung und Fremdenscheue, von den armen, aber redlichen Landleuten dem hohen Landsweiler Neubürger entgegengebracht, war von Anfang an die auffälligste Eigenschaft bei der Aufnahme des außergewöhnlichen Mannes und seiner Angehörigen und blieb im dienstlichen Verkehr wie im persönlichen Umgang mit den Zugezogenen bestimmendes Merkmal. Die Katholiken, die an allen Sonn- und Feiertagen aus Landsweiler und den umliegenden Nachbardörfern, gemäß dem strengen Kirchengebot, eine ganze heilige Messe mit Andacht zu hören, zur Dorfkirche nach Schiffweiler auf den Beinen waren, wichen ehrerbietig zur Seite, wenn Herr Wangenroth als einziger Protestant des Ortes, um das Bibelwort zu vernehmen und den Lutherglauben zu bekennen, mit seiner Familie in einer vornehmen Reisekutsche, einen livrierten Werkskutscher auf dem Bock, zur Probstei Neumünster in das weit entfernte Ottweiler fuhr und aus dem geschlossenen Landauer heraus manchen scheuen Gruß mit nobler Gebärde zurückgab.

Wangenroths Stellung, grundgelegt durch Vermögen, Einfluß und Religionszugehörigkeit, schien im Rahmen von Familienkreis, Berufstätigkeit und Dorfleben fruchtbar bestimmt und maßvoll geregelt. In ihrer Stärkung war sie stetigen Wachstums gewiß und konnte nach menschlichem Ermessen auf ein erfülltes Lebensschicksal hinauslaufen. Eingespannt in das Ordnungsdreieck des kleinen Dorfbezirks Landsweiler, des Arbeitsfeldes in der Neunkircher Eisenhütte und der besonderen Beziehung zum Herrscherhaus in der reichsgräflichen Residenz zu Ottweiler, gestützt durch Privilegien, Anerkennungen und Erfolge, wußte der Mann aus dem fernen Westerwald, verglichen mit den eingeschränkten Möglichkeiten und ärmlichen Verhältnissen der alteingesessenen Mitbürger, seinem Leben in freier und eigenwilliger Weise Inhalt und Richtung zugeben.

Allein Amtswürde, Fürsteneinfluß und seine Ausbildung im Forst- und Jagdwesen brachten es im Laufe weniger Jahre mit sich, daß Wangenroth zum obersten Jagdaufseher und Forstbeamten sowie alleinigen Zollerheber der Adelsherrschaft Ottweiler ernannt, neben dem Hauptberuf als Hüttenschreiber sich den Aufgaben der neuen Ämter mit Hingabe und Eifer widmete. Sei es, daß er befürchtete, daß Kanzleiarbeit, bei allem Einfluß und Ansehen, die sie ihm verschaffte, ihn mit den Jahren zu einer hölzernen Figur mit einer papiernen Seele mache, sei es, daß die alte Lust und Liebe zum Jagen und Forsten ihn wieder packte und sein Denken und Fühlen besetzte, er hielt sich seit einiger Zeit immer weniger in den Faktoreistuben der Eisenhütte auf, überließ seine Schreiberobliegenheiten den Unterbeamten und Bürogehilfen und ging immer mehr in den Geschäften des Waidwerks und der Zöllnerei auf. Das zweifache Amt, Berufsbürde und Lebenselixier zugleich, kehrte nach und nach den Doppelcharakter seines

Wesens hervor. So wie die Hüttenleute und Dorfbewohner ihn bisher als zurückhaltenden, sanftmütigen und fleißigen Kaufmann und Hofbeamten kennengelernt hatten, so erfuhren jetzt die Jäger, Köhler und Holzfäller, aber auch Fuhrleute und Handelsherren die herrische Seite seiner Natur, die aufbrausend, hart und vielfach grausam hervortrat, wenn es galt, Waldfrevler und Wilddiebe sowie Schmuggler und Steuersäumlinge zu stellen und zu bestrafen. Der gestrenge Herr, mittlerweile vom Nassau-Usinger Fürstenhaus mit dem persönlichen Adelstitel beliehen, ging in Pflichterfüllung und Diensteifer so weit, daß er die verbrieften Rechte und Ansprüche der Bauern, Handwerker und Kaufleute auf Weg-, Wald- und Weidenutzung und den Nachlaß von Zollsätzen und Steuerschulden bei Hagel, Mißernte und Kriegsschäden einschränkte, behinderte und gelegentlich aufhob. Besonders hart aber wurde empfunden, daß Herr von Wingerath, ganz im Gegensatz zu seinem in der Tat etwas saumseligen und liederlichen Vorgänger Sepp Wiedenbein, genannt Herzenstiel, das Erbrecht auf Waldweiden und Laubscharren in Notzeiten und das Holzhauen im Forst für Pfluggeschirre und Zaunpfähle, das die leibeigenen Untertanen seit altersher als Allmendrecht besaßen, unter dem Vorwand, das Wild werde unruhig gemacht und der Wald verdorben, schroff verwehrte oder mit unzulässigen Gebühren belastete. Es konnte nicht ausbleiben, daß Strenge und Übereifer des eigenwilligen Rechtshüters Zorn, Wut und Empörung bei den Einheimischen hervorriefen, und der vordem angesehene und geachtete Hüttenschreiber Johann Matthias Wangenroth wurde als Baron von Wingerath ein gefürchteter Herrenknecht und gehaßter Fürstendiener bei den friedlichen und untertänigen Bewohnern der Grafschaft.

Den Gepflogenheiten des Jagdlebens gemäß und den Umständen einer allgegenwärtigen, unsteten Forstaufsichts- und Zolleinnehmertätigkeit entsprechend, weilte Johann Matthias von Wingerath, genannt Wangenroth, nur noch selten auf seinem Landsweiler Gutshof, dessen Familienkreis und Hausstand er aber nach wie vor, teils durch die Hausherrin, teils von einer großen, gehorsamen Dienerschaft in Ordnung hielt. Als jedoch Frau Auguste Christiane Wangenroth bei der Geburt ihres sechsten Kindes, nach neunjähriger Ehe, im Kindbett starb, erkor der Hüttendirektor und Landedelmann das Jagdhaus Drosselsang im Kohlenwald bei Schiffweiler, unmittelbar an der Salzstraße von Saarbrücken nach Ottweiler gelegen, zu seinem Domizil und überließ die Kindererziehung und Hofbewirtschaftung, indem er diese überwachte und jene steuerte, der zuverlässigen und tüchtigen Haushälterin Anna Maria Kugelhupf aus Sinnerthal bei Neunkirchen. Die Protestschreiben und Beschwerdebriefe der bedrückten Bauern, geschädigten Kaufleute und armen Bergarbeiter und Tagelöhner, die diese in Not und Verzweiflung oftmals an die fürstliche Herrin nach Ottweiler Charlotte Amalie, Fürstin von Nassau-Usingen, abschickten, gelangten nur selten in die Hände der mildtätigen und gerechten Regentin von Saarbrücken-Ottweiler, wurden sie doch in aller Regel von der schönen Freiin von Osterbrücken, der obersten Kammerfrau ihrer reichsgräflichen Durchlaucht abgefangen und zur meist schnöden, abschlägigen Bescheidung in die Hofkanzlei weitergeleitet. Daß der erste Hüttensekretär und nunmehrige Oberjäger und Hauptförster seit geraumer Zeit seine Aufwartung im Barockschlößchen der Usinger an der Blies machte, war allen Hofleuten und Bürgern von Ottweiler aufgefallen, wie es auch den Bewohnern der Grafschaft nicht entgehen konnte, daß die schöne Freifrau und leidenschaftliche Jägerin Franziska von Osterbrücken gern im Jagdhaus Drosselsang im gräflichen Kohlenforst und Jagdrevier abstieg. Worüber in der Ottweiler Hofgesellschaft hinter vorgehaltener Hand gesprochen, in den Tuchgeschäften und Spezereiläden des Residenzstädtchens geklatscht, in den dörflichen Spinnstuben getuschelt und in der Werkskantine und dem Hüttenkasino gemunkelt wurde, war nichts anderes als eine handfeste Liebschaft der beiden. Wenngleich das gräfliche Liebespaar in einem gewissen Grade persönliche Ziemlichkeit und öffentliche Rücksichtnahme walten ließ, so versuchte es dennoch in gar keiner Weise, durch überängstliche Verschleierungen oder allzu bemühte Vorkehrungen die Liebesverbindung selbst zu kaschieren, wie denn auch starke Naturen, wenn sie in schicksalhafte Verwicklung geraten, sich im allgemeinen wenig um das Gerede der Leute und die Auswirkungen ihres Tuns kümmern, Vorurteilen und Gerüchten, soweit sie nicht verleumderisch und ehrenrührig sind, niemals entgegentreten, einzig dem Zug ihres Herzens folgen und damit der Wahrheit ihres Gefühls und dem Gesetz ihres Wesens verpflichtet bleiben.

Freifrau von Osterbrücken, die Gattin eines hohen Offiziers in kaiserlichhabsburgischen Diensten, der viel auf Reisen und oft in diplomatischen Geschäften in Paris und Petersburg weilte, und Baron Wingerath hatten sich auf einer Redoute zur Karnevalszeit des Jahres 1740 im Ballsaal des Saarbrücker Schlosses kennengelernt.

Das rasche Gefühl gegenseitiger Sympathie, durch die amtlichen Obliegenheiten der Jagd- und Forstaufsicht und die Jagdlust der gräflichen Artemis bei vielfachen Begegnungen und zu guten Gelegenheiten geprüft, hatten aus Zuneigung und Verlangen eine heftige Liebe erwachsen lassen. Die schöne Frau und ihr stürmischer Liebhaber wußten es, trotz mancherlei Hindernissen und Schwierigkeiten, immer wieder einzurichten, sich zu unverfänglichen Rendezvous im Jagdhaus Drosselsang zu treffen oder auf Dienstreisen die herrschaftlichen Missionen mit ihren persönlichen Interessen zu verbinden.

Den ganzen Sommer des Jahres 1744 über bis weit in den Herbst hinein mit den in diesen Landen heiteren Oktobertagen, zuerst heißes Sonnenwetter, von heftigen Wärmegewittern jäh unterbrochen, warme liebliche Abende und helle Mondnächte danach, fanden die beiden Liebenden Zeit und Gelegenheit, den gemeinsamen Auftrag des Fürstenhauses, die große Parforcejagd und die kleineren Hetzen und Jagden in den Jagdrevieren zwischen Neunkirchen, Illingen und Ottweiler vorzubereiten, mit Umsicht und Sorgfalt zu erfüllen und gleichwohl die beglückende Erfahrung tiefer Liebesfreuden auszukosten, einer Zeit, ausgeglichener Lebenswonne, angefüllt mit trauten Gesprächen und Lautenspiel mit Gesang und unterbrochen von Spaziergängen in den Rosengärten des Jagdschlößchens oder schnellen

Ritten durch den nahen Buchenforst und über Feldwege zwischen abgeernteten Ackerfluren.
Am 3. November, dem Fest des hl. Hubertus, erster Bischof von Lüttich und Apostel der Ardennen, dem Patron der Jäger, dessen Bekehrung nach einer frommen Legende durch die Erscheinung eines Hirsches mit strahlendem Kreuz zwischen dem Geweih erfolgte, am Hubertustag sollte die Hubertusjagd stattfinden, die letzte der großen herbstlichen Parforcejagden. Sie würde, nach dem Willen der Adelsherrschaft und durch den Ehrgeiz des Freiherrn von Wingerath und seiner jagdbesessenen Freundin, einen Höhepunkt innerhalb der Festwochen zu Ehren des berühmten walramischen Herrschergeschlechts aus dem Königshaus Nassau darstellen, da in diesen Tagen die Regentschaft ihrer Durchlaucht Fürstin Charlotte Amalie sich jährte und gleichzeitig die kirchlichen und weltlichen Hochzeitsfeierlichkeiten des Erbprinzen Wolfgang Adolf von Nassau-Usingen mit Prinzessin Rebekka von Hohenlohe-Auersperg festlich zu begehen waren.
Den höchsten Rang unter den Jagdarten, bei denen der Mensch nicht die Hauptrolle spielte, sondern die Hunde mehr tun mußten, hatte, wie jeder Jäger und Jagdfreund weiß, die Parforcejagd, bei der ein Hirsch, meist ein starker Rothirsch, von einer großen Meute Hunde, eigens abgerichteter Parforcehunde, so lange verfolgt wurde, bis er sich aus Erschöpfung oder Wut stellte, worauf dann durch eine Kopfkugel oder einen Blattstich ins Herz seinem Leben eine Ende gemacht wird. Vieles war für die fürstlichen Jagdvergnügungen am Hubertustag zu bedenken und zu tun. Es galt, die gräfliche Meute auf den Hetztag in Lauf und Fährte zu halten, die Jagdpferde in heißem Blut zu tummeln, das ganze Revier mit neuen gebahnten Wegen zu versehen oder die alten in einen guten Zustand zu versetzen, Jagdzelte und Troßwagen zu überprüfen und instandzusetzen und schließlich vor allem einen kapitalen Hirsch in den weiten Wäldern der Grafschaft auszumachen, in Hege und Pflege zu nehmen und ganz auf das große Jagdabenteuer hin in freier Wildbahn laufen zu lassen. Der Fürstenhirsch, der ebenbürtige Gegenpart zum Jagdherrn, diesmal der Chef des Saarbrücker Herrenhauses, Fürst Wilhelm Heinrich von Nassau-Saarbrücken in höchsteigener Person, mußte bei seinen Lebensgewohnheiten, den Allüren und Attitüden des Adels nicht unähnlich, hofiert werden. Ihm das Gefühl einer besonderen Aufmerksamkeit zu schenken und in seiner edlen Tiernatur die Erwartung des Außergewöhnlichen wachzurufen und auszugestalten, forderte die Jagderfahrung und das Jägergeschick des Forstpflegers und Jagdhüters Wingerath und seiner jagdkundigen und wildliebenden Begleiterin aufs äußerste heraus, hielt sie in stärkster Spannung und verlangte höchste Wachsamkeit. Der Baron und die Freifrau hatten den Prachthirsch nach einem abenteuerlichen Verfolgungsritt im tiefsten Forst von Ottweiler, einem großen, zusammenhängenden Laubhochwald mit den nahegelegenen Wiesen, Äckern und klaren Wassern, wie ihn das Rotwild liebt, aufgespürt und gestellt. Das rätselhafte Auftauchen des edlen Waidtieres schien dem herrschaftlichen Oberjäger und Hauptförster unerklärlich, glaubte er doch ganz genau zu wissen, wie groß und wie gut der Bestand an

Edel-, Dam- und Rehwild, einschließlich der Sauen und des zahlreichen und mannigfachen Niederwilds sei. Durch einen Zufall erfuhr kurz nach der Sichtung des Sechzehnenders die Gräfin anläßlich eines Besuches in der Abtei St. Mauritius zu Tholey, daß der prächtige Hirsch aus dem Klosterrevier der Benediktiner, die nicht nur den kräftigen Jägerschnaps zu brennen wußten, sondern vom Klosterbruder angefangen über die Mönche bis zum Abt (vor allem in der Gestalt des amtierenden Priors Rhabanus Aurifaber) leidenschaftliche Jagdgenossen waren, in den benachbarten Nassau-Usinger Forst gewechselt war. Nach einigen, nicht ganz leichten Verhandlungen, verbunden mit einer hohen Ablösesumme, wurde das edle Tier als Fürstenhirsch in den grafschaftlichen Wäldern belassen, zumal der hohe Klostermann selbst zu den Gästen der reichsfürstlichen Parforcejagd zählte.

Weit mehr Mühe und Sorge indessen machte den beiden Verantwortlichen für das vergnügliche Waidwerk der fürstlichen Herrschaften die Gefahr, die dem stolzen Sechzehnender von den heimischen Wilddieben, allesamt rücksichtslose Flintenmänner und unbedenkliche Fallensteller, drohte. Es gab genug Wilderer, die den Rehbock, indem sie dessen Lockruf nachahmten, zur Strecke brachten, die eine Wildsau in die Fanggrube sinken ließen und erschlugen, ihre Köter auf die blutige Fährte eines angeschossenen oder verletzten Hasen setzten und ihn erlegten oder das Frettchen in den Kaninchenbau schickten, um das Karnickel in ihren Netzen zu fangen. Wer immer dem strengen Jagdaufseher Wingerath bei solchem verbotenen Waidwerk in die Hände fiel, dem war die Genußfreude auf den Braten gründlich verdorben, ging er doch mit leerem Mantelsack nach Hause oder zog gleich, wenn er das hohe Strafgeld nicht zu zahlen imstande war, in das Schloßgefängnis nach Ottweiler, wo er bei Wasser und Brot über Jagdlust und Jägerglück nachdenken konnte. Die meisten Wilddiebe wurden von dem Jagdbaron und seinen Häschern früher oder später gestellt, manch heimlicher Jägersmann kam mit einer kleinen Jagdbeute heim oder mit dem Schrecken davon, aber einer, über den Johann Matthias von Wingerath bis in die kleinsten Einzelheiten des Vorgehens und die beachtlichen Erfolge seiner Streifzüge im herrschaftlichen Forst Bescheid wußte, ging ihm bis heute nicht ins Garn. Dieser dunkle Waidmann war der große Gegenspieler des nassau-usingischen Oberjägers. Ignaz Nikolaus Hartnack aus der herrschaftshörigen Meierei Welschbach, Hüttenmann zu Neunkirchen, genoß neben dem zweifelhaften Ruf, der gerissenste Schmuggler des Saarlandes zu sein, auch noch das unrühmliche Ansehen, als der tüchtigste Wilddieb der ganzen Grafschaft Ottweiler zu gelten. Daß er darüber hinaus von Beruf ein ebenso fleißiger Erzschmelzer wie hervorragender Eisengießer war, der schon manche Erfindung bei den Hüttenanlagen gemacht und viele Verbesserungen für den Verhüttungsablauf vorgeschlagen hatte, stand außer Frage, erhöhte seine Anerkennung bei Vorgesetzten und Werkskameraden und festigte seine Stellung im gesamten Eisenwerk. Der Schwarze Natz, wie er wegen seiner dunklen Haarfarbe und den undurchsichtigen Geld- und Jagdgeschäften, in einer Mischung von Furcht und Bewunderung

von allen Leuten genannt wurde, war der einzige Untertan der Freien Reichsherrschaft Saarbrücken-Ottweiler, der dem Baron durch List und Tatkraft zu trotzen wagte.
Es läßt sich denken, daß Johann Matthias von Wingerath, immer noch amtierender Vorsteher der Schreibkanzlei der Eisenhütte, ein besonderes Augenmerk auf den Hüttenmann mit der Hünengestalt hatte, dessen Arbeitsweg diesen übrigens schon seit frühen Zeiten an seinem Wohnhaus zu Landsweiler vorbeiführte und dessen andere Pfade und Schliche er zwar kannte, aber nicht auskundschaften und zunichtemachen konnte. Es gelang ihm nirgends und nie, den außergewöhnlichen Mann weder bei seinen zollbetrügerischen Machenschaften noch während jagdfrevlerischer Übergriffe auf frischer Tat zu ertappen oder durch Nachforschungen und Verhöre zu überführen. Der Meiersohn aus Welschbach, von mancher Dorfschönen umworben, bei seinen Altersgenossen beliebt und von allen Hüttenleuten geachtet, ging geregelter Tätigkeit nach und nahm am Leben der Kirchen- und Zivilgemeinde regen und förderlichen Anteil.
Hartnack hatte gerade einen Abstich am Hochofen getätigt. Gischtig und funkensprühend schoß das abgestochene Eisen aus dem Siedekessel und floß in gleißendem Gebrodel in die Sandbetten, wo es zu Masseln erstarrte oder in Gußpfannen, in denen es zur Weiterverarbeitung abtransportiert wurde, als ein schmächtiger Bürogehilfe, eilfertig und ängstlich zugleich, von hinten an den riesigen Burschen herantrat, die Gluthitze vom Gesicht mit gekreuzten Armen abschirmend, und ihm unter der Versicherung des hochlöblichen Auftrags von Baron Wingerath mit hastigen Worten bedeutete, Herr Hartnack möge sich zu einer wichtigen Unterredung ohne Verzug in das Hauptsekretariat der Hütte verfügen. Nach der Schmelze, mit Umsicht und Sorgfalt zu Ende gebracht, band Hartnack den Lederschurz ab, strich sich einige Male kräftig durch das dichte Haupthaar und begab sich in seinem grauen Vorarbeiteranzug in die Amtsstube des obersten Hüttenschreibers. Wingerath erhob sich von seinem Schemelstuhl hinter dem barocken Eichenschreibtisch, schritt dem Eintretenden entgegen, begrüßte ihn mit Handschlag und lud ihn zum Sitzen an einen einfachen Konferenztisch ein. Die beiden Männer saßen sich festen Blicks, der Amtmann leicht vorgebeugt, die Arme auf die Tischplatte gestützt, der Hüttenmann unmerklich gestrafft, die Hände auf den Oberschenkeln, gegenüber und betrachteten sich kurze Augenblicke entschieden abschätzend mit jener stolzen Gelassenheit und abwartenden Aufmerksamkeit, wie sie starken, selbständigen Naturen eigen ist im Gleichgewicht einer ebenbürtigen Auseinandersetzung. Der Ranghöhere eröffnete, den gesellschaftlichen Spielregeln gemäß als Herr im eigenen Amtsbereich, das Gespräch und kam ohne Umschweife zur Sache. Er sagte, in richtiger Einschätzung seines Gegenübers, wie er unterstrich, daß es selbstverständlich weder um werkskaufmännische Belange noch um Angelegenheiten der Eisenverhüttung gehe. Vielmehr handele es sich darum, fuhr er fort, ungeklärte oder besser gesagt, schwebende Dinge betreffs des Jagd- und Forstwesens in den Wäldern und auf den Gemarkungen des reichsgräflichen Besitzes der Herrschaft Ottwei-

ler zu bereden, und zwar in Hinsicht einer gewissen Verkettung ihrer beider Personen in Bezug einer rechtsstrittigen Sache. Ignaz Nikolaus Hartnack griff, indem er die gespannte Aufmerksamkeit des Zuhörens etwas anhob, unangestrengt in das volle Barthaar am Kinn und biß, unter feinem Lippenspiel, die Zähne fest zusammen. Er, Oberjäger und Hauptförster der Grafschaft, wisse, erklärte der Baron, durch die Gebärde seines Gegenübers stark irritiert, daß manche Unlauterkeit und Straffälligkeit, von Schmuggel und Steuerunredlichkeit einmal abgesehen, bei Jagdvergehen und Waldfrevel in den Dörfern unentdeckt und ungesühnt bleibe. Er könne, und jetzt blitzte in seinem Auge ein eiskalter Strahl von zorniger Verachtung auf, leider bis jetzt, wie er mit erhöhter Stimme hinzusetzte, keine Beweise ins Feld führen, daß der Hüttenmann Ignaz Nikolaus Hartnack der schlimmste Wilddieb der ganzen Gegend sei, aber Hinweise aus der Bevölkerung und Entdeckungen gräflicher Jagdgehilfen gebe es genug, und, so sagte er drohend, indem er sich weit vorbeugte und den Eisengießer mit durchbohrenden Blicken ansah, die Stunde, in der sich Jagdhüter und Wilderer gegenüberstünden und die Wahrheit aller Vermutungen an den Tag brächte, werde nicht mehr lange auf sich warten lassen. Johann Matthias Wangenroth, sich unwillkürlich erhebend, schloß mit hochrotem Gesicht seine Rede und sagte, er warne als Oberste Jagdaufsichtsbehörde den Hüttenmann des Nassau-Usingischen Eisenwerks zu Neunkirchen und Untertan der Grafschaft Saarbrücken-Ottweiler vor weiterem Jagdfrevel. „Sehe er sich vor und hüte er sich", rief der Amtsmann aus, indem er sich mit überschlagender Stimme der herrschaftlichen Anredeform bediente, „den Sechzehnender im Ottweiler Forst in Unruhe und Aufregung zu versetzen oder gar mit schnöder Hand die Flinte auf den Fürstenhirsch anzulegen." Der junge Hartnack hatte sich fast gleichzeitig mit Herrn von Wingerath erhoben, der kleine Baron, etwa fünfzigjährig, und der hünenhafte Mittzwanziger standen sich mit erregten Gesichtern und zornerfüllten Blicks gegenüber, und der einfache Bauernsohn aus dem Waldland sagte, in singendem Tonfall seiner moselfränkischen Mundart mit knappen Worten, wo keine Beweise vorlägen, gäbe es keine Ankläger, und wenn keine Verbrechen nachgewiesen seien, könne es keine Verurteilung geben. So Gott wolle, ergebe sich bei Gelegenheit alles oder nichts.
Hartnack drehte sich, nachdem er seine Rede stockend, aber bestimmt zu Ende gebracht hatte, auf der Stelle um und verließ ohne Grußgebärde wortlos den Raum. Die große schwere Tür, nach innen mit dickem Lederpolster ausgeschlagen, ließ er offen. Wingerath faßte sich mit einer fahrigen Handbewegung an die Stirn, wischte sich den kalten Schweiß mit der flachen Hand ab, taumelte an seinen Schreibtisch zurück, sank auf den Schemelstuhl, ließ den Kopf hart in das Dreieck der verschränkten Arme auf die Tischplatte fallen und verharrte unbestimmte Zeit in dieser Stellung.
Die letzten Anstalten und Vorkehrungen für das große Festereignis am Fürstenhof zu Ottweiler, soweit sie in den Aufgabenbereich und die Auftragsbefugnis des Herrn von Wingerath fielen, waren getroffen. Alles, was die Hubertusjagd betraf, stand zum besten. Sowohl die große Parforcejagd wie

auch die zahlreichen Neben- und Unterarten des Waidwerks, auf die unterschiedlichen Fähigkeiten und verschiedenen Neigungen der bunten Jagdgesellschaft zugeschnitten, waren, aus dem sicheren Wissen und Können des jägerischen Handwerks und der gründlichen Kenntnis der Jagdwissenschaften heraus, in der schwebenden Vorwegnahme von Jagderwartung und Jagdgenuß aufs beste vorbereitet. Der Pirschgang, die wilde Schönheit und Anmut des Animalischen und der Pulverruch des todbringenden Kernschusses schien dem waidmännischen Vergnügen der fürstlichen Jäger- und Jägerinnen im ganzen und einzelnen gesichert. Wer der Hohen Jagd zu frönen beabsichtigte, konnte sich auf Rot-, Reh- und Schwarzwild, aber auch auf den Luchs und Iltis ebenso wie auf das Auer- und Birkenwildbret freuen oder auf die Pirsch nach Fasan, Kranich und Schwan begeben. Die Suche nach Niederwild, ihren Liebhabern in mannigfacher Weise über einen reichen Bestand an allerlei Raubzeug wie Füchse und Marder, Otter und Biber in Wälder und Fluren, an Weihern und Bächen garantiert, würde samt der beliebten Jagd auf Hasen und Feldhühner in ungeahnten Maßen und Möglichkeiten offenstehen.

Garne, Drähte und Leimruten für Schnepfenfang, Treibzeug für Wachteln und Enten, Steckgarne für Hasen und Hühner und Stellhölzer für kleinere Vögel, an Hals oder Füßen zu fangen, waren reichlich vorhanden und in allerbestem Zustand. Die Jagdgehilfen und Treiber, auf Dörfern und Bauernhöfen angeworben und bestellt, hatten sich in eigenen Probejagden und Treibübungen mit dem Baron und der Gräfin und zahlreichen Gästen aus dem niederen saarländischen Stadt- und Landadel geschult und vergnügt, sei es, daß sich in Treibjagden eine bestimmte Anzahl von Schützen in einer Linie, einem Winkel oder einem halben Mond verborgen anlegte, während eine noch größere Zahl von Treibern, im Halbmond angeordnet, den Jägern entgegenrückt und das Wild, zwischen Treiblinien und Schußfeld, entgegentrieb, sei es, daß in Kesseljagden mit Netzen, Lappen und Tüchern, die Prellnetze hinter den Schützenlinien gut aufgepflanzt, hohes oder niederes Waldgetier gehetzt, verfolgt oder gejagt wurde. Allerdings wurde im Hinblick auf das fürstliche Jagen nur ganz wenig geschossen, manches Stück Wild mit großem Vergnügen eingefangen und wieder freigegeben oder gar gleich durch die Lappen gehen lassen. Den Fährtengang und die Spurensuche der Schweißhunde, mit Fleiß und Erfolg von den Jagdeinrichtern und Jägermeistern geschickt getätigt, konnten aufgestöberte Feldhasen und erschreckte Rehe im voraus erleben, selbst Hühnerhunde durften sich an Stofftieren und Strohwild im Apportieren üben. Die Meute der Parforcehunde, die Braken und Wildbodenrüden, schließlich, auf einige kapitale Geweihträger und sogar auf den prachtvollen Fürstenhirsch mit langer Leine in spielerischem Ernst angesetzt, stand in der besonderen Sorge und Pflege des gräflichen Oberjägers und fiel in einer entscheidenden Probehatz zur größten Zufriedenheit des Försters aller Reviere aus. Baron Johann Matthias von Wingerath und Freifrau Franziska von Osterbrücken konnten stolz und glücklich sein, denn alles schien auf ein glänzendes Gelingen des Jagdabenteuers im Usinger Forst angelegt und ausgerichtet.

Kurze Zeit vor Beginn der festlichen Jubiläumswochen am Nassauer Hof in der Bliesresidenz zu Ottweiler, an einem schönen spätherbstlichen Sonntagvormittag, saß der oberste Jägermeister ihrer Durchlaucht Fürstin Charlotte Amalie von Saarbrücken-Ottweiler im Erkerzimmer seines Jagdhauses Drosselsang und schaute in Erwartung des Besuchs der Freiin von Osterbrücken auf das bunte Laubgewoge der weiten Wälder der Grafschaft hinaus. Eine gewisse Unruhe hatte ihn seit einer Stunde gepackt, so daß er seine Lieblingslektüre, das „Rheinische Conservations Lexicon oder encyklopädische Handwörterbuch für gebildete Stände, herausgegeben von einer Gesellschaft rheinländischer Gelehrten, genehmigt von der Königlich Preussischen Cencur Behörde, verlegt von Louis Bruère zu Cöln am Rhein", aus der Hand gelegt hatte, mit hastigen Schritten das Zimmer durchmaß, den Feldstecher ans Auge setzte und, unter einer gewissen Anspannung seines Gehörs, seine ganze Aufmerksamkeit ins ferne Jagdrevier hinüber richtete, so als suche er einen geheimnisvollen Rufton aufzufangen, der rätselhaft an sein Ohr drang. Bruchteile von Sekunden mochte der Baron, reglos in das unerhörte Hineinlauschen ferner Betrachtung versunken wie aus Erz gegossen dagestanden haben, als er sich ruckartig aus der Verharrung löste, nach knappen Aufforderungen an Jonathan, seinen Leibdiener, fast mechanisch den hereingebrachten Jagdrock überzog, stehenden Fußes, dem Zuhilfekommen des Dieners wehrend, die Hausschuhe abstreifte und die Füße in die gespornten Reitstiefel zwängte. Nachdem er zwei Pistolen in die beiden Rocktaschen geschoben, stürzte er, die Doppelflinte über die Schulter gehängt, die kurze Holzstiege hinunter nach draußen. Der Stallknecht hatte inzwischen den hastigen Dienerauftrag, den gräflichen Apfelschimmel in den Hof zu führen und in Zaumzeug und Sattel zu bringen, ausgeführt, so daß sich der Oberjäger ohne Zögern auf sein Jagdroß schwingen und im Galopp durch das offene Osttor preschen konnte, um im nächsten Augenblick in der nahen Fichtenwaldung zu verschwinden.
In gestrecktem Lauf, unter anfeuernden Reiterrufen, die Sporen tief in die Flanken des gescheckten Hengstes treibend, durchquerte der Forstherr, indem er unwegsame Abkürzungen, breite Wassergräben und schmale Bachstege in wilden Sprüngen nahm, einige Laubwälder, flog in Windeseile über Ackerfluren und Wiesenhänge und erreichte nach kurzer Zeit den Usinger Forst. Atemlos angelangt, ritt er das schweißtriefende Pferd, das sich, die Nüstern gebläht und am ganzen Leib zitternd, nach einem scharfen Zügelriß hoch aufbäumte, in den jagdgerechten Roßstand, band das edle Tier mit wenigen geübten Handgriffen fest und eilte, nachdem er die Pistolen entsichert und die Flinte in Anschlag gebracht hatte, in das Innere des Laubhochwaldes. Geduckt, nach allen Seiten spähende Blicke werfend, rannte Herr von Wingerath, hin und wieder hinter einem dicken Buchenstamm Deckung suchend, nach Geräuschen hier lauschend, nach Gestalten dort forschend, in Richtung des Waldweihers, der Tränke des Rot- und Rehwildes, unweit des Pfaffenkopfes bei Ottweiler gelegen. Mit raschen Schritten, von hastigen Sätzen unterstützt, überquerte er eine Waldlichtung und gelangte alsbald hinter eine dichte Buschreihe, Brombeerhecken, die von

welkem Hochgras durchwachsen waren. Von geschützter Stelle aus entdeckte der herrschaftliche Oberförster durch ein Guckloch im Blattwerk, inmitten einiger Gefolgstiere, in der Nachbarschaft eine Schar von Rehwild, den Fürstenhirsch prachtvoll und stolz, wahrhaft ein Göttergeschenk der Artemis. Der Baron, verantwortlicher Revierverweser und Jagdaufseher der fürstlichen Hubertusjagd, seit Stunden in Unruhe und durch den Parforceritt in höchste Erregung versetzt, war für Augenblicke gefaßt und von einem freudigen Glücksgefühl durchbebt, als, wie von unsichtbarer Macht gezogen, sein Blick nach links gelenkt wurde. Das Herz stockte ihm, als er sah, wie langsam ein Mann hinter einem Baum hervortrat, die Büchse auf den Sechzehnender hob und zum Schießen anlegte. Sei es, daß ihn die Hast und Hetze des morgendlichen Ritts in seinem Jägerinstinkt gelähmt hatte, sei es, daß er im Nu erkannte, daß niemand anderes als der Schwarze Natz den tödlichen Kernschuß abfeuerte, er war durch die blitzschnelle Flintenbewegung des Schützen vor Schreck so betäubt, daß es nicht dazu kam, wie es in der Regel geschieht, daß der Jagdhüter dem Wilddieb durch einen verhindernden Schuß zuvorkommt.
Der Todesschuß auf den Fürstenhirsch peitschte durch die stille Waldluft, und die Kugel trieb in das stolze Haupt des edlen Tieres. Der Hirsch reckte sich kraftvoll gegen das Morgenlicht und brach plötzlich zusammen. Mit lautem Dröhnen stürzte er zu Boden und streckte nach etlichen Zuckungen alle vier Läufe von sich.
Der entsetzte Jagdaufseher schwankte, ein schwarzer Schleier verhängte seinen Blick, er war wie von Sinnen. Als sich das verschwimmende Sehfeld des Jägerauges wieder aufhellte und der Waidmann stieren Blicks auf das Schreckensbild starrte, war Ignaz Matthias Hartnack, der Wilddieb, mit kurzen Sprüngen bereits an das gefällte Tier herangekommen und hatte ihm mit dem Hirschfänger durch einen gezielten Blattstich ins Herz den endgültigen Todesstoß versetzt. Instinktiv hob Wingerath die Doppelflinte, legte sie in maßloser Wut und irrer Verzweiflung auf den knieenden Wilderer an. Noch ehe er die Büchse abdrücken konnte, trat von hinten jemand an ihn heran und versetzte ihm einen harten Schlag auf den Kopf. Das Jagdgewehr fiel ihm aus der Hand und löste beim Aufprall einen scharfen Schuß aus, ein hallender Knall, der im dunklen Forst verschepperte. Die beiden Männer, Helfershelfer des wildernden Hartnacks, hatten den Wehrlosen rasch und sicher geknebelt und gefesselt, winkten dem Freunde, der durch den Schuß aufgeschreckt zu ihnen herübersah, mit beschwörenden Handgebärden zu. Natz ließ von dem erlegten Rotwild ab und eilte unverzüglich zu den beiden Komplizen hin. Mit wenigen Worten von seinen Gehilfen über Vorgang und Tatbestand unterrichtet, stieg in dem Jägersmann beim Anblick des Jagdaufsehers ein starkes Lustgefühl auf, das, von Entsetzen und Genugtuung durchdrungen, seine Seele für einen Augenblick lang in ein großes Gleichgewicht brachte. Die Erinnerung an die Drohrede des Barons in der Eisenhütte schoß dem schwarzen Jagdgesellen durch den Kopf, und er schaute den wehrlosen Mann am Boden in stolzem Schmerz an. Zur gleichen Zeit erwachte der Ohnmächtige, öffnete die Augen und

schaute seinen Gegner, der hühnenhaft vor ihm aufgerichtet dastand, mit einem rätselhaft durchdringenden Blick lange und unverwandt an.
Von nahenden Hufschlägen aufgeschreckt aus Bildern und Träumen, gab Hartnack durch eindeutige Handbewegungen und kurze Befehlsworte das Zeichen zum sofortigen Aufbruch. Der Wilddieb, wohl wissend, daß die stolze Jagdbeute für ihn verloren war, ergriff behend die Waffen des wieder besinnungslosen Oberjägers, bevor er das Weite suchte, und warf sie in hohem Bogen in den Waldteich. Die drei Jagdfrevler flohen lautlos und rasch in Richtung eines dichten Tannenforstes, der Wald verschlang die Fliehenden und schloß sich hinter ihnen wie eine grüne undurchdringliche Mauer.
Der Reitertrupp, angeführt von der Freiin von Osterbrücken, sprengte kurze Zeit danach an die Lichtung heran und entdeckte, die Pferde bändigend und Späherblicke in die Runde sendend, den Baron in seiner verzweifelten und schmählichen Lage. Die Gräfin, in einem Nu von ihrem weißen Zelter abgesprungen, beugte sich rasch über den Daliegenden, ein Lebenszeichen zu erhalten. Die Angstbleiche ihres Gesichtes wich dann auch bald zurück, als sie erkannte, daß der Freiherr noch atmete und auch unverletzt schien. Während ein Adjutant der Jagdherrin Knebel und Fessel löste und den beengenden Jägerrock des Barons aufknöpfte (ein zweiter war schon mit Kurierauftrag nach einem Reisewagen in das herrschaftliche Schloß nach Ottweiler geschickt worden) kam ein weiterer Reiter bereits mit klarem Brunnenwasser von einer nahen Waldquelle zurück und goß es dem Ohnmächtigen über das Gesicht. Der Baron schlug die Augen auf und wußte nach einem kurzen, fragenden Umsichblicken, daß er von Freunden umgeben war, und ließ sich augenblicks auf die Beine helfen. Mit einer beschwörenden Handbewegung auf den verblutenden Fürstenhirsch am Waldweiher weisend, schilderte er mit knappen Worten das unerhörte Ereignis und versank in dumpfes Schweigen. Da die Gruppe sich nicht in der Lage sah, die drei oder mehr flüchtenden Wilddiebe zu verfolgen, verblieb die unfreiwillige Jagdgesellschaft am Ort des grausamen Geschehens, besorgte unter der ruhigen und besonnenen Leitung der Gräfin die Pflege des nun doch verstört und abwesend wirkenden Barons Wingerath und harrte der in Ferne heranrumpelnden Reisekutsche.
Wangenroth, sorgfältig in die Polster des Gefährts gebettet, von der Geliebten mit Zuspruch und zärtlicher Fürsorge in Ruhe gehalten, wurde nach seiner Ankunft im reichsgräflichen Schloßspital von dem rasch herbeigeholten Hofarzt Dr. Hieronymus Rohrmoser mit Baldriantränken und Herzpflastern behandelt und konnte, nachdem er den Vorfall im Usinger Forst zur Berichterstattung an ihre fürstliche Durchlaucht und als Polizeiakte zur Fahndung und Ahndung der Wildfrevler zu Protokoll gegeben hatte, im Zweispänner der Gräfin Osterbrücken am Abend in das Jagdhaus Drosselsang zurückkehren. Die Jubiläumsfestlichkeiten der Regentin, Charlotte Amalie von Saarbrücken-Ottweiler und die Hochzeitsfeierlichkeiten des Erbprinzen Adolf Wolfgang mit Prinzessin von Hohenlohe-Auersperg, nahmen indessen einen ebenso programmgemäßen wie prunkvollen Verlauf.

Auch die große Parforcejagd am Hubertustag fiel durch einen ebenfalls kapitalen Hirsch, einen Vierzehnender prachtvollen Ansehens, zur größten Zufriedenheit der hochherrschaftlichen Jagdgesellschaft aus.
Johann Matthias von Wingerath, genannt Wangenroth, vom obersten Jagdherrn der herbstlichen Großjagd, Fürst Wilhelm Heinrich von Nassau-Saarbrücken zum Träger des Goldenen Vlieses ernannt, der glückhaft-unglückliche Jagdbaron, der an allen Veranstaltungen bei Hof und auf der Jagd mit einer mühsam unterdrückten Unlust teilnahm, hätte stolz und zufrieden sein können. Aber nicht nur die schöne Gräfin Franziska von Osterbrücken merkte, daß mit dem obersten Hüttenschreiber, Jagdaufseher und Forstbeamten eine Veränderung vorgegangen war. Der ehedem so tatkräftige Bürgersohn und lebensvolle Edelmann schien in seinem Daseinswillen gebrochen, durch den Glanz der eigenen Sehnsüchte und Hoffnungen erblindet zu sein.
Die Nachforschungen und Verhöre über den Wildfrevel am Fürstenhirsch und die Tätlichkeiten im Usinger Forst an einer Person hohen Stands und Ranges durch den beschuldigten Ignaz Nikolaus Hartnack, des verwegenen Meiersohnes aus Welschbach im Wald, verliefen ergebnislos, ergaben sich doch bei allen Befragungen und Untersuchungen unter den Dorfbewohnern und Hofbauern, die wie eine verschworene Gemeinschaft zusammenstanden, unanfechtbare Alibis für die Strafverdächtigten. Die Tatbeschuldigung des Schwarzen Natz durch den Jagdbaron fiel unter dem Gegenschwur des Beschuldigten in sich zusammen, und da es keine Zeugen gab und keine Indizien vorlagen, mußte die Strafverfolgung der Wald- und Wildfrevler eingestellt werden. Wangenroth aber, in der Folgezeit immer seltener in den Amtsstuben der Eisenhütte Neunkirchen und in den Jagdrevieren der Grafschaft gesehen, verbrachte Tage und Wochen, ohne auch nur einmal in den Gartenanlagen des Jagdhauses gesehen worden zu sein, in seinem Erkerzimmer, wohin er sich eine steil aufragende Polsterliege hatte bringen lassen, und sah mit leeren Augen, bleichwangig und teilnahmslos, auf die winterliche Revierlandschaft hinaus. Die Gräfin sorgte, soweit es ihre Hofpflichten als oberste Kammerfrau der Regentin zuließen, nebst einer zuverlässigen Aufwärterin des Barons mit rührender Hingabe und bewundernswerter Aufopferung. Trotz aller Mühewaltung des fürstlichen Hofmedikus Dr. Rohrmoser, der kein Mittel ärztlicher Heilkunst bei dem siechen, gealterten Freiherrn Wingerath unversucht ließ, starb der gräfliche Hüttendirektor, oberster Jagd- und Forstherr und Hauptzollerheber der Grafschaft Saarbrücken-Ottweiler, noch im gleichen Jahr, am Silvesterabend 1750, 51 Jahre alt.
Wie es in den Akten des Hofarchivs der nassau-usingischen Herrschaft in der Blies heißt, wurde der tote Landedelmann in einem standesgemäßen Begräbnis in seiner Familiengruft auf dem Friedhof zu Schiffweiler beigesetzt. Sein Leichnam wurde drei Tage darauf, so steht es in den Annalen zu lesen, unter einer ansehnlichen und volksreichen Leichenprozession von Landsweiler nach Schiffweiler auf den dortigen evangelisch-lutherischen Kirchhof christlich zur Erde bestattet und begraben. Der gesamte herr-

schaftliche Hof des Ottweiler Adelssitzes und alle Werksleute der Neunkircher Eisenhütte aus dem Amtsbereich des Verstorbenen nebst ihren Familien gingen mit dem Zug. Die Schuljugend des reichsgräflichen Gymnasiums von Ottweiler sang die Totenlieder, und der amtierende Stadtpfarrer Georg Christian Riotte, Probst zu Neumünster, hielt die Leichenpredigt. Auf der gußeisernen Grabplatte, hergestellt in der Erzschmelze und Eisenhütte in Neunkirchen an der Blies, steht unter dem Lebenslauf des Leinewebersohns Johann Matthias Wangenroth, der Geschichte vom Aufstieg und Fall des reichsgräflichen Landedelmanns, Baron von Wingerath, in großen Lettern geschrieben: Sic transit gloria mundi, was aber auf gut deutsch heißt, so vergeht aller Glanz der Welt.

Statt eines Nachworts

Merzig, im September 1983

Lieber Guido König,
Deinen „Saarländischen Sagenschatz" habe ich mit viel Freude und innerer Zustimmung gelesen und betrachtet. Nach der Lektüre war ich mir sicher: Erzählen ist gewiß eine Kunst, aber eine Lust ist es auch. Natürlich (wirst Du mir sagen) ist erzählen eine Lust, erzählen tut nicht weh. Wie anders sollte man es sich erklären, daß soviel erzählt wird, daß es soviele Bücher gibt, soviele Regale voller Bücher, soviele Zimmer voll mit Regalen voller Bücher und soviele Häuser voller Zimmer voll mit Regalen voller Bücher. Und neben dem geschriebenen und gedruckten Erzählten gibt es noch das mündlich Erzählte. Auf den Straßen und in den Häusern, auf dem Feld und im Büro wird erzählt, und selbst wo es nicht schicklich ist, in der Kirche und auf Beerdigungen, stecken die Leute ihre Köpfe zusammen und erzählen sich was. Die sich damit beschäftigen, sind unentwegt dabei sich einen Überblick zu verschaffen, teilen ein und ordnen, gruppieren und gliedern, unterscheiden Gattungen und Arten und Unterarten, nennen dies eine Fabel und das eine Legende, trennen die Sagen von den Novellen und sondern die Novellen wieder von den Romanen. Aber ist man mit dem Gruppieren und Ordnen fertig, so genügt schon eine winzige Wendung des Blicks, und das alte Staunen und Wundern ist wieder da über die unglaubliche „Lust zu fabulieren".
Ich weiß nicht, ob man unbedingt eine Erklärung dafür suchen muß und ob man sich nicht begnügen sollte mit der Feststellung, daß die Menschen gerne zuhören, Erzähltes gerne lesen und, wie man heute hinzufügen muß, Erzähltes gerne sehen.
Für das überlieferte Erzählgut seiner Zeit hat Aristoteles schon vor 2000 Jahren eine Erklärung formuliert, die mir auch heute noch einleuchtet. Die Mythen, so hat er gemeint, hätten die Wirkung eines Heilmittels, eines Pharmakons. Ein heutiger Forscher hat das so ausgedrückt: Die Geschichten, die man sich gerne und immer wieder erzählt, wie abgewandelt auch immer, seien geglückte Versuche, aus dem Schrecken sich herauszureden. Ähnliches hat wohl auch der Mythenforscher Karl Kerenyi gemeint mit seiner These, wonach die Geschichten der großen Helden dem Menschen ein erhebendes Bild von sich selbst vermittelten. Alle diese Ansichten bestätigen wohl: erzählen ist eine Lust.
Von eben dieser Lust habe ich in Deinem „Saarländischen Sagenschatz" viel gefunden, oder anders ausgedrückt, die Freude, mit der diese Geschichten vorgetragen sind, ist das, was sie besonders auszeichnet. Wieviel Aufmerksamkeit ist da nicht dem Zechen und Feiern gewidmet, dem Wein von Saar und Ruwer, den Früchten, dem Gesottenen und Gebackten. Selbst den Bauernrebell von Lockweiler, den läßt Du seinen Häschern in die Hände laufen, „mit einem Rehbock beladen, mehrere Schnepfen und Feldhasen am Gürtelriemen" und man weiß nicht, ob man mehr seiner verlorenen Freiheit oder mehr dem entgangenen Spießbraten nachtrauern soll. Daß er, bei so vergnügter Lebensart, schließlich wieder entkommt, hat mich denn auch nicht gewundert. Auf der Saar Deiner Geschichten verkehren hauptsächlich mit Wein beladene „Sauschüsseln", und das Tal von Rehlingen bis Trier ist von lauter singenden und feiernden Menschen

bewohnt. Die Fähigkeit zum frohen Genießen hängt wahrscheinlich mit der herrlichen Landschaft zusammen, in der Du Deine Menschen leben läßt. Sie ist saftig und grün, geprägt von „schilfigen Ufern und dichten Auwäldern". Und wenn es einmal regnet oder kalt ist, dann läßt du Deine Lieblinge in Wintergärten lustwandeln und stellst ihnen „Sträucher, Stauden und Blumen" hin, „von denen immer eine reiche Anzahl in Grün und Blüte stand". Ich hoffe sehr, daß der „prächtige Bergrücken", von dem Du in der Geschichte „Vom Schuh des Riesen Sargowio Argo" berichtest, und den Du mit soviel Freude vorzeigst, von Deiner Elfenkönigin vor Raupen und Baggern so behütet wird wie seinerzeit die Höhlenmenschen vor den Sargowerriesen vom Hunsrück. Immerhin wird er uns in Deiner Erzählung erhalten bleiben ebenso wie der steile Felsvorsprung der Cloef. In den Geschichten ist die „Aussicht (allemal) am schönsten".

Niemand wird überrascht sein, daß Du Deine Helden auf prächtigen Schlössern und stolzen Burgen leben läßt oder doch wenigstens in idyllisch gelegenen Hütten. Die geradezu barocke Lebensfreude und Lebenslust Deines „Saarländischen Sagenschatzes" bekräftigt übrigens auch der Verlauf der meisten Geschichten. Sie gehen gut aus, die Bösen werden bestraft und die Gerechten werden belohnt, ganz so wie sich das gehört für eine Welt, in der man leben möchte. Zwar hast Du das Unvermeidliche nicht ausgespart wie etwa in der Geschichte um das Schloß Sincfal. Aber andererseits scheint mir gerade in einer Geschichte wie dieser, die aufkommende Trauer nur die verflossene Pracht festzuhalten und zu vergegenwärtigen. Überhaupt habe ich den Eindruck, daß Ruinen in Deinen Geschichten weniger das Vergehen bezeugen als das gewesene Leben, also nicht bange machen vor dem was ist, sondern freudig hinführen zu dem, was war.

Das glückliche und erfüllte Leben unserer saarländischen Vorfahren gründet nicht allein in ihrer unbekümmerten Sinnenfreude, (so ungerecht und einseitig hättest Du sie nie zeichnen können), sondern beruht auf ihrer Empfänglichkeit für alles „Höhere", für die Kunst in allen ihren Spielarten. Von der schön gedeckten Tafel (selbstverständlich), der erlesenen Ausstattung ihrer Wohnungen, über die sorgfältige Auswahl ihrer Kleider, von der Hingabe an den Gesang und die Musik (sogar die Oper war ihnen schon bekannt), von dem rühmlichen Eifer für die Wissenschaft bis hin zu guten Manieren und artiger Etikette verfügen sie über alles, was den Umgang der Menschen miteinander angenehm und die Freude aneinander reuelos macht. Eine hohe Kultur der Gefühle läßt die grobe Leidenschaft in einer Nebelbank scheitern, das Verbotene nur im Verzicht erlebbar sein, das Erlaubte und Schickliche aber sich vollziehen und vollenden.

Den fröhlichen Begriff von der Welt vermittelt mehr noch als Deine Gestalten und der Gang ihrer Taten, mehr als die strahlende Sonne und das Grün der Täler, die Sprache, in der das alles erzählt ist, der Ton Deiner Stimme, den ich immer mithöre. So wie diese Geschichten erzählt sind in weitausschwingenden Sätzen, reich gegliedert und in allen Teilen besetzt mit Objekten und Attributen, Adverbien und Adjektiven (die vor allem), bezeugen sie Freude am Detail und Freude an der „Fülle des Ganzen".

Weltfroh und welthaltig ist Dein „Saarländischer Sagenschatz", und darin ist es wie Du selbst, der Du mir immer wie „das Weltkind in der Mitten" begegnet bist.

Mit den besten Wünschen und Grüßen
Dein Freund August Stahl